智慧供应链架构

从商业到技术

施云 著

———

SMART SUPPLY CHAIN ARCHITECTURE

From Business to Technology

机械工业出版社
China Machine Press

图书在版编目（CIP）数据

智慧供应链架构：从商业到技术 / 施云著 . -- 北京：机械工业出版社，2022.6
（2023.11 重印）
ISBN 978-7-111-70873-5

Ⅰ. ①智… Ⅱ. ①施… Ⅲ. ①智能技术 - 应用 - 供应链管理 - 研究 Ⅳ. ① F252.1-39

中国版本图书馆 CIP 数据核字（2022）第 092057 号

智慧供应链架构：从商业到技术

出版发行：机械工业出版社（北京市西城区百万庄大街 22 号 邮政编码：100037）

责任编辑：杨振英　　　　　　　　　　　　责任校对：殷　虹

印　　刷：河北宝昌佳彩印刷有限公司　　版　　次：2023 年 11 月第 1 版第 3 次印刷

开　　本：170mm×230mm　1/16　　　　印　　张：19.5

书　　号：ISBN 978-7-111-70873-5　　　定　　价：79.00 元

客服电话：（010）88361066　68326294

　　数字化是供应链产业链发展到新阶段的必然趋势，也是在当前国内外形势变化下的必然选择。天时、地利、人和，我们所面对的，不仅是数字化带来的机遇，更是一个时代的转型。面对机遇，空谈转型是不切实际的。除了一腔热血，我们还需要能够实实在在帮助企业将转型落地的方法论和最佳实践案例。我很高兴看到施云将自己从传统企业到互联网企业、从传统供应链创新到数字供应链创新的实践成果，以及所行、所思、所想总结成书，无私地分享给读者。

——蔡　进

中国物流与采购联合会副会长、国际采购与供应管理联盟亚太区主席

　　中国是全球最大的消费互联网国家，也是全球最大的制造业国家，过去这两点是孤立的，而数智化能让这两个孤立的点融合、贯通、循环，打通需求端和供给端，这也将成为中国产业突围升级最大的风口。从外企到互联网公司的这些年里，施云不仅亲自操刀了阿里巴巴多个新零售业务从 0 到 1 的数智供应

链建设，也为多家国内知名企业的数智化转型提供了完整的端到端的解决方案。他把自己提出的"供应链架构"的理念不断进行深化和发展，从业务运营到产品技术不断沉淀打磨，成了今天展现在读者面前的这本书。

——肖利华

阿里云研究院前院长、阿里巴巴集团前副总裁

产业互联网是最近聊得比较多的话题。在我看来，产业互联网的核心有三个：第一是以消费者为中心，第二是企业内部消费端、流通端和生产端的互联，第三是突破企业之间的壁垒，更加开放地协同。在这三点里面，最起码后面两点需要通过供应链的数字化来实现。国内企业的数字化还在比较初级的阶段，体现在一方面企业的数字化主要是建立在几个互联网平台的数字化基础之上的，另一方面企业的数字化首先关注的是消费端的数字化。流通端和生产端的数字化还有很长的路要走，但是又是数字化进入深水区必须要面对的课题。施云在书中将自己从传统供应链创新到数字供应链创新的实践成果，深入浅出地总结出来，不仅把理论讲清楚，并且结合实际案例将实施路径也分享给读者，对企业探索如何通过供应链的数字化实现产业互联具有很好的借鉴意义。

——沈 锋

宝洁大中华区首席信息官、广州宝洁科技创新有限公司 CEO

数字化转型毋庸置疑是近几年的热点话题，但热点过后大家会发现其实商业的本质并没有发生变化，供应链的成功依然是商业成功最重要的因素。施云以他丰富的理论知识和实践经验，在这本书里系统地介绍了数字化时代供应链需要发生的变革，抽丝剥茧，层层递进。书中内容既有业务运营需要发生的转型，也有系统建设和系统架构需要进行的变革。我读完之后获益匪浅，推荐给大家。

——张 决

蒙牛乳业集团首席数字官、助理副总裁

拥有更强运营能力的企业可以通过更高的生产力、效率和敏捷性取得更大的竞争优势，此外强大的运营能力也是产生卓越用户体验的前提条件。供应链作为运营的核心业务，在数字化的大潮中获得了前所未有的发展与提升，从传统 ERP 到云平台，再到 IoT 与 AI 算法驱动的智慧决策，智慧供应链无疑已经在数字化商业模式中承担了极其关键的角色，并成为企业数字化转型的发动机。我在阅读《供应链架构师：从战略到运营》一书时初次了解施云，被他对供应链的理解的广度与深度深深吸引。后有幸与施云在商业合作中相识，更被他对供应链数字化与智慧化的理解和实践所折服。施云将自己的行业经验与对数智供应链的理解思考在本书中做了详尽的阐述，相信一定会引起读者的思考与共鸣。

——段光鸣

方太集团 IT 总监、企业数字化转型驱动者

杰出的供应链管理是企业的战略竞争优势，而效率是供应链管理中的核心。在革命性的消费端数字化转型、新冠肺炎疫情以及不可预测的地缘政治环境下，供应链弹性和韧性成了新的痛点，提出了重塑供应链管理的命题。大家不约而同地期待通过技术赋能提供解决方案，但是业务与技术两者往往鸡同鸭讲。作者施云从战略视角出发，提出了智慧供应链架构，联结业务和技术，同时结合实践案例清晰地描述了供应链数字化的实现路径。无论是思考战略框架还是指导落地实践，都值得一读。

——黄鸿飞

麦当劳（中国）首席财务官

这是一个前所未有的时代，需要思想创新、理论创新、管理创新和商业创新。作为中国物流与采购联合会的供应链专家，作者长期扎根在供应链实践的第一线，从传统企业到互联网企业，有着丰富的供应链数字化的实战经验。本书契合数字时代发展的需要，内容扎实落地。相信作者所倡导的智慧供应链架

构方法论将为中国供应链数字化发展和创新提供帮助，助力数字供应链的快速发展。

——胡大剑

中国物流与采购联合会采购与供应链专业委员会主任

飘忽不定的内外部环境与日新月异的数字技术使得有效地实现供需精准匹配成为必要且可能，这也是智慧供应链管理的终极目标。本书作者施云擅长思考，基于自身丰富的供应链实战经验从"供应链架构"这一视角探索了传统供应链转型升级为智慧供应链的方法论及战略方向，同时又为战略落地提供了实施路径、实践案例及关键思考。从实践提炼理论，再用理论指导实践，本书将有助于那些正处在供应链数字化建设阶段的企业开拓视野、有效决策并付诸行动。

——许志端

厦门大学管理学院教授、厦门大学中国供应链管理研究中心主任

大数据、AIoT（人工智能物联网）等互联网技术是这个时代最大的科技红利，电商的兴起给这个时代的品牌企业在供应链运营上带来了巨大的模式冲击。如何将新技术、新运营模式和供应链管理深度结合起来，从而为企业创造新的发展机会，为客户提供高价值的新服务是一个大挑战，也是一个新的机遇。作者施云在书中从战略到架构，从业务模式到软件系统，从思考框架到项目实践经验，为读者提供了非常前沿、系统且全面的智慧供应链相关实践、思考和解读。施云既有品牌企业从生产到供应链的实践管理经验，也有在电商进行供应链架构设计和企业实施落地的平台思维与架构能力，因此本书提炼总结出来的内容既有相当的思考高度和前瞻性，也有非常具象的落地参考，值得反复研读。

——丁宏伟

菜鸟网络副总裁、阿里巴巴集团大数据委员会副主席

　　企业数字化转型是大势所趋，而供应链的数字化转型更是重中之重。但是，从设想到架构，最后落地到实践，却有着巨大的鸿沟。它不仅需要深谙传统供应链架构的逻辑方法，还要有数字化供应链架构的实战经验。这些年，施云一直在供应链实践的前沿阵地，探索求真、务实创新，更可贵的是善于总结。从信息化到数字化，从数字化到网络化，从网络化到智能化，施云在书中娓娓道来。本书既有基于实践的深度思考，也有结合工作总结出来的工具方法，更有许多来源于现实的有趣案例，相信本书能为企业在供应链数字化中的探索提供有益的参考。

——高峻峻

上海大学悉尼工商学院教授、博士生导师，欧睿数据创始人兼 CEO

把握数字化机遇，推进供应链创新

中国企业的供应链创新发展，经历了以下阶段。

第一个阶段，是供应链初步形成，不同企业的供应链创新重点不同，但表现为多端分散的形态。有的企业以集中采购为抓手，整合采购资源，优化需求形态；有的企业以渠道优化为重点，整合物流资源，打通渠道通路；还有的企业将重心放在了制造端，实施精益生产，推行六西格玛。通过创新，这些企业在供应链上的不同位置都取得了较好的效果，降低了生产成本，提高了运营效率。

2017年10月，国务院办公厅发布《国务院办公厅关于积极推进供应链创新与应用的指导意见》后，中国企业的供应链创新进入了第二个阶段，即供应链的优化协同阶段。在这一阶段，越来越多的企业突破了原有的创新边界，把采购、供应、物流、生产联通起来，甚至延伸到终端消费，实现了供应链上下游全流程的优化协同。在这个优化协同的过程中，真正形成了更高效、稳定、安全的产业链。

发展到今天，供应链创新发展有了一个新的定位和方向，就是在优化协同的供应链基础上，推动供应链的数字化转型。这是供应链现代化的重要标志。基于时代发展和国际国内形势的变化，《中共中央关于制定国民经济和社会发展第十四个五年规划和二〇三五年远景目标的建议》中提出"提升产业链供应链现代化水平"，而产业链供应链现代化的一个重要标志就是数字化。

数字化是供应链发展到新阶段的必然趋势，也是在当前国内外形势变化下的必然选择。中国企业的供应链向数字化转型，具备古人讲的"天时、地利、人和"有利条件。天时，就是我们具备朝着数字化供应链发展的大环境；地利，就是我们具备技术条件，包括人工智能、云计算、大数据、区块链等；人和，就是从中央到地方，从政府到行业协会再到企业，不仅出台了一系列推进企业数字化转型的相关政策，也形成了全社会发展数字经济、推进数字化转型的共识。

天时、地利、人和，我们所面对的，不仅是数字化带来的机遇，更是一个时代的转型。

当然，面对机遇，空谈转型是不切实际的。除了一腔热血，我们还需要能够实实在在帮助企业将转型落地的方法论和最佳实践案例。我很高兴看到施云将自己从传统企业到互联网企业、从传统供应链创新到数字供应链创新的实践成果，以及所行、所思、所想总结成书，无私地分享给读者。

一本好书是有血、有肉、有灵魂的。作为中国物流与采购联合会的供应链专家，施云一直坚持在企业从事供应链管理的工作，他把自己大部分的业余时间用来做供应链的研究。因此，这本书不仅包含了作者根据亲身经历所总结出来的方法论，还有许许多多通俗易懂的案例。

知识是无价的，分享是无私的。让我们跟随作者的思想，在供应链智慧化的海洋中畅游一番！

蔡 进

中国物流与采购联合会副会长、国际采购与供应管理联盟亚太区主席

知行合一，打造智慧供应链

身处这个时代，每个人都能感受到数智化给我们带来的巨大变化。过去二十年，我们的衣食住行、吃喝玩乐已全面实现数字化、互联网化，中国互联网络信息中心（CNNIC）发布的第49次《中国互联网络发展状况统计报告》显示，截至2021年12月，中国网民规模达10.32亿，互联网普及率达73%，而网民使用手机上网的比例为99.7%。人均每周上网时长达到28.5小时。

紧随其后的是产业互联网的升级转型。动作快的企业已经能够先行一步享受到数智化所带来的诸多红利。根据阿里云研究院的不完全统计，在新冠肺炎疫情期间，数智化转型做得好的企业的营收同比增速是行业平均的2～18倍。在后疫情时代，这些企业的营收同比增速是行业平均的2～9倍，一批数字原生的新锐品牌营收同比增速更是达到行业平均的3～100倍。当然，放到整个中国的企业总量里，这些数智化的先行先试者，还只是星星之火。

中国是全球最大的消费互联网国家，也是全球最大的制造业国家，过去这两点是孤立的，而数智化能让这两个孤立的点融合、贯通、循环，打通需求端和供给端，这也将成为中国产业突围升级最大的风口。

事实上，国内不同行业的生产设备数字化率、数字化研发设计工具普及率都比较高，唯独实现产业供应链上下游协同的企业比例不高，这里蕴藏着巨大的机会和潜力。毋庸置疑，企业间的数智化供应链协同将给企业带来更大的成长空间！尤其是在"数字化"向"数智化"深入推进的爬坡期，在商业模式和技术两个方面，攫取消费互联网和产业互联网的叠加红利非常关键。

看见机会是一回事，将机会转变为实实在在的生产力，才是驱动企业发展的硬道理。从这个角度来说，施云的这本书，来得真是恰到好处！

我和施云相识多年，都曾在厦门这座城市工作过，也先后来到杭州，在阿里巴巴从事数智化相关的工作。作为供应链方向上的专家，施云是少有的能够在理论和实践二者之中做到知行合一的业内人士。

从外企到互联网公司的这些年里，他不仅亲自操刀了阿里巴巴多个新零售业务从 0 到 1 的数智供应链建设，也为多家国内知名企业的数智化转型提供了完整的端到端的解决方案。他把自己提出的"供应链架构"的理念不断进行深化和发展，从业务运营到产品技术不断沉淀打磨，成了今天展现在读者面前的这本《智慧供应链架构：从商业到技术》。

读一本好书就如遇见一位相识已久的好友，淡茶一杯，沁人心脾。书中不仅有作者总结提炼的方法论，还有许许多多的小案例，让人身临其境，学有所思。

在这本书里，我最推崇的是施云总结的"供应链发展成熟度模型"以及"智慧供应链架构金字塔"。

生意是一场有起点、没有终点的马拉松长跑，不在于跑多快，而在于能不能坚持到最后，笑到最后。不同发展阶段的企业，需要不同的能力。"供应链发展成熟度模型"为处于不同阶段的企业提供了供应链数智化的参考依据。

供应链是一个庞大繁杂的体系，既要协调外部合作伙伴的供需关系，还要解决内部跨部门的合作问题，更要打破各个烟囱式系统的数据壁垒。"智慧供应链架构金字塔"为我们提供了一个清晰明了、层次分明的供应链数智化参考体系。

开卷有益，相信读者一定能够从本书中汲取到许多的营养。让我们一起拥抱伟大的数智化时代，把握新一轮科技革命和产业变革新机遇！

肖利华

阿里云研究院前院长、阿里巴巴集团前副总裁

智慧供应链：从单点突破到全面反超

这个时代有太多的不确定因素，不期而至的自然灾害、肆虐传播的瘟疫疾病、暗流涌动的金融危机，以及大国之间的贸易摩擦，无时无刻不在挑战着企业管理者的神经，挑战着供应链的抗风险能力。

一家好的企业不仅能够在"阳光明媚、风和日丽"的日子里茁壮生长，亦能够在"寒冬腊月、风雨萧条"的日子里匍匐前进。但是要做到这点，谈何容易。它不仅需要我们有可持续盈利的商业模式，有坚固牢靠的供应链保障，还需要有能够随时快速应对各种变化的弹性能力。

幸运的是，过去二十年，中国的产业链、供应链高速发展。中国的供应链管理从无到有，迭代发展，不断进步。作为供应链人，我和许许多多的同行投身其中，有幸见证并亲身参与了这个历程。如果我们把过去二十年做个小结的话：这是我们从 0 到 1，把西方国家的知识理论体系、经典实践案例，移植到中国本土，通过我们自己的精心养育，最终落地开花的过程。

不论是精益生产、战略采购、约束理论，还是 VMI（供应商管理库存）、

JIT（准时制供应）、CPFR（协同计划、预测和补货）、S&OP（销售与运营计划）、IBP（集成业务计划）……这些知识理念进入中国后，虽然也出现过水土不服、消化不良，或是拿来主义、生搬硬套，但是经过中国供应链人的实践运作，最终还是落地生根，形成了适应本土企业发展、适应本土企业文化的实践和方法。

放眼未来十年乃至二十年，我们正处于下一个关键时期。中国的线上经济全球领先，为我们在数字化、智能化的经济和产业发展开创了良好的格局。数字经济、数字社会、数字政府，各领域数字化的优化升级将全面打造中国领先全球的竞争优势和竞争实力。这不仅是中国的机遇，也是我们供应链管理工作者的运气。

有运气当然也少不了挑战！

众所周知，中国的数字经济始于服务领域，在线购物、在线支付、在线娱乐、在线教育、在线医疗，这些领域的数字化已经相当成熟。但是，数字经济如何从服务领域走向实体领域，从消费端走向制造端，实现端到端整体供应链的数字化，最终促进产业链的转型升级，就成了上至国家，下至企业、个人所面临并且需要回答的问题。

从单个企业的层面来看也有类似的趋势。前几年，领先企业在数字化转型方面不惜血本，但主要精力投入在了单点的数字化能力建设（见图 0-1）。

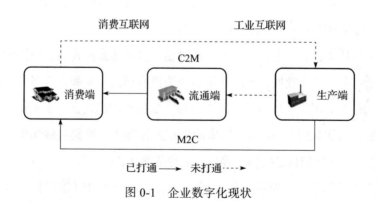

图 0-1　企业数字化现状

最先启动的是消费端的数字化。例如，营销数字化方面有公域私域、会员触达、全域营销；渠道数字化方面有线上线下、全渠道；双中台建设方面有数据中台、业务中台等。围绕消费端的数字化转型，产生了众多的工具方法，以及相关的 SaaS 创业企业。

伴随着消费端数字化，流通领域也渐次开始了数字化。例如，智慧物流方面有电子面单、RFID（射频识别）、TMS（运输管理系统）/LMS（物流管理系统）、物流云；自动化仓储方面有 AGV（自动导引车）、高密度存储、WMS（仓储管理系统）/WCS（仓储控制系统）。围绕物流端的数字化转型，让商品的流通效率大大提高。

当然，也有领先制造型企业开始着手生产端的数字化。例如，智能制造方面有机器人、3D 打印、MES（制造执行系统）；工业互联网方面有协同制造、工业视觉、工业数据湖。围绕制造端的数字化转型，打造了一些全球性的灯塔工厂。

这些单点能力的建设，在不同的行业、不同的企业里，由一些具备创新性、敢于突破的企业率先进行尝试，取得了不错的成果，但未呈燎原之势。消费互联网和工业互联网之间始终存在着一道深深的沟壑。

供应链是一个有机的整体，它好比人。供应链的三流构成了血肉，供应链的策略是其大脑。单点能力的发展就好比我们锻炼了胸肌而忽略了腰腹，锻炼了下肢而忽略了上肢。为了健身而健身，却忘记了我们健身的目的是整体的健康。

而供应链之所以被称为链，最为关键的就是它打破了企业的部门烟囱、突破了企业的四壁围墙，通过三流进行了内外的连接，进而由链结网，创造出了单个企业无法创造的生态价值。

供应链的数字化转型，不仅需要单点的技术能力突破，更要有全局架构的思想和方法。它需要我们从智慧供应链的战略架构出发，构建具有全局视野的多层供应链控制塔，打造以智能计划、数字采购、智能制造、智慧物流、数字金融以及相应的调度中心为体系的供应链运营平台，通过供应链数据平台、供应链 AIoT 平台、供应链算法和仿真平台所形成的三个关键供应链驱动平台，最后和供应链的软硬件基础设施连接打通，形成一体化端到端的全局可视可控的全面数字化蓝图，也叫智慧供应链架构金字塔（见图 0-2），并将其落地实施。

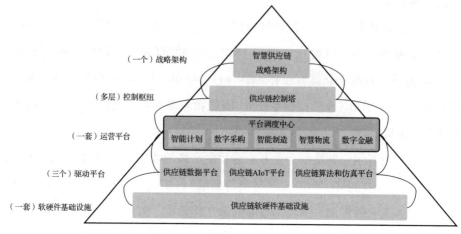

图 0-2　智慧供应链架构金字塔

供应链的数字化转型是路径，不是目标。我们最终希望通过这张蓝图，打造出一个全新的智慧供应链体系，这是我们的终极目标。虽然在供应链领域，我们已经拥有了诸多领先全球的企业实践案例，但不可否认的是，当下中国还有众多企业依然处于供应链的初级阶段甚至是原始状态。从原始级供应链升级到智慧供应链，需要我们从商业架构到业务运营，通过先进的技术手段来加速这一进程。

没有商业思考，仅有技术，可能最终南辕北辙。方向错了，有再尖端的技术，再拼命努力都没用。有了商业思考，但没有技术，就好比我们爬楼梯，别人坐电梯，虽然都能到达顶点，但速度不一样。商业和技术相辅相成，是这个时代给予我们、给予中国最大的机遇。

我们在过去二十年里披荆斩棘、步履坚实地从 0 走到了 1。这张数字化供应链的蓝图，这个属于中国的智慧供应链时代，正期待着我们来共同绘制和实现！

每一条供应链，都值得重新做一遍

一场新冠肺炎疫情，改变了世界，改变了我们的生活，也深刻地改变着供应链。

社区团购、直播、短视频、协同办公、远程医疗、线上教育……被新冠肺炎疫情"教育"过的消费者开始全面拥抱数字化消费，无接触/少接触经济的快速发展也加速了整个产业经济的数字化。

数据显示[一]，中国电商渗透率目前位居全球第一，占比近30%。受新冠肺炎疫情的催化，预计这一数字未来将快速上升。而大洋彼岸的美国目前也只有约15%。

新冠肺炎疫情带来的另一个变化是消费市场的快速裂变。

由于新冠肺炎疫情导致收入水平下滑，消费者对于日常消费品的购买更加理性：追求极致的性价比，而不是盲目上缴品牌智商税。

对于同时拥有全球最大的制造供应链，以及全球第二大消费市场的中国，日常消费品市场已然成为竞争的红海。无论是消费端还是供应端，都在尝试以

[一] 《2020中国电商行业大数据报告》，企查查大数据研究院，2020年11月。

更短的链路来进行相互的链接，从而进一步降低成本，争夺市场空间。

无论是拼多多、淘宝特价版、京东京喜，还是时下火爆的社区电商，都在围绕这个市场挖掘用户需求：通过 C2M 或者说是 M2C 的方式，将需求以最快的方式直接推送给厂家，跳过中间商的多重分销系统，利用中国丰富的制造能力直接满足最终用户的需求。

对于非日常消费品，如奢侈品、潮玩潮物、宠物养成类商品等这些承载了个性化甚至是情感诉求的商品和品牌，消费者则愿意付出极高的价格来获取。（价格不是问题，认不认同才是关键！）

先看奢侈品，新冠肺炎疫情下全球奢侈品市场下跌了 23%，但中国在全球市场的占比几乎翻了一番，从 2019 年的 11% 左右跃升至 2020 年的 20%[一]。中国即将成为全球最大的奢侈品市场，仅海南离岛免税消费市场就在很短的时间内突破了年 1000 亿元的销售规模。

再看潮玩潮物的代表泡泡玛特：Molly，一个有着湖绿色眼睛和金黄色卷发的小女孩，凭着嘟嘟嘴和倔强的大眼睛俘获了无数年轻人的心。为了得到一个最新款的 Molly，Z 世代消费者愿意专门乘飞机、坐高铁，排十几米长的队伍去抢购。

消费市场快速裂变，伴随而来的是供应链的多元细分。

一个消费者可能一边用着拼多多、淘宝特价版、京东京喜购买极致性价比的日用消费品，另一边也在海南免税店里购买着来自全球的奢侈品，或是在得物上购买经过专业仪器鉴定的价格数千元的潮鞋。

消费市场的裂变，并不是简单的贫富分化所带来的消费分层，而是朝着更加多元化、场景化的方向发展。新品类、新商品、新消费场景、新电商模式的出现，伴随而来的是供应链模式的进一步细分，这里面涵盖了 B2C、B2B、BBC（即 B2B2C）、O2O、C2M、M2C，以及时下最新的 CKB 链路[二]。

[一] 《2020 年中国奢侈品市场：势不可挡》，贝恩咨询、天猫奢品联合发布，2020 年 12 月。

[二] 这里的 K 指的是 KOL/KOC（关键意见领袖 / 关键意见消费者），CKB 链路即由网络红人所链接的供应链。

原有的模式并没有消亡，新的模式层出不穷。出现了从长链到短链、从奢侈品到极致性价比商品、从远场到近场、从标品到生鲜、从一线到下沉市场、从满足日常需求到满足冲动需求（直播）、从国内到跨境的多种多样且丰富多彩的供应链模式的细分，每一个细分领域都在重构、裂变，并创造着新的供应链链接方式。

在这个时代，作为中国的消费者，我们是无比幸福的，有这么多的消费商品、消费场景可供选择；在这个时代，作为中国的供应链管理者，我们是无比兴奋的，多元化给我们带来了更多的挑战，也给我们带来了丰富的想象力。

拿兴盛优选来说，这家发源于湖南本土的零售企业，在开了 1.5 万家便利超市，90% 的超市已经盈利后，并没有止步不前，而是大胆地开始了新消费场景和新零售供应链的探索。

起初，创始人岳立华打算先从 O2O 试水：用户线上下单，周边便利店送货上门。但终因供应链成本过高，用户订单需求量不足而失败。

2016 年，兴盛优选开始尝试"预售 + 自提"的模式，构建了"消费者—团长—平台"的销售网络。用户当天下单，平台汇总订单后再行采购，第二天送货到门店，用户上门取货。

围绕这个模式，在物流端建立了中心仓—网格仓—自提点—消费者的物流网络，原有的推式供应链变成了推拉结合的供应链（见图 0-3）。

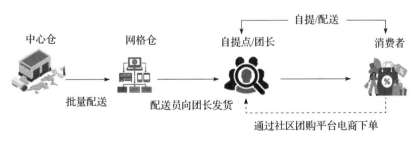

图 0-3 社区团购的推拉供应链

就这么看似简单的供应链上的推拉结合点的调整，让兴盛优选的社区团购模式迅速跑通。如果不是后续由于资本入局导致整个行业的野蛮竞争，兴盛优选或许已经借助供应链的变革实现了规模化发展。当然，大战并未结束，笔者相信笑到最后的依旧会是供应链上的佼佼者。

再来举个例子，过去我们上供应链战略课，都会讲 ZARA 的案例。如今，中国也有一家能够和 ZARA 相媲美的"快时尚"服装公司——SHEIN（见图 0-4）。

图 0-4 "快时尚"服装公司：SHEIN

在 Sensor Tower 2021 年发布的全球购物类 App 排行榜上，来自中国的电商平台 SHEIN 排名第二（亚马逊第一），这家在中国几乎"查无此户"的年轻公司于 2014 年创建自主品牌 SHEIN，并量身打造了专属 App。

SHEIN 的目标是"打造世界级快时尚品牌平台"。它专注于快时尚服饰行业，通过强大的服饰单品的研发运营能力，结合中国供应商的制造能力，形成自身强大的新品研发、制造、供应链能力和效率，为全球消费者提供时尚服饰产品。

SHEIN 平台上有超过 50 万个 SKU，而其平均交付周期只有 7 天左右。在新冠肺炎疫情肆虐全球的今天，全球服饰行业普遍低迷，但 SHEIN 在 2020 年的销售额突破了 700 亿元人民币，其销售覆盖了全球 200 多个国家和地区，日发货量最高超过 300 万件。

"上新速度"是快时尚的"快"的表现形式之一。根据 Rest of World 发布的数据，2021 年 7 ～ 12 月，SHEIN App 每天上新 2000 ～ 10 000 个 SKU，其上新量是 ZARA 与 H&M 之和的 20 余倍，成为当之无愧的"快时尚"最新引领者。

截至 2021 年上半年，SHEIN 已经在 54 个国家和地区的 iOS 购物应用中排名第一，在 13 个国家和地区的安卓设备中排名第一。彭博社（Bloomberg News）援引消息人士的说法，SHEIN 的估值高达 300 亿美元。而在 2020 年 8 月，SHEIN 估值为 150 亿美元，这意味着 SHEIN 的估值，在不到一年的时间里，翻了一番。

阿芙精油的创始人雕爷曾在其公众号上提出过一个断言："每一种消费品，都值得重新做一遍。"

毫不夸张地说，接下来的十年，将会是中国供应链变革的黄金十年！作为供应链管理人，很荣幸，我们生在了这个时代、生在了中国！我们将用十年的时间走完发达国家数十年甚至上百年的产业供应链升级之路！让我们拭目以待！

| 目 录 |

战略篇

第一章　如何从原始供应链升级到智慧供应链
螺旋上升　不断演进　/3

实践与思考篇

战略篇

———

水之积也不厚，则其负大舟也无力……风
之积也不厚，则其负大翼也无力。

——庄子《逍遥游》

什么是智慧供应链？一个真正智慧化的供应链体系，是端到端的、面向需求驱动的、可动态调节的供应链网络体系，具备可视化（visibility，眼）、可感知（sensibility，脑）、可调节（adaptability，身）的能力，能够帮助我们应对VUCA⊖时代的种种不确定。

相比传统供应链，智慧供应链为企业构建起了"超级连接"。从商业模式到流程运营，再到技术架构，基于"超级连接"下的供应链具备了强健而富有弹性的"筋骨"，让我们不仅能够在商业竞争中抢占先机，更能够在风险来临之时先人一步做出改变。

时代赋予了我们最好的机遇，使我们在中国这片土壤里，有机会搭建引领全球的智慧供应链体系。但是我们也需要坦然面对现实！

今天中国依然有大量企业的供应链管理水平停留在比较初级的阶段，虽然有了专业化的分工，虽然有了供应链上相关的IT系统，但部门和部门之间、企业和企业之间缺少良好的协同能力，数据无法在企业内、企业之间达到互联互通，更不用说通过算法、仿真等能力进行智能化的决策。

万事万物的发展都有一定的规律和路径，智慧供应链的建设也一样。不要妄想一夜之间实现跨越式的发展，也不要期盼一切都会自然而美好地发生。从原始级到初级、整合级、协同级，最后到智慧级供应链，我们需要不断探索出合适的商业路径；从电子化到信息化、数字化、网络化，最后到智能化供应链，我们需要逐步沉淀出深厚的技术能力。

远方在脚下，每一步都坚如磐石，每一步都不忘初心！

⊖　VUCA 是 volatility（易变性）、uncertainty（不确定性）、complexity（复杂性）、ambiguity（模糊性）的缩写。

第一章

如何从原始供应链升级到智慧供应链

螺旋上升　不断演进

纵观供应链的发展历程，它始终沿着一个螺旋式的路径盘旋上升，创新—标准—协同—复制，周而复始，不断演进（见图 1-1）。

图 1-1　供应链的发展历程

（1）**创新**：创新是推动供应链发展的源泉，不论是大规模制造、精益生产、路径优化、协同计划与补货、销售与运营计划流程、六西格玛、约束理论等较为成熟的管理理念和技术，还是时下颇为火热的大数据、人工智能、机器人、无人机、物联网、VR/AR（虚拟现实/增强现实）、区块链等新技术、新方法，创新创意层出不穷、永不停息。谁能引领创新，谁就具备了先发优势，并能够在供应链的竞争中脱颖而出。

（2）**标准**：如果没有实现标准化，创新创意就无法走出实验室，更无法实现大规模的应用。举一个最简单的例子，20 世纪 50 年代集装箱的出现，使跨国运输成本大幅降低，但是它的实现前提是集装箱规格的标准化、吊装设备的标准化，甚至是拖车的标准化，这些围绕着集装箱运输方式的全流程标准化才是关键所在。

如今，我们在谈论新技术的运用时，往往疑惑何时才是企业应用的最佳时间，其判断的关键节点便是技术的标准化程度。例如冷链，局部的冷链并不难实现，难就难在全程一贯的标准化冷链运营，其中只要有一个环节未实现标准化，冷链就成了断链，其效果将大打折扣。

再如，一带一路沿线国家的铁路，轨道的宽度不一，给洲际铁路运输造成了很大的麻烦。以蓉欧铁路为例，中国和欧洲铁路使用标准轨道，独联体国家则使用宽轨，途中需要进行两次换轨吊装作业，大大降低了运输的效率。秦始皇建立大秦帝国，首推的便是"车同轨、书同文"。因此，作为中国国家供应链战略的重头戏，"一带一路"倡议同样应把推行标准化工作作为重中之重。

（3）**协同**：标准化可以推动供应链的协同，也可能损害供应链的协同，其关键在于标准化是否推动了供应链上下游协同效率的提升。如果标准化的目标是为了单个企业、单个行业或者单一国家的利益，而损害了上下游链条上其余各方的利益，那么这种标准化就是有害的。例如，每个国家都有其特定的海关法律规定，其建立的标准大多从本国的需求出发，而非供应链。经济越落后、越闭塞的国家，其海关的标准就越倾向于本土化，其通关效率也越低。世界经济论坛的研究表明，如果我们能够把各国的通关条件减少一半，全球贸易总额将提升15%，全球GDP将提升5%。

全面协同是供应链的最高境界，千军万马步调一致。要达到全面协同，就应当将供应链管理的重心放在瓶颈点上。这些瓶颈点可能来自企业内部，例如某个部门或者某个低效的生产环节；也可能来自供应链的上下游，例如某家落后的企业或者某种尚未成熟的工艺；还有可能存在于"三流"（信息流、资金流、实物流）的互不匹配之中，例如信息失真、资金缺乏或者物流阻塞。

当供应链上出现了新技术，带动了某个环节效率的提升时，供应链均衡协同的状态就会被打破，并会出现新的瓶颈。供应链就在这种破和立之间不断循环往复地向上发展。

（4）**复制**：如同人有生老病死一样，任何新技术、新方法都逃脱不了被复制、被超越的结局。供应链上的新技术、新方法具有典型的传导复制特性，这种传导复制有两个方向：一个是从高成熟度的企业传导复制到低成熟度的企业，例如从一线品牌企业到二线、三线品牌企业；另一个是从供应链成熟度高的产业传导复制到成熟度低的产业，例如从军事到民用，从汽车电子到零售快消、农业产业……

行业成熟度越高，产品的生命周期越短、供需关系越弱，市场竞争越激烈，供应链在这个行业的创新速度就越快。例如汽车行业是供应链创新的热土，在这里诞生或者最早实践了"流水线生产""精益生产""同步制造""零库存""约束理论"等一系列工具方法，出现了福特、通用、丰田、特斯拉等一系列不断突破传统思维的创新企业。然而，每一个新方法、新工具的出现，都只能让领先企业或行业保持最多一二十年的优势，随后就被行业企业所广泛复制并使用了。如果企业没有及时地开展新一轮的创新和运用，其竞争优势也就逐渐消亡殆尽了。

而伴随着互联网时代的快速发展乃至成熟，企业在数字化、智能化供应链建设上具备了良好的外部环境。第一批对供应链进行数字化改造和创新的企业，不仅包含互联网原生企业，如亚马逊、阿里巴巴、京东等，还包括传统企业，如海尔、美的、蒙牛等。随着技术的进一步发展，在物联网、人工智能、区块链、云原生等技术的推动下，将会掀起供应链的一轮又一轮的快速变革。

创新—标准—协同—复制—创新……伴随着供应链螺旋上升式的发展，不同的企业、不同的行业，甚至是不同的国家和地区之间形成了不均衡的供应链发展状况。为了区分供应链的发展水平和成熟度，笔者将供应链管理水平分为五个层次，分别是原始供应链、初级供应链、整合供应链、协同供应链和智慧供应链（见图 1-2）。

供应链的发展有其自身的规律，企业、行业、国家供应链的发展都无法脱离这个规律。这五个层次好比五个巨大的台阶，我们无法跳过某个阶段而直接上升到更高层次，如同饭要一口口地吃、路要一步步地走，这是同样的道理。

但是，如果了解了供应链发展的规律，掌握了相应的知识和方

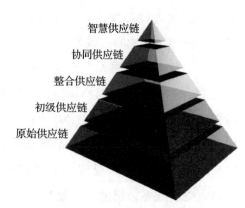

图 1-2　供应链发展成熟度

法，我们可以加快供应链管理的发展上升速度。好比欧美企业花了数百年所建立的协同供应链体系，中国的有些企业只用了不到 20 年的时间就基本完成了。这是后发优势，因为我们一出发就站在了巨人的肩膀上。当我们和欧美企业站在同一起跑线时，我们不约而同地将目标指向了"智慧供应链"这个供应链的最高层级。当下是我们供应链人的机遇，也是中国作为全球数字化领先国家的机遇。幸甚至哉！

接下来我们就把供应链从原始级到智慧级的每一个层级逐个展开来阐述。

第一节　原始供应链：并不仅仅出现在原始社会

供应链是什么时候出现的？这恐怕要追溯到远古时代了。

人类社会最初的商贸形式是以物易物，"我需要的你正好有，而你需要的我也有，那咱们就做个交换吧"（见图 1-3）。

但是，以物易物还算不上供应链，因为它缺少了供应链上的一个

图 1-3　原始社会的物物交换

关键要素：资金流。

在原始社会末期，货币产生了，虽然那时的货币在外观上与现在的货币大相径庭，例如贝壳、珠玉等，但这丝毫没有削弱它的作用。因为有了货币，商品流通得以大规模开展，由此形成了真正意义上的供应链。此时的供应链还缺乏真正的管理，它的特点是随机、分散，尚处于无意识的原始阶段，故而笔者将其称为"原始级供应链管理形态"，简称"原始供应链"。

然而，并不是只有原始社会才有原始供应链，即便在今天，这种原始供应链依然随处可见。例如，小餐馆的店主到菜市场买菜，往往是货比三家、讨价还价，不论从最终购买的菜品还是选择的商家来看，都具有较强的随机性，没有规范化的绩效考核，没有系统性的信息记录，更谈不上有效的内外协同。

除了小餐馆，大多数夫妻店的供应链管理也处在这个层级。据统计，国内有大约 600 万家零售便利店，大部分门店的管理模式还处于十分原始的阶段。2009 年，怡亚通切入这个领域，旨在打通线下 380 平台和线上星链平台，构建互联互通的 O2O（online to offline）供应链生态。10 多年过去了，其终端覆盖率也只占到市场的 20% 左右。而随后杀入的京东新通路以及阿里零售通，也在这个领域内摩拳擦掌，尝试通过各自独特的业务模式来拉动行业供应链的升级。

通过 B2B 方式对夫妻店业态的变革之战还未结束，随后而来的社区团购让这个市场变得更加错综复杂。B2B + B2C，社团批发 + 社区团购，本质上都是期望通过数字化的方式，对原始的供应链进行改造和提升，从而激发和创造新的价值。

第二节　初级供应链："吵架"是最重要的生存技能

"初级供应链管理形态"简称"初级供应链"。

从原始供应链的无意识、随机性发展到初级供应链，最显著的变化是出现了所谓的职能分工，负责计划、采购、生产、物流、仓储等职能的岗位人员各就其位、各司其职。

但是，在初级供应链管理形态中，这些岗位之间缺乏有效沟通，单兵作战是这类供应链最大的特点。在笔者的专著《供应链架构师：从战略到运营》中，曾经提到过"谷仓效应"和"神龙效应"。岗位与岗位之间、部门与部门之间，由于职责和目标的差异，大家主动隔离，注重自我保护和自我实现，如同置身于一座座彼此互不连通的谷仓之中，只能看到自己谷仓上方一片小小的天。有的谷仓堆得满满的，一片丰收景象，而隔壁的谷仓还是空空如也，担心今年可能要闹饥荒。

初级供应链是我们今天最常见的供应链管理形态。从表面上看，只要企业各部门之间职责明确、分工清晰，就能确保大家各司其职、各尽其力，从而实现高效的管理。但是如果企业内部未能形成有效的沟通机制，信息就无法顺畅地流动，更谈不上协同。

在初级供应链企业中，最常见到的情况就是部门之间相互推诿。上至部门经理，下至普通员工，都在日复一日地修炼"吵架功夫"，比谁的嗓门大，谁更会"讲道理"。当然，我们无法责怪他们，更不应笑话他们。因为站在任何一个部门的角度来看，他们都有各自界限明确的职责和任务，都有为之奋斗的部门指标，只是这些任务、职责和指标之间缺乏协调，甚至相互冲突。因此，"吵架"成了经理和员工在这个体系内得以生存的一个重要能力。谁不会吵架，吃亏的就一定是他！

爱吵架的采购员

采购员谭红是公司的老员工，在采购部工作了10多年，职位一直没什么变化，看着别人像坐火箭似的嗖嗖上升，心里总不是个滋味。比如才来两年的江莉，刚来的时候什么都不懂，每次遇到谭红都左一个谭师傅又一个谭师傅，叫得可亲热了。现在倒好，江莉都升到副主任了，谭红还在原地踏步。每每想到此，谭红就反复安慰自己："你们追求事业去吧，我追求我的 work-life balance（工作与家庭平衡）。"

然而，这种阿 Q 精神并没有让谭红在工作中做到收放自如。恰恰相反的是，谭红是个急性子，每次遇到问题都火急火燎的。就拿供应商缺料这件事情来说吧，只要是谭红负责的物料出现了短缺，一通电话过去，不由得对方辩解，上来就是一顿训斥，声音大得整个办公室都能听见。

供应商也特别害怕谭红，每次一看电话是她打来的，吓得都不敢接。私下里，谭红得了个外号"红牛"，是说她训起人来跟喝了红牛、打了兴奋剂一样。但是谭红却以此为傲，她的原话是："为什么吵架？第一，证明我和供应商之间没有猫腻；第二，不骂，供应商不会尊重你；第三，说明我工作认真负责！"

在公司内部，这头"红牛"也是出了名厉害。拿前不久发生的一件事儿来说，新项目因为物料短缺而无法顺利投产。还没等项目经理开口，谭红第一个跳出来，从项目计划、产品设计、销售预测、生产排程、质量缺陷等诸多方面，"多角度、多层次"地阐述了物料迟迟不到位的原因。虽然她的观点犀利，能够直击问题要点，但是似乎没有人听得进去。

"你的言下之意，缺料全是我们的责任，对不对？"生产经理实在憋不住了，质问起谭红，"那么谭红，采购这边就一点责任都没有吗？"

"有啊！你难道没有听见，我每天来公司的第一件事情就是打电话骂供应商？"谭红顿了顿，理直气壮地说道："你总不能让我拿把刀去把他们都杀了吧！"

谭红的话，竟让生产经理无言以对。大家三言两句，互相指责，会场乱作一团，会议最终不欢而散……

项目经理也不敢招惹谭红，只好向谭红的上级——采购部经理张翔求助。张翔来采购部的时间并不长，之前是公司人力资源部的经理。因为采购部经理离职，他在总经理的安排下，转岗来到采购部。

来之前，张翔对谭红的情况早有耳闻，但是没有正面接触过，此事正好给了他一个机会和谭红坐下来谈谈。为了避免与谭红正面冲突，张翔以新人熟悉工作为名义，邀请谭红共进午餐。

谭红并不傻，午餐的目的她多少也能猜到，虽然有些不情愿，但也不妨单独会会这位深得公司高层赏识的部门经理，顺便探一探自己的发展前途。

谭红到底还是性子急，椅子还没坐热，就开口提问了："经理，您之前是做 HR 的，我得跟您请教个问题。您说我在采购部这么多年，尽心尽职，人人皆知，没有功劳也有苦劳，为什么连个刚毕业的小丫头都比我发展得好？"

张翔微微一笑，反问道："你先别急着问我这个问题。我倒是有个问题想问你，你知道什么是 stakeholder 吗？"

"知道，利益相关方嘛！公司人力资源部门培训时，经常提到这个词。"

"那么，你知道采购部的利益相关方有哪些吗？"

"不就是研发、生产、质量、销售等这些部门吗？"谭红回答道。

"这些是内部利益相关方，还有外部利益相关方，包括我们的供应商、客户等。"

"利益相关方就是与我们有着重大关系，能够影响我们的决策过程或者被我们影响的那些人。老大，这些我都知道，但您到底想表达什么？"谭红不耐烦地打断了张翔的话，抛出了自己的问题。

"好吧，我想知道，你是怎么看待这些利益相关方的？遇到问题时，你通常如何跟他们沟通？"张翔依旧没有正面回答谭红的疑问。

"我觉得嘛，在企业内部，采购部门要强势起来，不然会经常被其他部门欺负，就连财务部都可以拿付款的事情来欺负我们；至于外部嘛，供应商是需要严格管教的，要让他们知道出了问题就要承担责任！"谭红把自己从业多年的经验搬出来，一副义正词严的样子。

但是当她看见张翔始终笑而不语时，她的气就不打一处来："经理，有什么话请您直说吧，别绕弯子了，您是不是想说我脾气不好，不够圆滑！我做事一向如此，不求别人赞美，但求问心无愧！"

张翔见谭红的牛脾气上来了，并不打算直接接招，转身拿了笔和纸，在上面画了一个矩阵图，说道："人无完人，金无足赤！在公司内外，一定有人喜欢你，也有人不喜欢你。你认同这个观点吗？"

谭红点点头，表示同意。

"当你提出观点的时候，也一定有人支持你，有人反对你，对吧！那么，你希望支持你的人多，还是反对你的人多呢？"

"当然是希望大家都支持我！"谭红回答道。

"嗯，我相信，只要是个正常人，都希望更多地被他人认可。"张翔学过心理学，因此说起话来循循善诱，并不会那么咄咄逼人。

"但是不可避免地，我们会遇到一些人，特别是对我们来说十分重要的人，他们对我们的观点持反对意见。过去，我对此也很苦恼，直到我学会了如何利用这个矩阵图。"张翔说着，用笔点了点这个小小的矩阵图。

"它的原理其实很简单。纵坐标表示他人是否支持你的观点，横坐标表示他人是否理解你想表达的意思。据此可以将我们的利益相关方分成五种类型（见图1-4）。

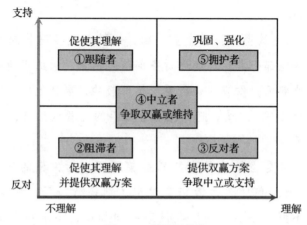

图 1-4　利益相关方

第一类人：他们其实并不理解你的意图，但是他们就是傻傻地喜欢你，铁了心地支持你，他们是你的粉丝，也叫跟随者。

第二类人：他们因为不理解你的意图，所以一直反对你的意见，他们是阻滞者。

第三类人：他们能够充分理解你的意图，但就是坚决地反对你，他们是反对者。

第四类人：他们既不支持你，也不反对你，说白了，对你说什么、做什么漠不关心，他们是中立者。

第五类人：恐怕是你最喜欢的类型了，他们能够充分理解你的意图，并且支持你，这种人是你的拥护者。"

张翔停顿了一下，观察了一下谭红的脸色，继续说道："对这里的每一种情况、每一个人，沟通方法都会有所不同。"

谭红若有所思地说道："现在回想一下，有时候别人反对我，其实是没有很好地理解我的意图。我这个人脾气容易急躁，听见别人反对马上就来气，却没有探求真实的原因。"

"的确，不同的人由于处于不同的位置、角色，会有自己的立场和观点。我们在沟通的时候，需要首先将他们在矩阵中定位。待位置弄清楚了，再来思考如何求同存异，可以加深彼此间的理解，或者找到双赢的方案。最后再不济，只要能够让反对者成为中立者，不再对我们的方案和观点持否定态度，这种沟通也算是有效的。"张翔三言两语，将矩阵的用法解释了一番。

"当然，达不成一致意见也是常有的事情。这时我们就得回头看看自己的想法和方案是否有必要做一些调整，而不是硬碰硬地去争取。"

"供应链管理，难就难在协同！所谓协同，就是让持有不同意见和观点的人或组织，找到共同的目标，朝着一个方向迈进。这种协同，需要我们大家的努力，不只是对外，对内也是一样。"张翔将矩阵图递给了谭红，补充了一句："你的努力大家都看得见。其实，你只需要稍微调整一下方法，效果会完全不一样。希望这个对你有所帮助。"

第三节　整合供应链：糖葫芦得串起来吃

"整合级供应链管理形态"简称"整合供应链"。

从初级供应链的职能分工、部门隔离发展到整合供应链，最显著的变化是企业内部形成了有效的协同机制，它的建立依靠的是跨部门的流程。

计划、采购、生产、交付、退货，被称为供应链的五大流程。在国际供应链理事会（Supply Chain Council，SCC）的供应链运作参考模型（supply-chain operations reference，SCOR）中（见图 1-5），这五大流程被称为第一阶流程。由此一级级向下展开，直至可执行的流程元素层面。

除此以外，业界还有其他一些供应链流程的分类方法，例如将供应链流程分为"从计划到生产"（plan to manufacture，P2M）、"从采购到支付"（procure to pay，P2P）、"从订单到现金"（order to cash，O2C）、"从问题到预防"（issue to prevention，I2P）等。这些流程也可以一级级向下展开到元素层，并指导企业如何具体落地实施。

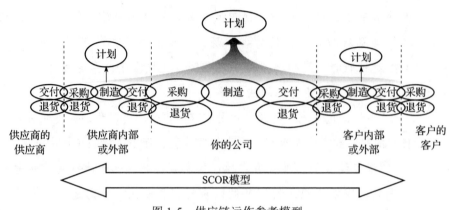

图 1-5　供应链运作参考模型

　　但是，单纯地谈独立的流程是没有太大意义的。假如流程和流程之间没有架构起有效的连接，这些流程就好比一颗颗散落的冰糖山楂，好吃却并不好拿。因此，我们需要一根竹签，把它们串成冰糖葫芦。

　　这根竹签，对企业来说有纵向和横向两个维度。

　　（1）纵向维度包括自上而下和自下而上两个方向。自上而下是从战略出发到运营落地。供应链战略是企业的二级战略，需要服务于企业的竞争战略。假如企业的竞争战略不明确，供应链战略就没有方向；抑或是两者不相匹配，企业的竞争战略再好，供应链的战略和运营跟不上，企业一样无法高效运营。

　　自下而上是搭建企业的供应链创新平台，收集并筛选自下而上的创新建议。供应链既有高屋建瓴、高瞻远瞩的战略，也有贴地前行、精益求精的运营。如果只是刚性地传达高层的战略意图和目标，而忽略了来自运营层面的创新创意，会让供应链失去"双眼"和"四肢"，变得不接地气，没有灵魂。所以我们需要通过供应链的创新平台来听取和吸纳来自基层的声音，并将其转化为供应链变革的另一种推动力。

　　（2）横向维度是各种跨部门的协同流程。以零售的计划管理为例，横向维度主要是从需求出发构建内部销售、计划与运营协同平台（S&OP），以及由内而外的协同计划、预测和补货平台（CPFR）。S&OP 打破了部门之间的隔阂，围绕经营计划，将各个部门不同的目标进行协调统一。CPFR 打破了企业内外的信息壁垒，通过链主和链属共享供应链上的关键信息，确保链条上的企业之间对预测、计划和达成进行协调统一。即便做了错误的决定，内部的 S&OP 和外部的 CPFR 还具有自我修复的功能，它通过不断微调保证方向的正确性，形成了动态的协调系统。

需求和供应是供应链的两端，这两端有各自不同的追求。需求端不断地追求个性化，供应端不断地追求低成本，企业的盈利点就出现在两者的动态平衡点上。从宏观角度来说，企业的纵向战略决定了平衡点出现的范围；从微观角度来说，企业的横向协同流程决定了平衡点的具体位置。

"整合供应链"解决了企业内部各部门的协同协作问题，但是如何才能突破企业的四壁围墙，在供应链的上下游之间形成有效的协同，这就需要将企业的供应链再升级一个层次，进入"协同级供应链管理形态"。

第四节　协同供应链：你得拥有领袖魅力

"协同级供应链管理形态"简称"协同供应链"。

从整合供应链的职能协作、部门沟通发展到协同供应链，最显著的变化是企业与供应链上下游也建立起了有效的协同机制，能够让实物流、信息流、资金流在供应链上顺畅地流动起来。

需要强调的是：从整合级到协同级，其决定性因素不是技术，也不是实力，而是领导力！

原因很简单，企业内部的流程整合可以依靠权力权威，依靠上级对下级的指令和命令，虽然也需要领导力，但即使领导力不足，只要方向正确，强行推动也可为之。但是，当企业面对上下游其他合作伙伴时，仅仅依靠权力权威，是无法形成有效的协同机制的。这时，位于企业管理顶层的 CEO 或董事长的领导力，就成了决定供应链升级成败的关键。

　　优秀的供应链企业背后往往都有一位甚至数位领袖级的企业家。亨利·福特（福特汽车）、大野耐一和丰田章男（丰田汽车）、阿曼西奥·奥特加（ZARA）、麦克·戴尔（戴尔）、杰夫·贝佐斯（亚马逊）、任正非（华为）……当然，还有正在为之而努力的京东以及阿里巴巴的企业高管。

　　在供应链的升级过程中，谁主导了连接的构建，谁就拥有最大的话语权。因此，阿里巴巴曾多次将其"全球智慧物流论坛"的主题定位为"连接"这个关键词，2016年是"重新连接"，而2017年则是"连接升级"。

　　腾讯智慧零售也将自己定位为超级连接者，并于2021年携手京东物流共同推出"京腾云仓"，以腾讯智慧零售为线上私域场，以京东物流云仓的商品和物流服务为供应链场。其集成京东物流的云仓技术、物流中台能力和供应链行业标准等优势，以腾讯智慧零售所拥有的腾讯全域数字化触点、智慧零售产研技术等能力，为零售品牌商、渠道商提供连接流量场域和供应链资源的一体化解决方案。

　　京东和阿里巴巴的目标一样，但是路径不同，当然，路径也和企业的基因有关。前者通过自建自营来完善供应链的基础设施，即"我铺路，大家走"；后者则采用合作共建的方式来构建供应链的基础设施，即"大家铺路，一起走"。

　　它们的目的都一样，就是构建连接，只是构建的方式不一样。京东靠的是实物流引领整合，稳扎稳打、步步为营；阿里巴巴靠的是信息流引领整合，布局全面、大开大合。

　　连接的构建，需要做三件事情，即供应链领导力的三大目标。

　　第一，指明方向：为供应链制定愿景和战略。

　　第二，协调统一：促使供应链上下游合作伙伴风险共担、利益共享。

　　第三，获得承诺：激励供应链合作伙伴为实现愿景和战略而持续努力。

　　构建连接说起来轻松，但是做起来难！它是供应链升级过程中最难的一关！因为连接的基础从来都不是一成不变的，它会随着市场环境的波动、政府政策的调整、客户需求的升级、上下游伙伴实力的变换，迎接一系列新的挑战。因此，这种连接是动态的、难以把握的、高度需要领导力的。

毫无疑问，连接一定是大势所趋！而主导连接的权力，是兵家必争之地！不管是任正非、刘强东，还是马化腾，他们无疑都是这个时代顶尖的企业家，但是在主导连接这件事情上，终极 PK 的一定是他们的"领导力"！

第五节　智慧供应链：眼、脑、身配合的有机体

从原始供应链到智慧供应链，就好比打怪升级，每一级都有难对付的老怪在那里等着你；又好比登台阶，下一级是上一级的基础，上一级是下一级的目标。基础不牢，台阶会垮；目标太高，无法跨越。

如果说驱动原始供应链升级到初级供应链的核心是专业化的职能分工，驱动初级供应链升级到整合供应链的核心是跨部门的流程构建，驱动整合供应链升级到协同供应链的核心是供应链上的领导力，那么驱动协同供应链升级到智慧供应链的核心则是新技术的应用能力。

为什么我们强调新技术的应用能力，而不是新技术本身呢？因为技术本身并不会带来任何价值，而技术的应用才会带来价值提升。这就好比施乐公司开发了计算机图形操作界面，但是真正投入应用并取得巨大成功的是苹果公司。

当今时代，大数据、人工智能、机器人、无人机、物联网、VR/AR、区块链等新技术层出不穷，让人眼花缭乱，茫茫然不知所措。假如没有一双慧眼，没有一个清醒的大脑，没有一个灵活的身体，即便投入再多的资金，开发或购买再先进的技术，也无济于事，对于建立真正的智慧供应链毫无价值可言。

只有当技术的应用围绕三大原则展开时，才能真正驱动协同供应链升级为智慧供应链。这三大原则便是可视化（visibility）、可感知（sensibility）、可调节（adaptability），笔者将其称为智慧供应链的 VSA 原则。

一、可视化

"可视化"好比供应链上的"眼睛"。供应链管理中有个概念叫作端到端（end to end），上端延伸到原材料的采购，一级、二级、三级、N级供应商，直至大地母亲，下端延伸到一级、二级、三级、N级分销商，直至最终用户。对于这个长长链条上的企业，存在着所谓的"神龙效应"：犹如一条神龙穿梭在云中，要不就是神龙见首不见尾，要不就是见尾不见首，根本看不清全貌，即可视化程度不高。如果连供应链的全貌都看不清楚，智慧供应链更是遥不可及。因此，智慧供应链首先要做到可视化。可视化不仅仅指的是实物流的可视化，还包括信息流和资金流的可视化，三流的互动匹配关系也要可视化。

不要小看了可视化。毫不夸张地说，即便是当今世界500强顶尖企业，也无法做到100%的可视化。这里面有人的问题、流程的问题以及IT系统的问题，而这些问题往往交织在一起。我们把人（people）、流程（process）和系统工具（tool）称为供应链管理的PPT。在可视化设计的时候，我们需要考虑如何把PPT进行合理区隔，以便后续问题的跟踪和改善。

实现可视化最好的办法就是把供应链全面数字化和云化。从供应链的要素到供应链的流程，从供应链的硬件到供应链的知识，甚至到供应商涉及的人和组织，借助数字化技术、物联网和互联网，我们一步步地对供应链进行数字化和云化升级，使供应链的全面可视化不再是无法企及的梦想！

二、可感知

"可感知"好比供应链的"大脑"，它指的是我们是否有能力根据供应链的各种可视化的数据进行快速决策。首先是感知并发现问题，然后是计算和决策。"可感知"不同于"可视化"，却建立在"可视化"的基础之上。

"可视化"好比是我们在商场里安装的摄像头，它的覆盖面有多广，清晰度有多高，表示我们的可视化程度有多高。但是仅仅有全面覆盖的摄像头，并不能保证商场不丢东西，还需要"可感知"。"可感知"好比在摄像头上增加了动态图像捕捉系统，能够对可疑事件进行分析，并及时对风险进行预警和报告。

在供应链架构中，"可感知"意味着一系列由事件激发的管理流程，即当 A 事件发生时，触发了 B 动作，以及后续一系列相应的动作。例如，全球某处供应源产地发生了地震，触发了供应链的应急响应机制，供应链危机处理团队会迅速在企业内部发布供应链危机预警。

因此，可感知的前提是，我们需要有一套健全的考核和监控指标体系。这就好比我们在供应链上构建了一套神经网络，让供应链具备了感知能力。但仅有神经网络是不够的，神经网络的背后是一个可以快速做判断和决策的大脑。数字化时代，AI 算法引擎取代了人工计算，成了可感知能力的核心。

三、可调节

"可调节"好比供应链的"身体"，智慧供应链不仅仅要做到通过双眼可视，通过神经和大脑可感知，还要能通过四肢做出动作，这就是可调节能力。简单而言，就是看见了（可视），也感受到了（可感知），但是假如没有办法做出及时的反应和调整（可调节），前面的可视、可感知就失去了意义。

可调节也被称为供应链的柔性（flexibility）。好的供应链架构设计应遵循结构化或模块化的设计原则，体系内部逻辑清晰，具备可拓展性。当客户的需求、市场条件等发生变化时，供应链体系能够快速进行响应和调整。

例如，前述地震发生被感知后，应急响应小组会通知相关部门组成专案组，小组成员将按照相关应急流程进行处理，例如启用备用供应商，或者使用备用原材料，甚至迅速组织团队在市场上购买并囤积现货原材料等。

缺乏可调节能力（柔性）的供应链在此时会面临巨大的危机，即便企业知道了危机所在，但没有能力做任何调整，或者调整的难度巨大、成本太高，在危机面前也只能被动挨打，无能为力。

数字化时代，物联网技术、互联网技术不仅可以帮助我们实现可视化（收集数据），也可以根据大脑（AI算法引擎）的决策，驱动供应链的软硬件快速进行调节。

我们常常说的供应链控制塔，事实上就是VSA三者的结合体。供应链控制塔首先能够实现供应链端到端的可视（眼睛），其次能够通过供应链的指标体系感知问题并通过AI算法引擎做决策（大脑），最后驱动我们的供应链执行系统进行调节（身体）。当然，要想实现真正意义上的供应链控制塔，并非想象的那么简单。我们将在后面进行更详细的阐述。

VSA是智慧供应链建设的三大原则，但不是目标。一个真正智慧化的供应链网络体系，是实现了端到端的、面向需求驱动的，同时可进行全局或分布式动态调整的供应链体系。在这个VUCA时代，传统的推式供应链已经无法适应多变的市场、不确定的事件、复杂的环境以及模糊的现实，它需要我们根据市场需求的快速变化来尽可能驱动整条供应链的上下游以实现协同，做到全面可视、快速感知、动态调节。

可视化并不简单

陆天怎么也想不到，在传统行业里干了十几年的供应链，竟也按捺不住内心的好奇，加入了这浩浩荡荡的互联网大军，成了某头部电商企业的供应链运营负责人。陆天在外资企业里有着稳定的收入，工作、家庭二者平衡兼顾，跑到互联网企业来，陆天有着自己的梦想：尝试通过数字化的方式来践行自己在供应链上积累的方法论。

初来乍到，陆天就被委任于"供应链战役"的一号位。互联网企业喜欢搞各种战役，其目的在于凝聚人心、汇聚资源，集中力量打攻坚战。这些年互联网取得的诸多成就就是在这样一场接一场的战役中打出来的，例如阿里巴巴的"双 11"、京东的 211 配送等。

这次供应链战役的目标十分清楚：供应链成本必须削减一半。看似简单的目标，执行起来却并不容易。这家电商企业致力于服务全国的线下小微零售门店，左手从品牌商、渠道商引入高性价比的商品，右手通过自建的 App 和物流仓配体系将这些商品直接售卖给小微零售门店。

公司内部组织分为几个大部门，商品部门负责商家引入、商品引入、价格管理、营 / 促销活动等；供应链部门负责商品计划、商品的补货等；物流部门负责仓储服务商、物流配送服务商的管理。此外，全国分为五个大区，每个大区负责当地的业务拓展。由于各地区的消费习惯不同，每个大区都有一定的自主采购权，可以自主引进一些本地化的商品和商家，占商品成交总额（GMV）的比例大约为 30%。

陆天加入前，公司的供应链成本一直居高不下。公司常年亏损、入不敷出。究其原因，一方面是前期公司快速扩张，甚至是无序地扩张，大家只关注 GMV，没有人关注成本，更没有成本意识；另一方面，公司在意识到成本过高，需要进行管控的时候，却又茫茫然不知道如何下手。所有人还是照着原来的方式工作，把降低成本这件事情单纯地理解成物流部门一个部门的事情。

产生这样的误解也不能全怪大家。我们把这家电商公司的供应链成本剖开来看，发现它包含几个部分：仓储成本（仓库租金、仓内设备分摊）、配送成本（干支线调度、落地配、城市配送等）、仓内作业费（商品拣选费用，按体积、件数计算）、包材费用（纸箱、打包袋、填充物等）。所有这些费用无一例外都出自物流端，大家理所当然地把降低成本的"重担"丢给了物流部门，也并非没有一定的道理。

物流部门也很无奈，只好苦哈哈地找办法。由于仓库和配送都由第三方外包公司承接，所以最简单粗暴的方法就是要求 3PL（第三方物流公司）降本。血淋淋的刀子砍下去，虽然表面上成本有所下降，但副作用也很快显现了出来。货损率、配送及时率、客户投诉率等指标随之变差不说，还有不少物流服务商提出了退出申请。

无奈之下，公司 CEO 邀请陆天加盟。虽然也不知道陆天到底能不能解决这个问题，但 CEO 至少暂时抓住了一根救命的稻草。

陆天经过一段时间的辛苦调研和分析，找到了几个关键问题点。

他首先指出供应链成本并非物流部门一个部门的事情，和供应链上的诸多问题类似，供应链成本问题也是端到端的问题，需要所有相关部门的努力。

例如，仓储费用高，是因为仓内库存周转差。商品部门为了追求 GMV，会要求商家和计划部门多备货，反正卖不掉还可以强行退回给商家。再比如，配送费用高，是因为大区业务开发的零售门店中，有大量分散的门店，导致配送车辆一天下来，送不了几家门店，车辆的满载率也不高，成本自然下不来。还有，仓内作业成本高，其中一个很重要的原因是拆零费用高。所谓拆零费用，是指把一整箱的商品，例如一箱火腿肠拆开来卖。究其原因，一方面是 App 端对售卖的批量没有做要求，例如要求火腿肠至少十根一个批量地卖；另一方面，制造商并没有为中小零售商定制更适合他们的小箱装。

从表面上看，成本都是出自物流端，但实际上源头来自商品部门、大区部门，甚至是负责 App 端的产品部门。因此，要降低成本，就需要让所有人都建立起成本意识，并将成本作为他们的重要考核指标。

要把成本作为大家共有的考核指标，就需要做到成本可视化。这个可视化说起来简单，做起来可没有那么容易。别看是号称数字原生的电商企业，包含成本细项的分析报告却只有在次月的月初才能看到。时效慢不说，这份报告完全是站在物流角度的一份报告。它把成本项目按照前述仓储费用、配送费用、作业费用、包材费用进行汇总列举。如果继续往下读，可以看到某某仓库的租金、总的包材费用、总的作业费用、某某线路的配送费等。仅此而已，公司根本没有办法给商品、大区、计划、营销等部门下达 KPI，更不要说驱动大家协同工作。

真正的供应链可视化，不是单一视角的可视化，更不是单个部门的可视化，而是能够让供应链上所有相关部门、相关人员共同看见的可视化。因为只有共同看见，才有可能实现供应链的协同。

那么，如何让所有人可视呢？陆天想到了一个简单的方法。他要求产品系统研发部门根据他提供的逻辑，把前述四大成本费用的所有项目全部拆解到 SKU 的维度。例如，根据某个 SKU 在某个仓库的库存周转率，结合一定的公式比例把仓库租金分摊到这个 SKU 上。类似地，配送费用、作业费用、包材费用都可以被分摊到具体的 SKU 上。

有了基于 SKU 的成本数据，我们就可以向上进行卷积汇总，产出各种维度的成本报告，可以是汇总到商品类目级别的，也可以是汇总到大区级别的，等等。由此一来，我们就可以清楚地把成本目标下达到商品部门、大区部门，甚至计划部门和营销部门。

不仅如此，陆天还给可视化加上了时间的维度。由于互联网企业的数字化程度高，陆天要求这套拆分和汇总的逻辑必须产品化，由系统按照 $T-1$⊖天的逻辑自动产出，而不是像过去财务部门用手工的方式每个月做一次报表，不仅辛苦，还容易出错。

从时效上来看，原来的报告是 $T-1$ 个月，现在是 $T-1$ 天，有了大幅的提升。因此，我们可以从事后分析，变成事中调整。一旦发现了哪个环节成本偏高，就可以立刻进行纠偏。例如，我们发现

⊖　表示明天（或下一个月）可以看到今天（或本月）的成本数据。

最近瓶装水这个类目的成本升高了很多，原因是天气变热，小店大量购买瓶装水。而我们将瓶装水存储在了距离门店较远的仓库，现在需要对这个类目的仓储位置和配送方式进行调整。

经过了一段时间的运营，陆天将产品又做了一次升级。在原来的 $T-1$ 天成本可视的基础上，增加 $T+1$ 天、$T+7$ 天、$T+30$ 天[^1]的成本预估仿真能力。为了构建这套仿真能力，他邀请了公司的算法和仿真专家，专门为此构建了一套算法模型和仿真引擎。这样一来，就从原来的事后管理、事中管理升级为事前管理。我们可以根据设定的假设，对未来 1 天、7 天、30 天可能的成本进行预估，对可能存在的问题进行事前控制。

一年过去了，陆天没有辜负 CEO 和大家的期望。他很感慨，从可视化到可感知，再到可调节，在传统企业可能需要花费几年才能构建起来的能力，在互联网企业只通过短短几个月就初步搭建完成。如果没有互联网的数字化基因，即便他有这套想法，也很难推动 IT 产品和流程的巨大变革，并快速地在企业内部形成一致并落地实施。

第六节　新技术与智慧供应链：豪车豪宅还是经济实用

在理解了智慧供应链的三大目标之后，我们再回过头审视一下当下火爆的一系列新技术，并将其放置在对应的目标里（见图 1-6）。注意：行业不同，新技术在表格中的位置会有些许不同。

这张表格仅仅是列举了一些目前正在快速发展成熟的新技术。可以预见，新技术会持续不断地涌现，表单左边的新技术项目也会不断更新，但是无论技术如何改变，表格上方的三大目标 VSA 会一直保持不变。

那么，这张表格有什么应用价值呢？有两个思路供大家参考：一个是技术的应用顺序，另一个是技术的应用成本。

[^1]: 表示今天可以看到未来 1 天、7 天、30 天的成本预估数据。

	V 可视化	S 可感知	A 可调节
大数据	√	√	
人工智能	√	√	√
物联网	√	√	
自动化/机器人	√	√	√
可穿戴设备	√	√	
无人机	√	√	√
3D打印			√
AR/VR	√		
区块链	√	√	

图 1-6 新技术的应用

从技术的应用顺序角度来看，从可视化到可感知，再到可调节，是逐步递进的关系，前者是后者的基础。例如，将大数据应用在需求计划与预测上，首先要将精力投入数据可视化（V）中，即如何实现数据捕捉、数据的结构化处理，以及数据的存储，这些是基础。然后才是建立数据的预测模型，并在此基础上建立感知能力（S）。例如，无人机可以提高供应链的柔性即可调节能力（A），但是假如没有先实现供应链的可视化（V）和可感知（S），就无法智能化地驱动无人机工作，此时的无人机最多也就是摆摆样子、做做秀。只有无人机上没有人，其他到处都是人，这样一幅场景是极为可笑的。企业的资源、资金是有限的，按照 VSA 的顺序进行智慧化部署，会起到事半功倍的作用。

从技术的应用成本角度考虑，新技术从出现到发展成熟，有其生命周期。例如人工智能，从 IBM 深蓝对战世界象棋大师，到谷歌的阿尔法狗干掉顶级围棋高手，最近有消息说阿尔法狗将退出棋坛，未来将精力放在癌症治疗等更有价值的科技领域。人工智能的威力与日俱增，伴随着人工智能的不断发展，其应用成本也将逐步走低。机器人就是绝佳的例子，过去数百万元一台的工业焊接机器人，如今只要几十万元就能买到。企业投入智能领域，既不要太冒进，也不要止步不前。最好的办法就是：紧跟技术、小步快跑、逐步投入。

要做到紧跟技术，就要求我们供应链管理人员多参加一些论坛、多参观一些企业、多向先进行业学习，要有开放的眼界，不要闭门造车；要做到小步快跑，就是要将智能供应链的推进分解为许多个细小的子项目，统一协调，分头落实，步伐要快但是不要大；要实现逐步投入，即遵循VSA原则，从可视化到可感知，再到可调节，一步步投入，逐渐实现整个系统的智慧化。

总结一下，智慧供应链的实施需要一双锐利的眼睛（发现新技术）、一颗智慧的头脑（懂得应用），还要有一个能够配合眼睛和大脑的灵活的身体（供应链协同是基础）。眼、脑、身，三者配合，追求智慧供应链就不再只是梦想！

扩展阅读

供应链升级：抄袭还是创新

抄袭和创新往往只有一步之遥！然而，就是这一步，形成了天壤之别。

硅谷中有一则流传甚广的关于"有钱邻居"的笑话。

1983年，微软出乎意料地发布了Windows操作系统，它有着和苹果Mac机几乎一模一样的图形操作界面。乔布斯愤怒地对比尔·盖茨说："你这是赤裸裸的抄袭！"而盖茨只是看着他，然后用一贯的语速说道："好吧，史蒂夫，我觉得我们可以换个方式看看。这就像我们都有个叫施乐的有钱邻居，我闯进他家去偷电视，但是发现你已经拿走了。"

之所以会有这个笑话，是因为图形操作界面以及个人电脑的发明者不是比尔·盖茨，更不是乔布斯，而是施乐公司。如果乔布斯没有带着一干人等参观施乐在帕洛阿托的研发中心（PARC），并且绕着施乐名为 Alto 的电脑转了一个半小时，苹果就无法开发出划时代的 Apple Lisa（全球首款拥有图形操作界面的个人电脑）。

诸如此类的例子在企业界数不胜数，就连我们熟悉的 QQ 同样源于当时风靡全球的即时通信工具 ICQ。然而，时至今日，有谁还记得施乐放在研发中心里的图形操作系统，又有谁还使用着以色列人开发的 ICQ 进行通信。

关于创新，牛顿的话语道破天机："如果说我比别人看得更远些，那是因为我站在了巨人的肩上。"可以这么说，任何创新都不是无源之水、无根之木。苹果副总裁巴德·特里布尔（Bud Tribble）也曾经表示过："如果你拿来别人的东西，变成你自己的。那这就是你自己的设计。"

因此，是抄袭还是创新，关键的区别就在于，我们是否结合企业所面对的实际情况进行了转化。

科技界如此，供应链管理也不例外。科技界的抄袭面临的是法律纠纷和诉讼，面临的是天价的赔偿，而供应链管理方面的抄袭则有可能给企业带来巨大的风险和灭顶之灾。

同样的方法、同样的工具、同样的技术，在面对不同的市场、不同的客户，甚至是不同的企业文化、不同的管理团队、企业发展的不同阶段时都有可能产生截然不同的效果，一味地生搬硬套好比东施效颦、邯郸学步，最终只会贻笑大方。

早几年前，ZARA 的极速供应链风靡全球，从设计到上市的周期只有短短 15 天，让国内服装业者羡慕不已。相比而言，国内服装企业短则 6 个月，长则 9 个月的上市周期好比老牛拉破车，一个字——"慢"！于是，国内企业纷纷效仿 ZARA，朝着极速供应链方向转型。

然而，几年下来，真正实现了极速供应链的服装企业几乎为零，大部分企业的尝试都半途而废。

那么，问题究竟出在哪里？

ZARA 的快，是几个方面的叠加因素促成的。

首先是设计师的快。ZARA 的西班牙本部有超过两千名设计师，这些设计师又连接着全球各地的时尚猎手，这些猎手捕捉的时尚信息可以快速地转化成设计方案。而国内的服装企业，很少能拥有如此豪华的设计和猎手团队。

其次是采购、制造和物流的快。ZARA 斥巨资在西班牙建立制造中心，可以迅速地安排小批量试产和快速地翻单，然后借由其全球物流中心，将产品空运到全球各处。而国内很少有企业真正愿意为快速响应供应链投入如此巨资。

最后是信息流转得快。ZARA 成功的秘诀之一是，这些年其自建的 IT 团队不断地开发和升级其内部的信息系统。相比较而言，国内服装企业信息化程度整体比较低，信息化稍好的企业虽然上了 ERP 系统，但是大部分企业的计划和生产部门仍依靠手工报表的模式处理订单，效率之低让人无法想象。

值得庆幸的是，在众多的抄袭失败者背后，也有的企业走出了自己的创新之路。

"红领西服"就是其中之一，它并没有盲目地抄袭 ZARA 的极速供应链，而是进一步思考如何通过标准化的流程来实现定制化的产品生产。为了实现快速定制，红领西服的创始人张代理自主开发了"三点一线量体法"，并基于其过去十多年来所积累的超过两百万名顾客的定制化的版型数据，开发出了一个个性化定制平台系统——RCMTM，实现了从量体、排程、定制、生产到出厂，全过程交付时间只需要 7 个工作日的极速供应链（见图 1-7）。关于红领西服的案例，我们还将在第七章第九节中进一步展开。

图 1-7　红领西服

资料来源：红领西服官网。

同样是极速供应链，有的人抄袭，有的人创新，抄袭的失败者可能会怀疑极速供应链是否适合中国的土壤，而创新的成功者却在中国的市场里培育出了自己的极速供应链。这就好比农夫种庄稼，即便有再好的种子，如果没有好的农夫，也种不出好的庄稼。而好的农夫一定既熟悉种子的特点，也了解土壤的特性，还对当地的气候虫害了如指掌。

抄袭与创新，所差的那一步，就在你的脚下！

本章小结

在本章中，我们从供应链的发展历程和发展规律入手，详细阐述了供应链的五个层次及其特点。这五个层次分别为原始供应链、初级供应链、整合供应链、协同供应链和智慧供应链。如同饭要一口口地吃，路要一步步地走，这五个层次好比五个巨大的台阶，我们无法跳过某个阶段而直接上升到更高层次，只能循序渐进，逐级爬升。现将本章中的一些要点归纳如下。

（1）纵观供应链的发展历程，它始终沿着一个螺旋式的路径盘旋上升——创新—标准—协同—复制，周而复始，不断演进。当供应链上出现新的技术，带动了某个环节效率的提升时，供应链均衡协同的状态就会被打破，并会出现新的瓶颈。供应链就在这种破和立之间不断循环往复地向上发展。

（2）原始供应链的特点是随机、分散，处于无意识的原始阶段，此时的供应链还缺乏真正的管理，故而笔者将其称为"原始级供应链管理形态"。并不是只有原始社会才有原始供应链，即便在今天，这种原始供应链依然随处可见。

（3）从原始供应链的无意识、随机性发展到初级供应链，最显著的变化是出现了所谓的职能分工，负责计划、采购、生产、物流、仓储等职能的岗位各就其位、各司其职。但是，在初级供应链管理形态中，岗位之间缺乏有效沟通、单兵作战是这类供应链最大的特点。

（4）从初级供应链的职能分工、部门隔离发展到整合供应链，最显著的变化是企业内部形成了有效的协同机制，它的建立依靠的是跨部门的流程。供应链管理，难就难在协同！所谓协同，就是让持有不同意见和观点的人或组织，找到共同的目标，朝着一个方向迈进。

（5）从整合供应链的职能协作、部门沟通发展到协同供应链，最显著的变化是企业与供应链上下游也建立起了有效的协同机制，让实物流、信息流、资金流在供应链上顺畅地流动起来。需要强调的是：从整合级到协同级，其决定性因素不是技术，也不是实力，而是领导力。

（6）如果说驱动原始供应链升级到初级供应链的核心是专业化的职能分工，驱动初级供应链升级到整合供应链的核心是跨部门的流程构建，驱动整合供应链升级到协同供应链的核心是供应链上的领导力，那么驱动协同供应链升级到智慧供应链的核心则是新技术的应用能力。

（7）只有当技术的应用围绕着三大原则展开时，才能真正驱动协同供应链升级为智慧供应链。这三大原则便是可视化（visibility）、可感知（sensibility）、可调节（adaptability），笔者将其称为智慧供应链的VSA原则。

（8）VSA是智慧供应链建设的三大原则，但不是目标。一个真正智慧化的供应链网络体系，是实现了端到端的、面向需求驱动的，但可进行全局或分布式动态调整的供应链体系。在这个VUCA时代，传统的推式供应链已经无法适应多变的市场、不确定的事件、复杂的环境以及模糊的现实，它需要我们根据市场需求的快速变化来尽可能驱动整条供应链的上下游，以实现协同，做到全面可视、快速感知、动态调节。

（9）真正的供应链可视化，不是单一视角的可视化，更不是单个部门的可视化，而是能够让供应链上所有相关部门、相关人员共同看见的可视化。因为只有共同看见，才有可能实现供应链的协同。

第二章

如何打造智慧供应链的"超级连接"

理解商业　链接资源

前面我们谈到，从"原始供应链"到"智慧供应链"，就好比打怪升级，每一级都有难对付的老怪在那里等着你。这不，各电商平台就在"智慧供应链"升级上针锋相对。

事件回顾：2021年7月，某知名短视频电商平台对在其平台上开店的商家发布了一则关于"电子面单"的通知，在业内掀起了轩然大波。通知表示："为进一步保护用户个人信息及隐私，平台将对订单中的消费者隐私数据全程加密。"为此，该平台要求商家使用平台新开发的加密电子面单，这将直接导致在该平台上开店的商家无法使用其他平台的电子面单号段来预约取单号和打印快递单，这无疑是直接针对其他电商平台多年所建立起来的物流体系动"刀子"，将一举改变中国电商市场的物流格局。

很多人会奇怪，电子面单为什么这么重要？事实上，正是因为电子面单的产生，中国快递业才真正进入了数字化时代。每一张电子面单就是一张"数字身份证",它包含了发货信息、客户收货信息、快递商品的基本信息等。作为中国快递行业的重要数字化基础设施,电子面单在数据安全、隐私保护、严控虚假发货等方面能够发挥重要作用。自 2021 年 9 月 1 日起,《中华人民共和国数据安全法》正式实施,电商平台借此机会推出加密电子面单,一方面响应了国家立法要求,另一方面借此机会在激烈的电商物流市场里撕开一道口子。毫无疑问,电子面单之争的核心,其实是企业对数据话语权甚至是供应链主导权的争夺。

是的,这不仅仅是一场单纯的"数据之战",站在供应链架构师的角度来看待这场纷争,我们还可以抽丝剥茧,更加深入地探究一下它的本质。

互联网时代,数据俨然成了一种无形的资产。谁都知道数据的重要性,都希望能够拥有更多的数据。但是,数据的产生是一个动态的过程,数据本身也在不断地发生变化,仅仅获取一个时间段内的数据,其价值是有限的。因此,与其说企业和企业之间在进行着一场又一场的"数据之争",倒不如说这是一场"连接之战"。

在供应链的升级过程中,谁主导了连接的构建,谁主导了规则的制定,谁就拥有了最大的话语权。事实上,这种连接权之争,在从"原始供应链"升级到"智慧供应链"的过程中,无时无刻不在发生,因为供应链不仅要解决内部系统的协同问题,更要跳出企业的四壁围墙,在供应链的上下游之间建立高度协同并且智慧驱动的"连接"。

智慧供应链的"连接"构建要从三个方面入手,即商业(business)连接、流程(process)连接、技术(technology)连接,简称 BPT。接下来,我们将逐一展开来谈。

第一节　商业连接:无利不起早的逻辑亘古不变

供应链说到底是商业的基础设施,脱离了商业本质的供应链没有任何意义。商业的本质是什么?是利益的交换。只有存在利益交换的空间,才会有商业关系建立的可能。说到这里可能有朋友会问，供应链最早起源于军事而非商业。但我们都知道，国与国之间的战争，拼到最后依旧是商业，是商业汇聚起来的经济实力。所谓"兵马未动，粮草先行"，如果连粮草物资都备不齐、买不到，又如何敢去打一场大仗呢？

商业如何连接，我们首先要清楚地回答三个核心问题：第一，谁和谁做生意？第二，出于什么目的一起做生意？第三，如何做好生意？

我们看到很多供应链架构不合理导致最终失败的例子，原因不完全在于供应链本身，而是最初在做商业模式、商业连接设计的时候就走错了方向。

我们举一个真实的案例。这里隐去企业的名称，权且称呼这家大型企业为 M 集团，它的旗下有负责贸易的子公司 B，以及负责物流的子公司 C。对于一家外部品牌商 A 来说，有两种商业连接关系的设计（见图 2-1）。

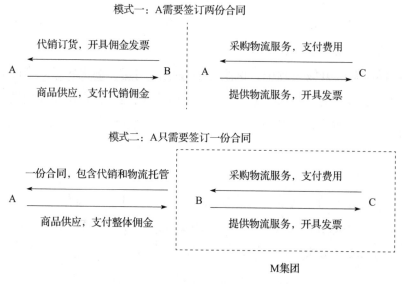

图 2-1   M 集团的商业关系设计

模式一：A 与 B 建立代销关系，即 B 作为 A 的销售代理商，A 的商品经由 B 的销售渠道销售给最终的消费者，B 向 A 收取代销佣金扣点；同步地，A 与 C 建立物流托管服务关系，即 A 把物流服务整体托管给 C，由 C

作为物流服务商将商品运送给消费者。在这个模式下，A 与 B，A 与 C 分别建立了商业连接关系，但 B 和 C 之间没有商业连接。

模式二：B 与 C 建立服务托管关系，即 B 把公司的物流整体外包托管给同一集团内的 C，由 C 为 B 的客户提供物流服务。这样一来，当 A 与 B、C 所在的 M 集团合作时，只需要签订一份商业合作协议，里面包含了代销和物流托管两项合作内容。

模式一和模式二，表面上看都能实现 A、B、C 三者的商业利益，但由于商业连接方式的不同，最后的结果会有很大的差异。在模式一的商业关系下，A 品牌在和 M 集团合作的时候，需要和 B、C 两家子公司分别建立合作关系。这种合作关系复杂且不说，在供应链的设计上，还会导致商流和物流两者的割裂。而 B 和 C 出于各自不同的利益对品牌提出的反向诉求，也会让 A 品牌在与 M 集团的合作体验上感受不佳。

但在模式二的商业关系的设计中，我们把 M 集团下的 B 公司设计成了这条供应链上的链主（这里假设 M 集团的渠道相对 A 品牌来说比较强势）。那么，B 公司就可以对代销所涉及的商流以及物流托管所涉及的物流，乃至这背后的信息流和资金流框架进行整体的规划和设计。这样一体化的设计，就是笔者所推崇的三流集成架构方式。它所带来的好处是，能够从商业模式到系统架构，甚至供应链的组织架构都做到统一的规划和统一的运营。

当然，现实情况往往更为复杂。例如，A 品牌先是把自己的物流外包给了 C，由于 A、C 相互之间的合作很顺利，C 考虑到 M 集团还有贸易板块，就把 A 品牌也介绍给了 M 集团下的 B 公司，自然而然地也就逐步形成了 A 与 C、A 与 B 之间相对比较割裂的商业合作关系。遇到这种情况，作为供应链架构师，我们一方面要尊重公司的发展历史，不要贸然进行变革；另一方面需要寻找合适的机会，伺机对历史存在但不太合理的商业关系进行调整变革。例如，当公司做战略调整的时候，或者供应链的痛点已经严重影响到业务发展的时候，顺势而为，会更加容易推进架构变革。

总结一下，我们通过这个例子来回答前述的三个核心问题。第一，谁和谁做生意？在这个案例中，A品牌和B、C公司做生意，三者发生商业关系，构建了商业连接。第二，出于什么目的一起做生意？M集团为A品牌提供最优化的渠道销售和物流解决方案，让A品牌的经营业绩得以最大化，供应链的成本和效率得以最优化。同时，M集团也通过端到端的整体架构，为最终消费者提供了更好的商品和更高效的服务。第三，如何做出好生意？通过以上模式一和模式二的对比，我们选择了更优的方案，即模式二。

在商业连接关系中，特别要强调的是链主和链属的界定。在一条供应链上，谁掌握了供应链的核心价值、谁最具有话语权，谁就是这条供应链上当仁不让的"链主"。

如之前案例所述，在模式一中，我们其实无意之中将A品牌当作了链主。A品牌分别与B公司和C公司建立了商业关系，在整个供应链的架构中需要分别对商流和物流进行规划，承担了链主的职责。但是，作为本来处于强势地位的M集团来说，服务一个A品牌容易，但如果要服务N个客户，每个客户又有不同的商流和物流的诉求，就变得十分困难且复杂了。因此，在模式二中，M集团主动承担了链主的职责，通过整合内部B和C公司的资源以及能力，形成了一体化的供应链解决方案。这套三流合一的供应链整体解决方案不仅能为A品牌服务，还能为平台上的其他品牌服务，同时也为最终消费者提供了更好的商品和更高效的服务。

当然，即便我们反过来，假设在案例中，M集团相较A品牌（以及与A类似的众多品牌）来说处于弱势地位，模式二仍然让M集团具备了更强的服务能力，我们可以称这种服务为集成供应链服务。在这里，M集团的定位变成了链属，为在A品牌这类链主提供服务的时候，如果方案能更加丰富、多元，甚至进行一定的分层，则M集团的服务将具有更强的市场竞争力，具备更高的竞争门槛。

到这里，我们基本上把商业连接关系的重要性阐述清楚了。但是，商业关系具体有哪些表现形式呢？

事实上，商业关系的表现形式有很多种，或者说商业连接的模式有很多种，甚至对于不同性质的企业，我们也有不同的描述方式，无法在这里逐一枚举。例如，对于商贸类企业来说，除了前述代销模式外，还有经销、寄售等方式，每一种方式还能进一步细分展开。拿寄售来说，把库存放在商家自有仓库，由订单驱动商家直接发货给消费者，这是一种方式；我们也可以让商家把库存寄放到第三方或者平台强控的仓库里，订单驱动发货后再结算给商家，这是另一种方式。当然，寄售模式如果放在制造业的场景里，往往被称为 VMI 模式，或者可以变形为 JIT 模式。因此，我们在谈论商业连接关系的时候，很难用一个笼统的专用名词来精准地进行描述。

精准地描述商业关系，需要我们采用《供应链架构师：从战略到运营》⊖里所述的方法，即把资金流（财务主体的资金往来和结算关系）、实物流（商品或者物料的流动路径）以及信息流（信息流动和交互的方式，含信息系统）清晰地在一张架构图里表达出来，做到三流的集成设计（见图 2-2）。

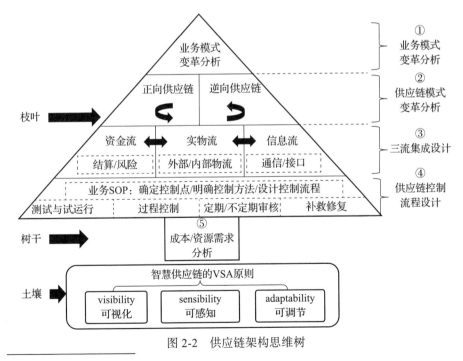

图 2-2　供应链架构思维树

⊖　施云. 供应链架构师：从战略到运营［M］. 北京：中国财富出版社，2016.

第二节　流程连接：打通供应链的任督二脉

提到流程（process），就必然会提到一个专业名词——标准作业程序（standard operation procedure，SOP）。上一套 ERP 或者供应链的 IT 系统（互联网公司称为"产品系统"，以下简称"产品"），咨询顾问通常都会与业务方一起画出供应链的业务 SOP。笔者曾在头部互联网公司里担任了几年的供应链产品负责人，刚刚从事互联网产品工作的时候，笔者发现身边大量的同事也在做着类似的事情，但效果并不好，画出来的业务 SOP 往往是照葫芦画瓢，就事论事，不知其所以然，最后落到产品上也是一地鸡毛。

例如，负责采购模块的产品同事会请采购员讲流程，然后画出采购的业务 SOP；类似地，负责计划的画计划的 SOP，负责物流的画物流的 SOP……最后的结果是，业务怎么想的，产品就怎么做；业务没想清楚，产品就跟着错；业务变来变去，产品也跟着调整。一个好的产品应当是有灵魂、有思想的，这句话不仅适用于 2C 的产品，也同样适用于供应链这类 2B 的产品。

可能读者要问，什么是供应链产品的灵魂和思想。答案依旧是连接！供应链是通过连接各种供应链资源（包含货的资源、物流的资源、资金的资源等），对这些资源进行计划、调度甚至整合，最终目标是形成供需的最优化配置。

因此，将一条未加优化的供应链摆在我们面前时，如何对这条供应链进行架构优化，最关键的问题是如何找到最佳的连接方式（见图 2-3）。

上一节我们讲了商业连接，它解决的是战略层面的连接问题，解决的是公司和公司之间为什么做生意、怎么做好生意的问题。"商业连接"通过盈利模式的设计来连接供应链上的企业，让企业之间能够形成互信合作、协同共赢的共同愿景。

但仅有愿景是远远不够的，还需要进一步向下展开为具体的流程，最后才能落地到产品上。那么，在流程设计中，如何做连接呢？我们以计划管理流程为例，先看一个案例。

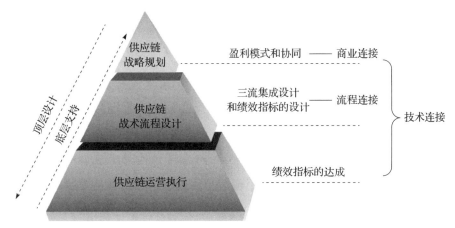

图 2-3　供应链的连接构建

公司大了，供应链该怎么管

案例

　　许韬大学毕业后来到一家民营卫浴产品制造企业工作，这些年，随着企业的快速发展壮大，许韬的职务不断地提升，从小小的采购员，到计划主管、物流经理、生产总监，他在不同的部门里摸爬滚打了近 20 年，一步一个脚印。可以说公司里最熟悉内部运作流程的，除了许韬再没有第二个人了。

　　由于资历老、贡献大，加上同事领导的认可，许韬最近又刚刚被任命为集团副总，主抓供应链，管理着计划、采购、生产、仓储、物流这些与供应链相关的部门。

　　其实许韬心里明白，这个集团副总的职位看似光鲜，但压力重重。前些年，由于市场好做，公司发展神速，可以说是闭着眼睛也能赚钱。许韬凭借着吃苦耐劳、敢做敢当的个性，拉着员工没日没夜地拼产量、拼速度、拼质量，为公司攻取一个个堡垒、完成一张张订单立下了汗马功劳，也为公司成功上市奠定了坚实的基础。

　　但是，这两年公司上市后，一方面竞争日趋白热化，另一方面消费者需求不断升级，传统的低端产品需求逐渐低迷，中高端定制化产品的需求呈现出了快速增长的态势。市场格局的变化对许韬所在的企业造成了巨大的冲击，股东、董事会经过仔细分析，确定未来企业将加大对高端定制化产品的研发投入，并要求供应链部门建立柔性的智慧供应链体系，以配合产品和市场的转型。

　　临危受命，许韬不得不硬着头皮接过这个重担。对于他来说，成者王侯败者寇，未来3～5年内，假如他没能在这个岗位上做出符合公司董事会预期的成绩，他在公司近20年的积累将功亏一篑！

　　许韬很清楚，所谓的供应链部门，目前还是散沙一盘，计划、采购、生产、物流等部门各自为政，经常扯皮，导致需求和供应经常脱节，要不就是缺料无法履行订单，要不就是库存一堆却没有订单。如果是按照传统的大批量生产方式，公司还勉强能够支撑，但是离所谓的柔性智慧供应链体系，还差十万八千里呢！

　　任命之后的这几日，许韬常常辗转反侧、夜不能寐。今夜，他怕惊醒一旁沉睡的老婆孩子，没有开灯，悄悄地摸到了阳台。月色如霜，洒在许韬的丝丝银发之上，这些年的劳碌忙累，融在这朦胧的月色中……对许韬而言，这将又是一个难熬的夜晚吧……

　　许韬所面临的问题，如果转换成供应链的语言来说，是"需求"和"供应"的互不匹配，是供应链无法实现内外协同的典型表现。"需求"和"供应"是供应链上的任督二脉，只有将每个环节的"需求"和"供应"都打通，供应链才可能实现最优化的连接。

　　那么，如何打通"需求"和"供应"呢？站在计划管理的角度，我们需要建立一套贯穿企业内部以及外部的供应链计划流程。笔者将其总结归纳为"内部协同靠S&OP，外部协同靠CPFR，内外协同一体化"的计划管理体系。这里面包含三个部分：S&OP、CPFR、计划一体化。对于计划一体化，我们将留到"架构篇"中详细阐述，这里我们先简要地介绍一下 S&OP 和 CPFR。

S&OP，即销售与运营计划流程，有的企业称之为 SIOP（销售、库存与运营计划流程）或者 IBP（集成业务计划）。且不论这些名称的千变万化，它们的核心都在于通过一套流程机制将分散在企业内部各个部门的预测和计划信息汇总到一起（包括营销、销售、生产、采购、物流、财务等部门），共同制订计划，共同做出决策并对计划结果共同做复盘改进，从而激发各个部门之间的相互协同，遵循一套计划数字落地执行。

传统企业的供应链好比一个个谷仓，营销部门、销售部门、生产部门、采购部门、物流部门、财务部门大家各自为政、独立运作。各部门目标不一致，从而导致采购端、生产端浪费严重，销售端客户满意度低下。S&OP 就好比一个精密的齿轮，把供应链上的独立部门和企业连接起来，成为一台协调运作的机器，而驱动这台庞大机器运作的唯一动力，便是客户的真实需求。

CPFR 最早起源于零售行业，是销售商和供应商为了降低库存风险、提高客户需求响应能力所构建的一套流程体系。合作的双方共享预测、库存甚至终端的销售信息，共同进行计划的制订和执行。如果说 S&OP 是让企业内部各个部门能够遵循一套计划数字，那么 CPFR 则是让采购方和供应方双方共同遵循一套计划数字。

当链主企业在进行内外连接、内外协同的时候，它以 S&OP 作为内核驱动内部协同，同时把 CPFR 作为外延驱动外部协同。在做计划的时候，很难说这两者谁先谁后，因为它们可以互为输入和输出。不考虑 CPFR 的内部 S&OP 协同无法得到供应端或客户端支持，缺少 S&OP 的 CPFR 也没办法在内部达成一致，最后企业对供应商和客户做了承诺，却搞不定内部。

但在流程机制建立的时候，我们还是建议企业优先把内部 S&OP 建立起来。所谓攘外必先安内，如果内部没有通过这个机制形成一致意见，外部将会更加难以协同。

制造行业在和上游供应商进行协同连接的时候，通常使用的是和 CPFR 流程类似的 JIT 或 VMI 流程。从本质上来说，这几个流程的差异并没有那么大，都是以共享信息为前提，通过供应链的可视化来降低缺货率、提升交付水平。

S&OP 和 CPFR 流程是供应链的计划主流程，是供应链的纲领性流程，但不是全部。国际供应链理事会（SCC）在其 SCOR（供应链运作参考模型）中，也只是将计划列为供应链的五大流程之一（见图 1-5），虽然它的位置处于整个供应链的最上层。

供应链的连接，以计划流程作为引领，还需要串联采购、制造、物流、逆向等流程。这些流程都无法独立存在或独立运作。如果我们继续展开，深入到供应链体系的内核之中，还需要考虑库存、网络、单据、结算、供应商等基础流程。

这就涉及另外一个重要的问题，即供应链流程的"广度"和"深度"问题。从供应链流程的"广度"来看，需要考虑供应链流程的覆盖面是不是足够全面，是不是足够完善。例如，某 ERP 厂商将制造企业的供应链全流程分解为九大 L0 的流程（见图 2-4），分别为：① design to release（从设计到发布）；② forecast to plan（从预测到计划）；③ plan to schedule（从计划到排产）；④ schedule to build（从排产到制造）；⑤ procure to pay（从采购到付款）；⑥ order to cash（从订单到支付）；⑦ inventory to fulfillment（从库存到履约）；⑧ cost（成本）；⑨ quality（质量）。

图 2-4　供应链的全流程体系 L0

对于这九大类流程，我们还能继续展开到具体的 L1 到 LN 的子流程上。典型的制造型企业，在"供应链连接"上需要有足够的宽度，即能够覆盖到这九大流程，并且九大流程之间也有相互的连接。这是制造型企业，如果换到零售企业，供应链的流程模块又会有一些变化。但原理是类似的。

但是，仅仅有宽度是不够的，还需要有足够的深度，即流程的"成熟度"。

评估流程的"成熟度"，我们可以借鉴业务流程成熟度模型（business process maturity model，BPMM）。它将我们的流程分成六个级别，分别是初始级（P0）、重复级（P1）、定义级（P2）、管理级（P3）、优化级（P4）、创新级（P5）。而对于"协同供应链"来说，其流程的深度即成熟度要能够达到最高层级，为创新级（P5）（见图 2-5）。处于该级别，企业将有能力运作跨企业的协作流程。

如前所述，连接是供应链的灵魂思想，是供应链的流程设计和产品设计的核心。S&OP 和 CPFR 通过连接形成了一体化的计划和目标，来指导生产、销售、供应、物流等部门协同工作。我们在串联供应链流程的时候，需要认真地思考以下几个问题。

现状：当下的流程是什么？在连接上是否合理？有哪些痛点？是否有足够的宽度和深度？

未来：未来的流程是什么？解决了什么痛点？如何进行最有效的连接？流程是否足够支撑公司的战略落地？

读者可能会问，这本书不是讲智慧供应链吗？为什么我们花费了大量的篇幅来讲商业关系、流程架构？因为笔者希望本书是一本讲实践、能提供落地方法论的图书，而不是一上来就空谈技术，认为技术可以解决一切问题。当然，没有技术也是万万不能的，但技术不是智慧供应链的全部。智慧供应链的架构脱离了商业本质和业务流程，就好像一位病人，哪怕穿着最华贵的衣服，也无法掩盖其华丽着装下的虚弱体质。

业务流程成熟度模型

层级	初始P0	重复P1	定义P2	管理P3	优化P4	创新P5
管理活动	业务流程随机发生，无流程明确定义	有基础的项目运作管理流程，稳定的服务质量可以重复出现，企业业务流程标准不统一，设计各自为政	业务流程标准和总体框架设计已经实现了流程标准化，文档化、管理、统一管理组织、岗位、指标、信息等设计要素	实现业务流程分区分层，端到端管理，集成化实施，流程设计指导，IT实施，流程培训认证成为上岗必备，可对流程执行绩效进行评测分析，解决问题，保持服务质量	业务流程与战略目标、客户服务、绩效指标、成本预算、信息系统等要素配置关联，流程的设计、执行、评估、优化和退出有序进行，流程持续改进，提升服务水平	在企业战略引导下，灵活运用企业内外的业务流程资产，与合作伙伴、供应商能密切合作，业务流程创新，支持面向客户的新产品服务
组织岗位	依靠能人	依靠多专业的项目目式团队	区分出现流程专业岗位：管理者、执行者、责任者、审计者等	出现流程管理团队，可协调同跨业部门，流程区域化的团队，流程高管出任跨区域、端对端高阶流程的责任者	出现企业业务流程管理委员会或流程首席流程官、各业务领域部门全员参与、形成多领域协作优化小组	企业流程部门与产品服务部门、信息部门密切融合，出现跨企业的业务流程协作组织
企业文化	强调个人特长和单兵作战能力	强调在项目或部门内的团队合作，以制度推动管理	强调效率和执行力，统一语言、沟通协调	强调服务质量和高效管理，跨区域合作成为惯用方式	目标统一、全员参与、强调客户服务意识，变革的必要性广泛认同	强调服务创新，合作共赢，共创价值，流程创造价值得到认可

图 2-5　业务流程成熟度模型

> **扩展阅读**
>
> ## 人工智能时代，人的价值是什么
>
> 　　未来的供应链会是怎样的？街道上无人车急速飞驰，天空中无人机来来往往，工厂里焊接机器人腾挪翻转，办公室里却悄无一人，原来人们都在与家人享受着温馨时光……这样一幅美好的场景必定是人人向往的。
>
> 　　但是，这幅场景的背后实际上隐藏着一个更深层次的问题：如果"人"都在享受，那么人对社会的价值是什么？如果只是单纯地消耗物资，被机器人养着，这些具备人工智能的机器人会甘心俯首称臣、逆来顺受吗？科幻片里，机器人对人类大开杀戒，取而代之，成了未来世界的主宰，这会不会是未来更为真实的场景。甚至有人曾经预测：人类进化的终极形态是智能机器人。已故科学家霍金和"火星人"马斯克也不断地警告人们对人工智能的研究要有敬畏之心。
>
> 　　这就好比是一场拔河赛，一边是机器，一边是人。因为人工智能，机器也具备了进化能力。当机器的进化速度超过人类的进化速度时，前者取代后者也就顺理成章了。更何况，前者的进化是不存在生物限制的。例如，机器可以有各种形态，但人类却逃不过生老病死。这一定不是人类想要的结局！
>
> 　　因此，更为合理的设想是：人类会对人工智能的应用进行某种程度的限制。事实上，历史上人类对技术的限制已经不是第一次了。典型的例子如核技术，它可以用来制造能源，也可以用来制造毁灭人类的武器。再如克隆技术，它可以创造出新的生命、挽救危重的病人，也可以对人类的伦理价值和社会结构产生破坏性的冲击。
>
> 　　任何技术都具备两面性，一边最大化地利用其价值，一边最大化地限制其影响，这才是人类对人工智能应用的终极形态。
>
> 　　可以预见的是，人类将利用人工智能做很多的事情，但是具备人

工智能的机器始终都需要被监管。当下是弱人工智能时代，机器能够被"利用"的程度是十分有限的，此时的"监管"是以管为主，监督为辅，其主要目的是依靠人来处理那些机器所无法解决的高复杂度的例外事件；未来的强人工智能或者超人工智能时代，机器能够被利用的程度是现在所无法想象的，那时的"监管"以监督为主，管理为辅，其主要目的是依靠人来判断机器是否有超出其应用范围的违规事件。

因此，人与机器的关系，将会是"利用"和"监管"两者兼而有之，两者相生相克的关系，而人必定会牢牢占住金字塔顶端的这个位置。现在如此，未来也必将如此。

这让笔者想到了丰田公司提出的"自働化"的概念（见图 2-6）。需要注意的是，"自働化"与"自动化"并不是繁体字和简体字的区别，这是两个本质上完全不同的概念。事实上，"动"是中国汉字，"働"则是日本汉字。"自働化"是丰田公司的创造，其意义是具有"人的判断"的"自働化"，而不是简简单单地将人的工作交给机器去做。而这个带人字旁的"自働化"是丰田佐吉饱含智慧的创造，是对人和机器关系的最好诠释。

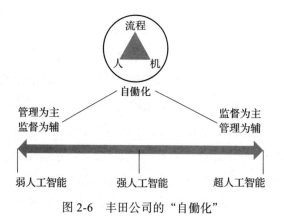

图 2-6 丰田公司的"自働化"

以制造业为例，在丰田的生产线上，机器具有高度的自动化，但是自动化并不等于不会遇到问题，不会生产出次品。当某个工序遇到问题，机器无法处理时，它会自动停下来，安灯立刻亮起，操作员会迅速来到现场解决问题。在这个过程中，机器和人的配合天衣无缝。

以零售业为例，在7-11的店铺里，POS系统可以收集并处理大量的信息，这些信息可以用来生成自动补货单，发往总部进行集中处理。但是，POS系统并不会与顾客进行交流，洞察他们的购买意向，也不会告诉店长最近几天有近百人在附近开会，更不会预测到周边小区水管破裂，生活用水告急……这些细碎的事情，只有通过督导员、店员、店长的细心观察并录入POS系统中，我们才能够获得最精准的消费数据用于预测和补货。

以服装业为例，ZARA公司的设计软件中有大量的模板，生产线上有大量自动剪裁机，可以根据时下最流行的元素快速制作出成衣并销往全球各处。但无论是设计软件还是剪裁机，甚至是互联网，都无法让ZARA闭门造车，设计并生产出最受欢迎的服装。相反，为了捕捉时下最流行的元素，ZARA分部在全球各地的"酷猎手"可以出现在大街小巷、时装秀场，感受流行文化，并用摄像头拍摄回传到总部。如果没有他们，再先进的自动化生产线，再聪明的设计软件也如同没有眼睛的老鹰一般一无是处。

在供应链上，这样的例子数不胜数。它们告诉了我们一个道理：不要妄想通过自动化和技术来解决一切问题，只有人和机器的互相配合，才能形成真正的"自働化"！

事实上，"自働化"的背后，还有一个关键要素，那就是——流程。

流程将"人"和"机器"完美地组合在了一起。前面提到的几个例子，每一个例子的背后都有一套规范化的流程。它就好比一个黏结剂，将"人"和"机器"黏在一起，黏结剂的好坏决定了"自働化"程度的优劣。

那么，对于如何做好"自働化"，我们可以分三步来思考：

首先，要确定目标，明确"自働化"是为了什么，不要为了"自动化"而"自働化"，生硬地将人和机器组合在一起。

其次，要了解"人"和"机器"各自的特点是什么，只有充分了解了人能做什么，机器能做什么，两者有什么优劣势，才有可能把两者结合起来。

最后，设计一个合理的流程将两者"黏合"起来。这个流程不是一成不变的，人工智能在进化，人也在变化，黏合剂也会老化过期。因此，企业需要经常检查流程，以此确保"自働化"的有效性！

第三节　技术连接：万能和万万不能

供应链变革卡在 IT 系统上了

案
例

在前面的案例分享中，我们聊到了许韬，他从基层采购员开始做起，在采购、计划、生产、物流等部门转了一圈，一路摸爬滚打，一步一个台阶，足足花了 20 年的时间做到了今天的集团公司副总，负责整体供应链的管理，是一个精通业务、深受同人敬重的管理者。

许韬上任后一方面踌躇满志，想对集团公司的供应链做一番大手术，将公司现有的传统运作模式变革为柔性供应链体系；另一方面，公司目前的供应链水平还十分落后，部门之间缺乏沟通，上下游之间缺乏协同，变革的难度和挑战前所未有。

面对客户及市场需求的升级，变革再难也得全力推进，因为这不仅关系到公司未来的生死存亡，也与许韬个人的前途命运紧密相关。成者王侯败者寇，许韬暗下决心，拉着内部精英没日没夜地讨论，终于制订出了一份详细的供应链变革计划，包括以下四个步骤。

首先，邀请供应链专家给公司相关领导以及部门骨干做供应链管理的宣传引导和培训，旨在统一认识，确定供应链变革的主基调，并获得上下的通力支持和配合。

其次，借助外部咨询公司的力量，对目前集团公司的供应链体系做一个完整的评估，从市场和产品战略，到供应链战略匹配，再到具体的运营模式，甚至包括人才建设等方面，逐一剖析，找出问题，并与先进企业进行对标，找出差距所在。

再次，在明确了差距之后，接下来就是完善流程，查漏补缺，并导入业内应用最为成熟的流程工具，结合企业的实际情况进行部署和实施。这一步往往是真刀真枪，伤筋动骨，还有可能涉及很多人的利益。为此，许韬做好了破釜沉舟的准备。

最后，在流程体系架构完成的基础上，通过IT产品系统将流程进行固化，运用先进的产品系统和互联网工具来提升流程的运作效率与效果。

许韬做事从来是说一不二，在董事会上确定了以上供应链变革计划之后，他便大刀阔斧地推行起了改革。有了前两个步骤的铺垫，到了第三步流程优化时，虽然也遇到了不少阻力，但是由于上下同心，没有人在大方向上给许韬制造麻烦。更多的讨论集中在如何建立起更有效、更贴近企业供应链实际情况的流程。

大家也都认同：罗马并非一日建成，在流程构建上，需要运用业务流程成熟度模型（BPMM）对所构建的流程进行定期评估，并不断推动其向更高成熟度的级别演进，形成一个符合PDCA（计划、实施、检查、改进）原则的良性循环。

然而，在最后一步，如何构建企业的IT产品体系上，许韬有些犯难。信息时代，没有一套成熟、好用的产品系统，企业运营就好比老牛拉破车，一个字——慢！然而，集团目前所使用的产品系统不仅老旧难用，还缺乏互联互通。财务部门一套系统，人力资源部门一套系统，其他例如采购部门、生产部门、物流部门、计划部门都有相对独立的系统……彼此之间的连接只能通过 Excel 报表的导入导出进行，费时费力不说，还经常出错。不仅如此，企业的内部产品系统与外部合作伙伴之间基本没有联通，数据基本上是通过电子邮件或纸质单据进行传递的，效率十分低下。

面对这种局面，集团也多次对内部系统进行调整，但是都是些"小手术"和局部优化，无法根本解决问题。集团现在需要对产品架构进行全面的规划，并制定出未来几年内产品系统升级换代的路径图。但是，这无疑是一个庞大的工程，里面无疑有各种各样的坑。许韬没有在产品技术部门工作过，对这个领域没有太大把握，他该从哪里入手呢？

类似许韬所遇到的问题，对于每一个供应链高管来说都不会陌生。架构供应链产品系统同样是供应链架构师的必备技能，即智慧供应链的"技术连接"技能。"供应链产品系统规划"包含两个层面的内容：一个是从商业架构到产品架构的规划（业务产品架构），另一个是从产品架构到技术架构的规划（产品技术架构）。

前者（业务产品架构）指的是如何根据供应链的战略、业务流程，搭建、选择和配置适合企业和供应链业务的产品系统，其核心在于应用和功能层面的规划，不涉及或者较少涉及产品、技术方案的设计，甚至更进一步的软硬件部署实施也通常由后者（产品技术架构）完成。

做个形象的比喻——建房子。前者是房屋设计师（业务产品架构），而后者是结构设计师（产品技术架构），具体完成施工建筑的，是内部或者外包的工程公司（企业产品开发人员或者外部软件提供商）。架构一套好用的产品系统和建造一个好的房屋一样，都需要三者的紧密配合。

我们首先需要为公司设计一幅"供应链产品全景图"（见图 2-7），也称之为蓝图。作为供应链核心企业（链主），我们应将产品系统规划的视野放在整条供应链上，而不只是关注企业内部的信息化。笔者认为，这套系统的规划可以参考如下模型（注意：行业不同，蓝图也会有所不同）。这里我们以生产商（品牌商）作为链主，绘制其供应链产品蓝图。

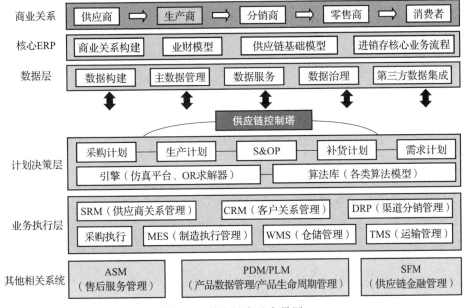

图 2-7　供应链产品全景图

首先是商业关系。我们把生产商在供应链上的位置标示出来，上游是供应商，下游是分销商、零售商直至最终消费者。生产商和上下游的商业关系没有办法在一张图中表示，我们可以依照本章第一节图 2-1 所示方法进行展开。

其次是核心 ERP。伴随着信息技术及互联网技术的普及和发展，关于ERP（企业资源计划）的范畴也在发生着变化。从早期的 MRP（物料需求计划），发展到涵盖人、财、物、进、销、存的集成化的信息系统，ERP 逐渐成了企业进行资源集成化管理的复杂单体系统。但是，伴随着企业规模的发展，单体系统变得越来越复杂。在原有 ERP 系统上不断叠加新的功能，使得这个庞大的系统变得越来越臃肿，其所带来的复杂性管理成本也不断上升。

目前市面上的 ERP 系统提供商数以万计。大的有 SAP、Oracle 等跨国巨头，还有用友、金蝶等国内大牌厂商，小的有适用于不同行业、不同场景的系统提供商。但是，可以这么说，不论哪一套系统或者哪一个厂商，都无法提供能够完整涵盖企业供应链全场景的解决方案。

所谓合久必分，分久必合。为了应对商业世界的复杂性，应对业务对精细化管理的要求，大型软件厂商开始尝试将各种功能模块进行拆分，把庞大单体应用拆分成核心 ERP 系统以及外围的业务应用。拆分解耦后，ERP 成了企业 IT 产品的内核，而外围业务应用也得到了进一步的扩张和发展。

至于什么是内核，笔者认为，在 ERP 这一内核系统上，我们应当保留的最重要的几个模块分别是：商业关系的构建（尤其是主体之间的财务关系）、业财一体化、供应链的基础模型、进销存相关的核心流程模块。简而言之，就是"能做生意、能跑流程、能算准账"。

我们再来看看数据层。当我们将核心 ERP 和业务应用层（计划决策、业务执行等）解耦之后，企业开始根据自身需要添加外围业务应用产品。这虽然解放了企业的生产力，却给企业带来了另一个巨大的挑战，即各个应用产品之间互不关联，产品和产品之间需要通过导入导出，以及 Excel 人工转换的方式进行处理。这和案例中许韬所面临的问题一样，我们面临着业务应用之间的"谷仓效应"（silo effect）。

为了解决这个问题，我们需要在 ERP 和业务应用层之间建立数据层。如果我们把数据比作水，数据层就是承载数据的管道或者容器，其中的数据可以自由流畅地到我们所需要的应用中为我们所用。

这是如何做到的呢？在数据层中，我们主要完成几项任务：数据构建、主数据管理、数据服务、数据治理，以及第三方数据集成。所有的数据都会通过统一的方法进行结构化处理，形成标准化的、可被理解和消费的数据服务。

例如，核心 ERP 中的基础模型会产生基础数据，我们将其提取出来进行结构化处理，提供给业务应用层进行消费。业务应用层也会产生各种数据，我们同样可以进行结构化处理，根据 ERP 的数据输入标准输入，给核心 ERP 使用。虽然核心 ERP 和业务应用层都会消费彼此的数据，但核心 ERP 中的基础模型更加稳定，不会随着业务流程的变化而经常调整，因此更容易内聚和收敛。

有了数据层，我们再来谈谈业务应用层。

业务应用层分为：供应链控制塔、计划决策层、业务执行层以及其他相关系统。其中，对于供应链控制塔、计划决策层，我们会在后面的章节中详细展开来讲。这里仅做简单介绍。

供应链控制塔是供应链的指挥中心，它提供了端到端的整体可视化，提供了实时的数据分析和归因能力，能够让用户快速浏览工作和数据看板，快速定位并处理问题，它贯通了供应链业务的相关产品模块。

计划决策层包含但不仅限于采购计划、生产计划、S&OP、补货计划、需求计划、CPFR、网络规划、经营计划、调拨计划等。核心的问题不在于是不是具备这些模块，而在于这些模块之间是不是由 S&OP 所驱动的一致性计划（one plan）。智慧供应链的计划决策层还拥有由仿真引擎、算法所驱动的智慧决策能力，它可以支持实时在线或者离线的复杂计算即仿真，帮助用户进行海量的计算和模拟仿真。

业务执行层包含负责供应商关系管理的 SRM 系统、负责客户关系管理的 CRM 系统、负责制造执行管理的 MES 系统、负责仓储物流管理的 WMS 和 TMS 系统，以及负责渠道分销管理的 DRP 系统等。

除此以外，整个供应链的产品体系还可能包含一些关联的产品，例如负责售后服务管理的 ASM 系统、负责产品数据管理 / 产品生命周期管理的 PDM/PLM 系统、负责供应链金融管理的 SFM 系统等，限于篇幅不展开阐述。

从计划决策到业务执行，再回到供应链控制塔进行数据归因，才真正形成了 PDCA 的整体业务循环。正如我们在第一章中所述，智慧供应链的建设不是一朝一夕所能完成的，而应当是螺旋式上升、不断演进的。

最后，我们再来谈谈软件商的选择。

供应链解决方案千千万万，而提供这些产品的软件商更是不计其数。要想在其中找到适合企业的供应商，作为供应链架构师，我们需要仔细考察、慎重选择。

关于产品系统的规划，有以下几点需要注意：

（1）流程是产品系统的基础，没有明确的流程，系统无法规划，更无法实施。因此，先确定好流程，再落实系统，这个优先顺序不能乱。即便是可以迭代的系统，也是基于流程的迭代在先，而系统的迭代紧跟其后。

（2）产业 B2B 不是构建网站，而是形成商业对商业的连接、产品对产品的连接。在供应链 B2B 系统的对接上，其基础是商业关系的构建，脱离了商业关系，流程就会土崩瓦解，B2B 也会灰飞烟灭。

（3）要规划好核心系统和周边系统的关系。如果核心系统和周边系统分别由不同的解决方案提供商提供，我们要特别注意数据层的构建，因为这会涉及整个系统的运行效率和准确性。

（4）产品系统的规划和实施的步骤要弄清楚。系统的规划可以大开大合，视野开阔。但是具体到实施的过程，就需要按部就班，分步落实。其中涉及系统之间的逻辑关系，也涉及产品系统的投资回报率。

（5）不要迷信新技术，大数据、人工智能、区块链、3D 打印……如果新技术无法解决瓶颈问题，带来效率的提升，那么新技术对你而言就只是个花瓶。但是反过来，也不要对新技术不闻不问，我们应当密切关注前沿技术，做到心中有数，择机择时进行布局。

> **扩展阅读**
>
> ## "无人时代"的人[⊖]
>
> 我们似乎正在通向一个"无人时代"！
>
> 亚马逊的无人机、京东的无人仓、阿里巴巴的无人超市、百度的

[⊖] 资料来源于《环球》杂志，文章作者为施云，2020 年 3 月 18 日出版。

无人驾驶、西门子的无人工厂……层出不穷的"无人 X 技术",让我们目不暇接、眼花缭乱!

面对新冠肺炎疫情危机,ICU 里的机器人医生、机场里的机器人巡检、电脑中的机器人老师……无人技术以"无接触"的方式,给我们带来了更多的安全感。

但是,这些快速迭代的新技术,在带给我们惊喜和便利的同时,也让我们的内心不免恐慌、焦虑,我们可能会发出疑问:"无人时代",拥有血肉之躯的人将何去何从?

的确,一个整日辛苦奔波的出租车司机,在看到无人驾驶的新闻后,会担心自己的工作还能维持多久;一个社区零售店的小老板,在体验了无人超市的服务之后,会犹豫要不要将店铺关门歇业;甚至,一个准备怀二胎的妈妈,在得知了许许多多的"无人技术"之后,会犹豫是否继续这个计划……

无人科技在"战疫"中的表现,让人们既焦虑又兴奋,同样会让人们思考:如果"无人时代"必然来临,届时人类还能做些什么呢?

"无人"背后的"有人"

"上帝为你关上一扇门,同时也会为你打开一扇窗。"如果我们站在今天这个时点回头望,会发现人类技术的进步从来都是如此——新的技术产生,旧的职业消失,但新的职业也在应运而生,"无人技术"产生的连锁反应也大抵如此。

例如,从 20 世纪开始,公路上的汽车逐渐取代了马车,工厂里的数控机床逐渐替代了传统机床,教室里的投影仪也取代了粉笔黑板,市场里的自选超市替代了传统的售货柜台,交易所里的电子系统取代了"红马甲"(证券交易员)……这些业已发生的变革,给从业者带来了巨大的冲击,颠覆了传统的工作模式,但每一次变革,在消灭了原有岗位的同时,创造了大量新的就业机会。

　　就拿证券交易来说，当证券交易所里的"电子交易撮合系统"取代了传统的场内证券交易员的人工撮合方式，"红马甲"从此退出历史舞台。但是，围绕电子交易系统会产生新的岗位，如软件编写、系统维护等。由此又延伸出为使用电子交易系统而购买的电脑、服务器、存储器等IT设备，围绕这些设施设备所产生的新的工作机会，远远超过了过去"红马甲"的岗位数。

　　类似地，各种冠以"无人"之名的技术方案背后，都有无数的"有人"岗位。

　　例如，当下正火爆的无人超市，其运营带动了射频识别（RFID）技术、冷冻保鲜设备、传感器等的研发和制造；围绕大数据、精准定位、人脸识别等新技术的开发，也将产生大量新的工作机会，从而创造更大的社会财富和价值。

　　再如，亚马逊在研发出自动补货技术后，大规模裁撤了传统采购跟单员，取而代之的是大量数据分析师和软件开发人员。他们根据每天产生的海量在线数据，分析客户的消费方式，优化库存的配置方案，设计最优路径的算法……随着业务规模的不断扩张，这些新增岗位的人数甚至可能会超过之前被裁撤的人员数量。

　　既然"无人技术"还需要大量的"有人"工作来维持，那么"无人技术"的真正意义何在呢？

　　事实上，"无人技术"是人类永恒的理想，它的真正目的是帮助人类脱离那些重复低效、高成本低产出的工作，或者是远离那些包含着不确定性的危险工作。人类逐渐把这部分工作转交给机器来完成，而将更多的精力用在那些高附加值、高产出并且能够为人类发展带来更大贡献的工作中去。

　　这其实是人类社会发展和自身进化的一部分。这种趋势，从原始人学会使用工具的那一刻起，至今未曾改变。因此，我们完全没有必要为此惶惶不安，更不用担心还未出生的孩子将来会不会失业。

"无人时代"考验生存能力

事实上，决定孩子们未来会不会失业的关键因素绝不是"无人技术"，而是他们是否具备承担未来那些"有人工作"的能力。

这些能力包括：持续学习能力、承压与自我激励能力、变革与沟通能力等。

首先是持续学习能力。正如我们今天所见，很难有一项专业技术可以让我们"吃"一辈子。当下一项"无人技术"取代了我们现有的工作，我们是否有能力掌握并胜任新的工作岗位，这就需要我们在一生中能够持续地学习，确保不会被时代所抛弃。

其次是承压与自我激励能力。社会发展的脚步会越来越快，可能昨天还十分新颖的技术方案，明天就会变得一文不值。快速发展给人们带来了巨大的压力，能否承受这种压力，并且不断地进行自我激励，在竞争中保持良好的心态，是在未来社会中生存的一个重要能力。

最后是变革与沟通能力。创新与变革相辅相成，新技术的产生和落地，需要我们具备创造力以及推动变革的能力。变革的最大阻力往往是"人"而不是"技术"，这是一项围绕"人"的工作，需要和不同的"人"打交道，因此需要具备很强的沟通能力。未来的精英一定是引领和推动变革的人，而不是那些等着接受变革、被动承担变革结果的人。

在这里，我们没有提到任何技术技能，因为它们都不是重点，真正的重点是我们以及我们的下一代是否具备适应未来社会发展的个人素质和能力。值得反思的是，这些能力的培养，在我们目前的教育中仍是缺失的。

"无人技术"与人类理性

关于"无人时代"的忧虑，还有一个问题值得思考，那就是人工智能的发展是否会给人类带来灭顶之灾。

已故著名物理学家霍金曾预言："人工智能能够帮助人类，也能够毁灭人类。"他接着解释道："人类无法知道，我们将无限地得到人工智能的帮助，还是被藐视并被边缘化，或者很可能被它毁灭。""人工智能一旦脱离束缚，就会以不断加速的状态重新设计自身。人类由于受到漫长的生物进化的限制，无法与之竞争，将被取代，这将给我们的经济带来极大的破坏。"

任何新技术都是双刃剑，比如人类对核技术的应用，既可以带来清洁的能源，也能够制造足以毁灭人类的核武器。在经历了从"二战"到冷战时期的无序使用之后，人类终究还是回归了理智，试图通过《不扩散核武器条约》将核武器封刀雪藏，而将核技术的应用研究重点放在了能源领域。

我们有理由相信，"无人技术"的发展也会遵循类似的规律。前期是快速甚至野蛮的无序发展，在达到了技术发展的"奇点"之后或将引发一系列的负面效果，甚至可能是局部的灾难，灾难之后是人类对于自身和新技术应用的反省，最终将回归到有节制的技术使用轨道上来。

对此，一方面，我们应当警醒，通过一系列手段来避免出现科学家所预言的灾难；另一方面，我们也不能故步自封、畏首畏尾，而应当在能够给人类带来积极意义和正面价值的领域不断突破进取。

难以取代的人类情感

事实上，快速发展的"无人技术"也有其致命的缺陷，就是如何满足客户作为一个"人"的情感需求。

这是"无人技术"迈不过去的坎儿。比如许多走进零售店的客人，他们的目的并不是单纯地买一瓶矿泉水或一包瓜子，而是想和店老板唠唠嗑、拉拉家常，聊聊本地的人情世故……而"无人超市"是无法满足这种类型的客户需求的。即便是换了一个具备人工智能的机器人作为"无人超市"的售货员，也无法想象一个客人会愿意和这样的机器人聊些私密的事情，客人很有可能会担心，搞不好这些聊天记录，哪一天会给自己带来什么不好的影响。

无人宾馆也是如此。人们在异乡、异国度假，选择短暂居住的客栈，不仅是希望得到休息和放松，也期待通过与当地接待和服务人员的沟通，感受那座城市或者小镇的人文特色、语言魅力并分享彼此的人生体验。

再比如，随着越来越多的手术机器人加入医疗服务的行列，大量重复性的、标准化的手术可以在很大程度上不再依赖人力，让医生能将更多精力投入到攻克医学难题上，在未来不可预料的疫情中，也能承担更多困难而繁重的医疗任务。

然而，"人"依然是无法被取代的，即使未来的大数据分析、基因测序等技术能够帮助机器更好地分析病人，但治疗关键时期来自医护人员的医嘱和鼓励，或者是隔离时期医护人员和志愿者发起的健身操活动等，这些由"一棵树摇动另一棵树，一片云推动另一片云，一个心灵唤醒另一个心灵"的工作，依然离不开人类。

人类社会的发展本来就是多元化的，并不是0和1的博弈，不是非你即我，更不是你死我活。无论"无人技术"如何发展，只要人类还在这个地球上生存，就一定有适用于不同场景、不同人群的"无人"或"有人"解决方案。

还有一点是肯定的，未来"无人技术"的发展一定会给我们带来更多的惊喜、更多的便利、更多的安全感，随之而来的压力也会不断让我们焦虑，甚至让我们恐惧。但是，它也会让我们反思，让我们不断进步，甚至是进化。

本章小结

本章我们重点介绍了如何打造智慧供应链的"超级连接"，并从BPT"商业、流程、技术"三个方面逐层阐述。现将本章要点归纳如下。

（1）在供应链的升级过程中，谁主导了连接的构建，谁主导了规则的制定，谁就拥有了最大的话语权。事实上，这种连接权之争，在从"原始供应链"升级到"智慧供应链"的过程中，无时无刻不在发生，因为供应链不仅要解决内部系统的协同问题，更要跳出企业的四壁围墙，在供应链的上下游之间建立高度协同并且智慧驱动的"连接"。

（2）智慧供应链的"连接"构建要从三个方面入手，即商业连接、流程连接、技术连接，简称 BPT。

（3）供应链说到底是商业的基础设施，脱离了商业本质的供应链没有任何意义。商业如何连接，我们要清楚地回答三个核心问题：第一，谁和谁做生意？第二，出于什么目的一起做生意？第三，如何做好生意？

（4）在商业连接关系中，特别要强调的是链主和链属的界定。在一条供应链上，谁掌握了供应链的核心价值、谁最具有话语权，谁就是这条供应链上当仁不让的"链主"。

（5）供应链的流程连接，需要串联计划、采购、制造、物流、逆向等流程。这些流程都无法独立存在或独立运作。如果我们继续进行展开，深入到供应链体系的内核之中，还需要考虑库存、网络、单据、结算、供应商等基础流程。

（6）站在计划管理的角度，我们需要建立一套贯穿企业内部以及外部的供应链计划流程。笔者将其总结归纳为"内部协同靠 S&OP，外部协同靠 CPFR，内外协同一体化"的计划管理体系。这里面包含三个部分：S&OP、CPFR、计划一体化。

（7）智慧供应链的架构，脱离了商业本质和业务流程，就好比一位病人，哪怕穿着最华贵的衣服，也无法掩盖其华丽着装下的虚弱体质。

（8）架构供应链产品系统同样是供应链架构师的必备技能，即智慧供应链的"技术连接"技能。"供应链产品系统规划"包含两个层面的内容：一是从商业架构到产品架构的规划（业务产品架构），二是从产品架构到技术架构的规划（产品技术架构）。

（9）不要迷信新技术，如大数据、人工智能、区块链、3D打印……如果新技术无法解决瓶颈问题，带来效率的提升，那么新技术对你而言就只是个花瓶。但是反过来，也不要对新技术不闻不问，我们应当密切关注前沿技术，做到心中有数，择机择时进行布局。

（10）未来的强人工智能或者超人工智能时代，机器能够被利用的程度是现在无法想象的，那时的"监管"是以监督为主、管理为辅，其主要目的是依靠人来判断机器是否有超出其应用范围的违规行为。

第三章

从电子化到智能化，供应链技术如何演进

网络协同　数据智能

　　在第一章中，我们主要从业务的角度阐述了如何从"原始供应链"一步一步升级到"智慧供应链"，这里面有业务的推手、流程的发展，更少不了技术的驱动（见图3-1）。

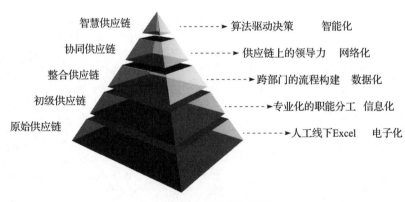

智慧供应链　- - - - - - ▶ 算法驱动决策　智能化
协同供应链　- - - - - - ▶ 供应链上的领导力　网络化
整合供应链　- - - - - - ▶ 跨部门的流程构建　数据化
初级供应链　- - - - - - ▶ 专业化的职能分工　信息化
原始供应链　- - - - - - ▶ 人工线下Excel　电子化

图 3-1　从电子化到智能化

　　站在技术驱动的角度来看，原始供应链阶段，我们大多使用Excel这类办公自动化软件，我们称之为电子化（office automation，OA）；初级供应链阶段，有了早期的ERP系统，我们称之为信息化（information technology，IT）；整合供应链阶段，需要内部进行协同，横向拉通数据，出现了企业内部的数据中台、供应链业务中台，我们称之为数字化（data technology，DT）；协同供应链阶段，不仅需要企业内部协同，还需要和外部企业进行协同，由此进入了网络化（network technology，NT）；智慧供应链阶段，由算法进行驱动，人工智能、机器学习让我们的供应链在变得智能的同时，具备了自我进化的能力，我们称之为智能化（evolutionary technology，ET）。

　　归纳起来，信息化是以单部门流程控制为导向，往往容易形成信息孤岛；数字化和网络化是以跨组织协同为导向，强调的是数据共享和互联互通；智能化是以科学决策为导向，运用的是算法智能和运筹仿真（见图3-2）。

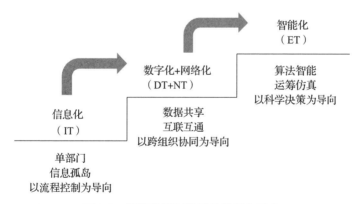

图 3-2　智能化不同阶段的特征和导向

　　阿里巴巴集团学术委员会主席曾鸣教授曾经指出，网络协同和数据智能是未来商业的双螺旋驱动力。但是今天的供应链，离ET时代还相距甚远，我们大多数企业还处于IT或者DT时代，少部分企业已经开始朝着NT时代探索发展。笔者认为，有三大技术将成为供应链发展的核心驱动力，分别是云技术、人工智能和物联网（见图3-3）。

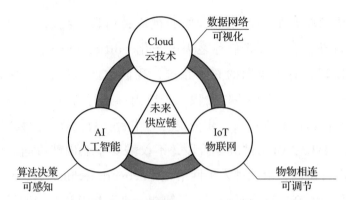

图 3-3　未来供应链发展的三大核心驱动力

我们知道，未来供应链一定是具备了可视化（眼）、可感知（脑）、可调节（身）三大能力的智慧供应链。其中，云技术是供应链可视化的最佳解决方案，因为通过云技术形成了数据网络，让我们可以看到真实的供应链；人工智能是供应链可感知的最佳解决方案，因为人工智能提供了数据决策，让我们能够感知供应链上的变化；物联网则是供应链可调节的最佳解决方案，物联网让虚拟网络和实体设施连接在了一起，让供应链具备了动态的调节能力。

接下来，我们来深入探讨不同阶段下供应链技术的发展和应用。

第一节　从电子化到信息化：以流程控制为核心

20 世纪 90 年代末上大学那会儿，笔者读的是机械电子工程，有一门课叫作机械制图。每次上课的时候，我们都需要背着一块巨大的木板去教室。这块厚约 5 毫米、面积约 1 平方米的木板叫作制图板。

在制图板上绘制图纸是一项非常艰辛的工作。每次绘制图纸前，需要对版面做好规划，避免画到一半时返工。在绘图的过程中，每个同学都要用尺子、圆规，一笔一画绘制，工工整整，不敢有任何差错，以保证图面的整洁。完成后，我们还需要在图纸右下角签上自己的名字，交给教授检查评分。

　　机械制图课程最难的部分是，绘图者需要具备在大脑里建立起三维空间的抽象思维能力，并对三维空间进行二维的转换。对于一个立体的零件，初学者往往需要闭上眼睛，想象出它投射在不同的平面视角上的形状，然后在图纸上对应的视角中把它绘制出来。这样做效率不高，精度也偶尔会有偏差。

　　事实上，入职企业后，我们根本没有用到过制图板。公司为了提高大家的工作效率，购买了两款软件，一个叫作 AutoCAD，用来绘制平面工程图；另一个叫作 ProE，用来进行 3D 建模。最神奇的地方是，用 ProE 完成的 3D 建模，可以轻轻松松地一键转成平面 2D 工程图，甚至还能形成剖面图（针对内部结构剖切后的展示），完全不需要闭上眼睛想象从 3D 转 2D 的各种投影图。

　　从手工出图到电脑出图，一出校门，我们就进入了 OA 时代。类似地，在工作中，Excel、Word、PPT 等一系列 OA 软件，帮助我们大幅提升了效率。

　　但是，OA 时代的 OA 产品往往解决的是单个人的效率提升问题。一旦涉及多人协作，或是面对资源调度问题的时候，OA 产品往往无能为力或者力不从心。于是，IT 时代正式来临。

　　IT 时代最为典型的就是企业资源管理系统（ERP），它很好地把企业内部和资源相关的人、财、物、进、销、存通过 IT 系统工具进行了流程化的连接，让流程中的每一个人都可以严格按照系统的指令进行工作。效率提升是一方面，最为关键的是——加强了控制。

　　IT 时代的系统，让我们很容易就联想到卓别林在摩登时代里的表演。生产线上的设备和生产线上的工人本质上没有差别，都是流程中的一个环节或者说工具。这个系统不需要人的思考，只需要工人简单重复地拧紧螺丝完成指令就好。但这个冷冰冰的系统是固化的、缺乏生命力和创造力的，无法激发和共享劳动者的智慧。

　　人终究是有思想的，为了回避僵化的系统，供应链管理者不得已采用了体外循环的方式把自己的思考和聪明才智发挥了出来。这就是我们经常听见的一句话：再好的系统都比不上 Excel 好用。人工 + OA + IT 是我们在 IT 时代面对复杂问题时的无奈选择。

对此，不少人可能会持反对观点：为了解决单个系统不能解决好复杂流程的问题，我们可以把 ERP 拆解开来，用不同的外挂模块，更有针对性地解决专业化的问题。例如，为了更好地管理供应商，我们上一套 SRM 系统（供应商关系管理系统）；为了更好地管理客户关系，我们上一套 CRM 系统（客户关系管理系统）。类似地，还有 MES、OMS、TMS、WMS 等一众围绕细分领域的 IT 系统如野草般滋长蔓延开来。

如此一来，问题真的解决了吗？然而并没有。这样做的结果依旧是朝着"提高效率、加强管控"（IT 时代的典型特征）的方向更进了一步。原本一个人拧螺丝的顺序和方式还可以自己做些选择，现在反而需要按照系统的步骤，更加精细、更加精准地完成。

让我们一起来看一张典型的传统企业的信息化大图（见图 3-4），看看它的背后存在着什么问题。

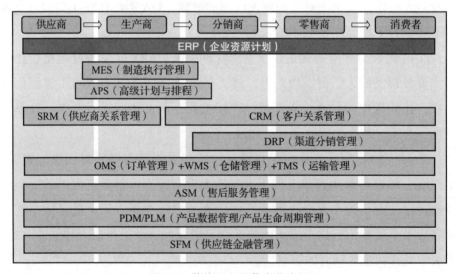

图 3-4　传统企业的信息化大图

存在着严重的信息孤岛！

最开始，各个部门都嫌 ERP 无法解决自己的问题，因此想在 ERP 之外上一套符合自己工作专业方向的 IT 系统，例如 SRM、CRM、MES……这些系统少则几十万元，多则几百上千万元，往往由不同的软件供应商以套件或者定制化开发的方式落地实施。

我们在第一章中曾经指出，初级供应链最典型的特征就是部门墙。部门和部门之间各自为政，我做我的，你做你的，互不关联。在系统建设上也类似，来自不同软件供应商的系统之间没有关联。A 部门找软件供应商将系统开发成它想要的样子，B 部门找软件供应商将系统开发成它想要的样子。数据上传、下载、离线运行，形成了大量的信息孤岛。这就是今天我们看到的大部分企业的样子：初级供应链＋IT 时代的信息化系统！

扩展阅读

数字供应链升级，拔出萝卜带出泥

梁健是一家软件公司的联合创始人，主管市场方向。这几年传统软件市场不景气，大家纷纷向欧美标杆企业 Salesforce 学习，转型做 SaaS，希望通过订阅模式提升公司的销售和利润水平。

在市场选择上，由于营销会员类 SaaS 已然是一片红海，竞争惨烈，因此由梁健主导，公司迈入了这两年渐成热点的供应链方向，并引进了几位该领域的技术专家，快速打造了一个供应链计划类产品。

产品的主要功能包含需求预测、补货计划和调拨计划。通过前期对市场的调研，大量客户抱怨供应链的预测不准，计划不靠谱。

该产品主要通过分析企业的历史销售数据和外部的第三方数据，由算法辅助来提升预测水平。同时，通过流程化的方式，协同企业和供应链相关部门形成一套大家都认同的计划数据。

因为定位是 SaaS 化产品，产品按照年费收取，价格定得并不高。作为参与了前期调研并顶力支持供应链 SaaS 化方向的联合创始人，梁健虽然不太懂供应链，但他对这套产品的市场前景一直抱有极高的预期。

产品上市后，通过梁健的大力推广，某品牌企业的计划经理主动找上门来，希望通过这套 SaaS 化产品解决其在供应链预测和计划上的问题。

问题定位和产品方案高度匹配，加上又是第一个"吃螃蟹"的客户，为了拿下这个单子，梁健毫不犹豫地以半卖半送的方式中标签下了第一份合同。为了确保项目的顺利交付，合同签订之后，梁健嘱咐交付经理务必全力保障项目的实施落地。

几天后，心情愉悦的梁健正在参与一场业内人士的小型聚会，憧憬着供应链 SaaS 化市场的未来，急促的电话铃声却把他拉回了现实。"梁健，你赶紧回来！"电话另一头的总经理听起来非常焦躁。

原来，产品在交付过程中遇到了多重阻力，难以推进。归纳起来有如下几点。

（1）基础产品系统不完善导致数据缺失。就拿库存数据来说，在途库存信息缺失，逆向库存信息缺失，渠道库存数据也存在缺失现象。

（2）大量"脏数据"难以处理，例如历史的销量、商品、客户信息。由于公司内部人员更替非常频繁，"脏数据"较多并且数据回溯难度极大。

（3）企业计划流程成熟度不够。成熟的计划流程需要供应部门、销售部门、制造部门、营销部门、新品研发团队、财务团队之间相互协同配合。但这家企业长期以来内部关系复杂，部门边界不清，在计划上各自为政、互不买账。

梁健虽然对于数据的问题有所预期，但没想到现实情况的复杂度还是远远超过了他的预料。看似简单的预测计划软件，背后竟然隐藏着企业内部这么多深层次的问题，真是拔出萝卜带出泥。如果要解决这些问题，毫无疑问地，从企业总经理到营销、销售、生产、研发、财务等相关部门都需要参与进来。

一方面，要补齐完善基础产品系统的能力，这就涉及更大的软件成本投入；另一方面，需要对内部流程进行再造，梳理协同流程，这涉及供应链相关的咨询。

每一个前置条件都不是一件简单的事情，这哪里是一个收费不高的预测计划 SaaS 化产品所能独立解决的问题！梁健仿佛看见了一个深不见底的大坑……

时下，供应链数字化转型正进行得如火如荼，众多企业投身其中，如果看不清楚供应链转型所面临的复杂度，不经意就会遇到类似梁健遇到的这样的尴尬局面。

那么，如何避免呢？

这两年我们接到的很多供应链数字化项目或需求，有的偏计划端，有的偏物流端，有的偏制造端。每当接到这些需求的时候，我们通常都会提两个诉求。

第一是请客户安排，在所有调研工作的基础上，允许我们和公司的董事长或总经理进行一次深度的前期访谈。

供应链数字化转型的需求往往在提出来的时候是单点的，但就像案例中所描述的那样，它是一个大的系统工程中的一部分。就好比某个病人长了肿瘤，切除肿瘤前我们要对病人做一次全面体检。

能够对这个系统整体负责的，或是对这个系统最了解的人，当属董事长或总经理。透过单点需求，我们可以在调研中了解企业和供应链相关的整体情况，包含公司的战略、运营现状、企业供应链上的问题、流程和系统的成熟度等。

站在整体谋思路，立足局部定举措。供应链数字化是妥妥的一号位工程！决策前怎么能不去弄清楚公司高层的战略和想法呢？

第二是对企业的供应链做一次完整的成熟度评估。

供应链是一个有机整体，供应链的数字化项目往往是牵一发而动全身。为了确保项目顺利落地，我们需要对供应链从流程到产品系统，从组织架构到人才配备，做一次全方位的扫描。

如果是流程的问题、组织的问题，需要通过提前做咨询、梳理流程等方式来解决；如果是产品系统的问题、数据的问题，则需要补齐相关系统数据的缺失，有可能会牵扯出更大的系统改造。

供应链因其为"链"，其数字化的前置依赖和复杂度非常高。忽视了这些前置依赖，从单点切入供应链数字化，往往是头痛医头、脚痛医脚。"天时、地利、人和，三者不得，虽胜有殃。"如果没有兼顾商业、流程、技术和人，如果没有对企业供应链形成整体的了解，如何敢贸然推进供应"链"的数字化？

第二节　从信息化到数字化：以数据统一为核心

BI 工程师的困惑

从大学毕业至今，陆艺从事商业智能（business intelligence，BI）工作已有多年。这些年，陆艺虽然换了不少公司，但一直从事 BI 工作，可谓"万变不离其宗"。BI 工作基本上是围绕 ETL（extract-trans-form-load，抽取、转换、加载）、数据仓库、数据挖掘等工具方法，为企业管理者提供可视化的报表，用于展示和发现问题并提供辅助决策。

最近，伴随着互联网公司的快速崛起，数据中台、数据平台等新概念在许多场合被频繁提及，甚至还出现了类似数据智能（data

intelligence，DI）这样的新词汇。

　　一直以来，陆艺对互联网公司创造出来的新词汇都持谨慎、开放的态度。前几年"数据湖"的概念曾经风靡一时，相关的解决方案公司提出把数据比作大自然的水，将各个江川河流的水（各种类型的数据）未经加工源源不断地汇聚到数据湖中，不需要预定义模型就能进行数据的分析工作。

　　这听上去很美好，但陆艺判断"数据湖"的实现会有诸多困难。例如，数据湖的数据如何实现实时性？这么多的原始数据放到数据湖里虽然容易，但提取和使用的问题又将如何解决？数据不经处理进入数据湖，如何进行数据的治理？数据的安全如何保证？……陆艺担心不仅没有办法建设出美丽的"数据湖泊"，还有可能将其变成恐怖的"数据沼泽"。这几年下来，在数据湖的实施方面取得成功的企业案例并不多，这也从侧面证明了盲目追逐新概念是多么不靠谱。

　　陆艺并不是一个闭目塞听、盲目自大的人，虽然对于新词汇、新概念不怎么"感冒"，但他愿意花费时间去学习和研究这些新概念背后的知识，然后通过他的专业能力进行判断甄别。这一次，他打算报名参加"数据中台 / 数据平台"的相关培训，"是骡子是马，拉出来遛遛"，就一清二楚了。

　　抱有和陆艺同样观点的人不在少数，在面对新概念、新词汇的时候抱有一种客观谨慎但开放的态度也是十分正确的。作为从 IT 时代到 DT 时代的重大跨越，我们十分有必要花费一定篇幅来阐述数据中台 / 数据平台的重要性。

　　数据是供应链的基石，正是因为有了数据，供应链才有可能插上智慧的翅膀。

　　为什么是有可能？因为单纯来说，数据只是生产资料，它就好比水、电、煤或者石油，自己并不具备生产力，只有通过合理的使用才能产生价值。如果说石油驱动了工业化时代的发展，那么大数据则驱动了信息化和智能化的发展。

我们生活的这个时代并不缺少数据，国际数据公司（International Data Corporation，IDC）发布的《数据时代 2025》报告显示，到 2025 年全球每年产生的数据将增长到 175ZB，这是一个什么概念呢？ 1ZB 相当于 1.1 万亿 GB，如果把 175ZB 全部存在 DVD 光盘中，那么叠加起来的长度可以绕地球 222 圈。

置身在如此浩瀚的数据海洋中，无论企业还是个人都容易迷失自己，甚至惶恐不知所措。恐惧是一件好事，因为它会带来认知的改变。最为可怕的是，不少企业对于数据的认知依旧停留在 IT 时代。

IT 时代的信息化系统以提升效率和流程管控为核心，在初级供应链形态下发挥了重要的作用。但是 IT 时代的信息化系统往往以分模块、打补丁的方式建立，各个模块来自不同的供应商，为不同的部门所建立，就好像在企业内部竖立起了一根根烟囱，产生了大量的数据和信息孤岛（见图 3-5）。

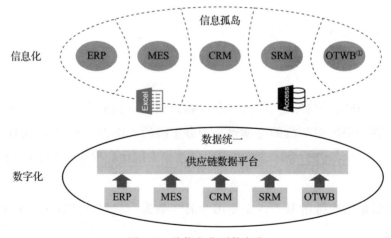

图 3-5　从信息化到数字化

① OTWB 是 OMS、TMS、WMS、BMS 的简称。

典型的例子是，企业上了很多系统，有 ERP、生产管理、计划管理、人力资源管理、设备管理等。这些系统产生了大量的数据，我们通过 Excel 或者数据 BI 工具，对这些数据进行了加工分析，通过看似简单的导入导出来解决业务的问题。这个场景想必对于大多数从事供应链管理工作的人员并不陌生。毫不夸张地说，从总监到基层，每一个供应链管理者都是 Excel 的重度使用者。总监以上的高层管理者则严重依赖 BI 人员的辅助。

作为 20 世纪末和 21 世纪第一个 10 年比较流行的概念，BI 是基于企业的各类业务系统如 ERP、CRM、HR 等，为了更好地分析此类业务系统中的数据而发展建立的一套技术体系。它是一个技术驱动的流程，用于分析数据和提供可操作的信息，帮助高管、经理和其他公司最终用户做出明智的业务决策。[⊖]

因此，DI 和 BI 这两个概念经常被混淆。尽管它们有一定的相似之处，也都是以数据为基础，但二者还是存在本质上的区别。

首先是实现目标不同。BI 用来将企业中现有的数据进行整合，然后提供报表并提出决策依据，它并不会帮助企业解决底层数据孤岛的问题。而 DI 的目标则是通过构建企业的数据平台（中台），将业务数据进行统一和打通，在此基础上形成的数据不仅可以辅助决策，还能够直接触发并驱动业务应用。如果将企业比作一辆汽车，BI 是驾驶舱里的各类仪表盘，DI 是汽车的引擎发动机，数据就是源源不断注入的汽油。

其次是技术实现手段不同。在讨论 BI 时，我们讨论的是 ETL、数据仓库、OLAP（联机分析处理）、数据挖掘、可视化报表等技术方法，而在讨论 DI 时，我们讨论的是大数据、云计算、物联网、人工智能、分布式数据库等，所以两者技术处理的流程类似，但技术实现手段有着极大的区别。

再次是智能化手段不同。BI 因为囿于所处时代的技术限制，大多依赖于统计学算法，使用各类经典的聚类、分类算法，而 DI 随着机器学习和神

⊖　引用自文章《数据智能 DI 和商业智能 BI 有何不同？》，作者狄安，网址：https://www.jianshu.com/p/7658c860ee5b。

经网络的进一步发展，更全面地融合了各类智能算法，智能化的手段更加多样化。

最后是数据基础不同。随着大数据的兴起，DI涉及的数据范围将不再仅限于原来的业务系统或者交易系统，而有更多来自企业外部的数据，如来自互联网、社交网络、第三方社会资源的数据等。同时，数据的来源将不仅限于业务处理和交易过程，更海量的实时数据可能来自物联网连接下的机器、设备等。数据的种类也将极大地丰富和扩展，不再简单地局限于结构化数据和非结构化的文本，视频和音频数据在智能化解构之后也将越来越多地参与数据智能应用。

毫无疑问的是，传统的BI并未触动和改动企业的底层及核心数据架构，因此BI工程师的工作，就像在原始森林里采摘果实，他们工作的好坏很大程度上取决于BI工程师的个人水平。但是DI类似于采用现代化的种植手段，从育种、耕种、施肥、除虫到采摘，进行全过程管理，这样不仅产出的果实质量有保证，也减少了对数据工程师个人能力的依赖。这从根本上改变了我们对于数据的理解和认识。

由此可见，数据平台（中台）的建设是数据智能的源头和根基。根基不牢，数据智能就成了无源之水。因此，我们不妨进一步展开阐述。

数据平台建设的底层逻辑是"数据的四化"，即业务数据化、数据资产化、资产应用化和应用价值化。

首先是业务数据化。它需要我们将供应链上的数据进行采集，就好比石油和煤炭的勘探采集，我们有多少储量、在什么位置、如何开采出来，对应的数据工作就是：有哪些需要采集的数据，从哪里会生产出数据，需要在哪里设置数据采集埋点，埋点会产生什么样的数据，如何保证埋点的长期健康度。采集是数据工作的开始，也是保证数据质量的根本。

其次是数据资产化。采集来的数据需要清洗、建模、加工、分类、存储，这就好比开采出来的石油需要提炼和存储一样。通过建立标准、处理加工、评估质量、安全管控，最后分门别类地进行存储，就形成了企业的数据资产。

再次是资产应用化。数据作为一种无形的资产，只有被使用才能产生价值。因此，我们需要根据业务应用场景，清晰地将数据进行分发，对外提供标准化的服务。这些数据服务能够被产品应用系统便捷地调用和消费。

最后是应用价值化。数据被应用调用、消费和集成，最终的目的是产生价值。数据在被使用的过程中，又会产生新的数据，这些数据再回流沉淀到我们的数据体系中，不断循环往复，产出越来越多的价值。这就是我们常常讲的从"业务数据化"到"数据业务化"。

如果说数据的四化仅仅阐述了从数据采集到数据使用的整个数据平台的实现过程，那么接下来讲到的概念将更为深刻地改变传统企业对于数据体系建设的认知，即"数据统一"。

传统企业的 IT 体系，往往是由多个软件系统拼凑而成的，有的是第三方软件，有的是自建。这些软件系统都有各自的模型、标准、流程框架，因而在企业内部形成了一个个信息孤岛，只有通过 Excel 的导入导出进行逻辑的转换，才能在这些系统之间建立起一个个的"弱连接"。弱连接带来了一系列的问题，例如可用性、易用性以及数据安全等。

还有一种情况，通常发生在大企业集团内部。每个子业务单元（BU），由于自身发展的需要，在 IT 系统的建设上缺少统一的规划，导致内部系统众多，形成了一个个独立的"系统烟囱"。这些"烟囱"之间的数据标准不统一，业务逻辑不统一，就连专用名词的定义都不统一。当集团业务部门向外部客户提供综合服务时，其无法在内部进行横向拉通以及实现资源的最优化整合配置。例如，一个外部客户都有可能在集团内部有不同的 ID。

"数据统一"就是为了解决这个问题而产生的，它也是数据平台最为核心的任务。综合来看，"数据统一"包含四个"一"，即身份统一、模型统一、治理统一、服务统一。

（1）身份统一：它针对的是企业运行中的核心资源要素。例如，供应商、原材料、机器设备、仓库、工人等，在多个异构系统中能够被统一定义和识别出来。每一个要素背后有多个特征或属性，例如供应商的企业性质、规模、认证、财税编号、地理位置、法人代表等。通过赋予相应的属性以特定的属性值，就可以精准地描述一家供应商，并以数据化的方式在企业内部使用这个唯一的供应商 ID。

（2）模型统一：供应链的 IT 系统每天会产生大量的数据，例如订单数据、库存数据、退货数据、支付数据等，这些数据往往来自不同的、异构的系统。在 IT 时代建立起来的这些系统，都有一套自洽的数据模型，但缺少对于主数据的定义，跨系统的信息难以匹配。例如，我们在 ERP 系统里有一套库存数据，在计划系统里也会生成一套库存数据，两套库存数据的模型不统一，导致库存准确性出现了偏差。为此，数据模型的统一就显得十分重要。

数据模型统一最彻底的方法是将整个企业的信息系统、产品系统采用一体化的方式建设，通过产品系统的领域模型来保证数据的标准化。正如什么样的模具能生产出什么样的物品一样，什么样的产品领域模型就能生产出什么样的数据。因此，产品领域模型的设计颇为关键。

在一个复杂的系统中，我们将产生基础数据的基础产品层与产生应用数据的应用产品层尽可能解耦开。基础产品层和应用产品层最大的区别是，基础产品的领域模型所产生的数据被广泛地调用和消费，而应用产品层的数据仅仅被少量调用和消费。越是基础的领域模型，越应当进行通用化的统一设计。抽象地越充分，变动就越少，它产生的数据就越稳定，进而能被更多的业务应用场景所消费。

通过产品领域模型实现数据的标准化固然是最彻底的方式，但它让我们整个系统变得非常重。模块和模块之间相互依赖，一个模块的数据模型发生了设计变更，往往是牵一发而动全身，其他所有相关联的模块很有可能都需要跟着变动。对于业务底层逻辑相对比较稳定，基础层和应用层能够比较清楚地进行解耦的场景，采用这种方式建设会比较有效。但对于企业已经拥有许多异构系统，并且企业的底层业务逻辑并不稳定的场景，我们更需要通过供应链数据平台的方式进行模型的统一。

供应链数据平台首先承认了多个应用系统的数据模型不统一的现状，它在这些应用系统之上对数据进行抽取、清洗和模型的抽象，定义出"黄金主数据"，建立数据集市（数据资产），用于业务的日常使用和数据决策。对于计划系统这类偏数据决策的产品，我们往往可以从数据平台的数据集市中调取数据，从而避免直接从多个异构的信息系统中调取数据所产生的模型不统一的问题。

（3）治理统一：良好的数据能产生价值，不良的数据不仅不能带来价值，还有可能带来破坏。因此我们在数据的采集、加工、存储和使用的过程中，需要建立数据的统一治理框架和治理机制，以确保数据的质量，例如准确性、实效性等。数据治理是数据工作中的脏活累活，并没有太多高大上的东西。我们都听过这样一句话："无用输入，无用输出"（garbage in，garbage out）。使用脏乱数据做样本，产生的研究成果也是毫无价值的。数据的污染可能发生在数据产生、采集、传输、流转、加工、存储、提取、交换等各个环节，因此要保证数据治理目标的实现，就必须对数据进行全流程的管控。数据作为资产，虽然是无形的，但具有资产的属性和价值，我们只有对其统一管理，才能确保数据的高可用性和安全性。

（4）服务统一：数据统一的目的是对外提供服务，否则数据只会成为不良资产，没有用处不说，还需要耗费大量的资金进行存储和管理。可以这么说，前面的"四个一"，最终的目的都是服务统一。对外服务统一，只有确保数据的标准化、一致性、可用性、易用性和安全性，才能做到数据的"归一"。举例来说，对某个业务应用来说，我们可以从多个数据源获取到"库存"的数据。例如，ERP 或 WMS 中，甚至是其他中间应用层中都有可能有"库存"的数据。服务统一指的是，这个"库存"数据应由体系内的数据平台以服务化的方式作为"唯一来源"进行提供，以确保数据的准确性。

数据是水，业务是舟。水能载舟，亦能覆舟。数据时代，如何能最大化地从数据中提取出价值，让数据为我所用，需要数据、产品、技术、算法以及业务专业人士共同努力，真正打造出"从业务中来，到业务中去"

的数据价值闭环。关于供应链数据平台（中台）的产品建设，我们将在下一篇中详细展开。

第三节　从数字化到网络化：以高效协同为核心

新来的供应链创新总监

　　王群刚刚加入了一家地方性零售企业，担任供应链规划和创新总监。这个岗位是新设立的。看似不起眼的岗位，对于这家有着30年历史的零售企业来说，却有着重大的意义。

　　20世纪90年代是零售商超行业发展的黄金时期，企业的创始人龙云夫妇从一家小小的夫妻店开始创业，通过不断打拼，快速成长为地方性商超连锁龙头企业。在城市各个主要片区不仅有多个面积达数千平方米的隆运商超，在社区、街道以及下属市县里还有众多小型隆运便利店。

　　从20世纪90年代到21世纪头10年的20年时间里，二三线城市中，既没有沃尔玛、家乐福、麦德龙这类国际巨头的入侵，国内零售巨头永辉、华润也才刚刚开始开疆拓土。缺少竞争的地方性零售企业不仅经营毛利高，政府的扶持力度也大，市场一片欣欣向荣。

　　然而最近10年，一方面，传统零售企业受到来自电商和同行的竞争，市场份额逐年下滑；另一方面，商品极大丰富之后，品牌竞争趋于白热化，留给零售企业的毛利空间不断削减。

　　多重压力之下，龙云提出了"高品质服务，高效率运营"的口号，坚持立足本地市场，一方面以服务赢得本地人的口碑，另一方面通过供应链的创新来提升效率、降低成本。因此，龙云不惜高薪从一线城市聘请了在供应链方面有着丰富经验的王群加盟企业。

　　王群深知自己的使命，丝毫不敢有任何懈怠。两个月来，他经过仔细的调研分析，发现在供应链上，企业经过这么多年的运营，单点能力都比较成熟。无论是仓内运营、配送管理、门店作业都有标准的作业流程，也有相应的系统支持，可挖掘的空间不大。那么，还有哪些地方可以优化呢？

在进一步观察、研究之后，王群发现：虽然门店、仓储、配送（以下简称"店仓配"）各环节都有相对完善的流程，但是整条供应链没能很好地串联起来。

举例来说，配送车辆补货到门店的时间不确定，往往是车辆到门店后，门店需要临时调配人员进行收货。这样一方面影响门店的运作效率，另一方面也拉长了配送车辆的等待时间。

同样的问题也发生在配送车辆从总仓取货的场景里。仓内每天有固定的拣选波次，但是由于每天要给哪些门店补货、补多少货是不断变化的，因此仓内每天只能根据城市的大致区域进行波次拣选分配，这给配送企业带来了不少麻烦。

配送距离较近的区域，负责配送的司机师傅在仓库内根据自己的经验，现场对货物配送进行人工的路径规划，在货物上手写配送顺序编号，根据配送顺序进行装车，以实现最短路径的配送。由于是人工操作，往往需要耗费司机师傅大量的时间。

对于配送距离较远的区域，配送公司索性统一将货物拉到自己的仓库进行二次分拣，根据更加细分的线路进行规划分拣。整个过程浪费时间不说，多出来的装卸操作，也让物流费用增加了不少。

问题算是定位得比较清楚了，但是如何进行改善提升，经验丰富的王群会采用什么办法呢？

隆运超市所遇到的问题是典型的供应链网络协同问题。在零售业态中，店仓配是供应链上不同的节点，因为缺少统一的协调调度，各点按照自己的逻辑运作，导致步调不一致，配合不紧密，从而耗费了大量的人力和费用。

如何解决这样的问题，相信不少读者都会想到采用店仓配一体化的方案。过去我们在谈到店仓配一体化时，往往会把问题点定位在运营主体上。由于仓和配不是同一家物流供应商，导致运营配合上出现问题。这固然是一个很重要的因素，但并不是全部。尤其是大型的零售企业，考虑到市场需求的波动，很少会完全自建车队，大部分企业还是会采用合同方式采购一些较为灵活的运力，这就不可避免地出现不同运营主体之间的店仓配协同的问题。

单纯从运营主体的角度无法完全解决这个问题，这就需要我们在流程和系统的角度下一些功夫了。

如前文所述，一个真正智慧化的供应链体系，是端到端的、面向需求驱动的、可动态调节的供应链网络体系，具备可视化、可感知、可调节的能力，能够帮助我们应对VUCA时代的种种不确定性。那么，在这个案例中，我们该如何落地？

先说说端到端，我们也可以将其称为全链路。企业在发展的过程中，往往会根据自身的需要上很多系统。例如，本案例中企业已经有了门店的POS、仓库的WMS，也有了配送运营的TMS。但由于这些系统来自不同的供应商，系统和系统之间各自独立运行，形成了一个个信息孤岛。加之系统在搭建的时候，缺乏端到端的流程引导，那这些系统之间的配合少也就不足为怪了。

我们再来谈谈面向需求驱动。传统的供应链往往采用推式供应链，供应链是以上游驱动为主。例如工厂往往以制造为驱动，追求制造效率最大化；再如仓储部门往往以仓为驱动，追求仓作业的效率最大化。

但是，在市场波动愈发激烈、需求不确定性越来越高的今天，我们不仅需要考虑供应链内部的运营效率，更应该抬起头看看客户的真实需求在哪里。由单纯追求供应链内部效率最优，转变为面向市场需求的同时考虑供应链效率最优的模式。

对于零售行业来说，对需求感知最为直接的是销售终端，例如门店。以需求为驱动要求我们能够把这些终端的需求逐步传导到上游的配送、仓储、制造等各个环节，并且以一体化的方式围绕客户的需求进行运营。

最后我们谈谈动态调整。供应链不是完美世界，供应链上的需求每天都在变化，我们无法一次性将供应链上所有的环节串联并固定下来。因此，智慧供应链体系需要根据需求的变化对系统进行动态调整。例如，对每天配送的最佳路径进行系统的决策，对每天的波次拣选进行最佳的计算。动态调整的部分事实上涉及 ET（供应链智能），我们也会在下一个章节中做更进一步的展开。

结合以上三个目标，在这个案例中，我们提出所谓的"以店驱配、以配驱仓"的一体化网络运作模式（见图 3-6）。

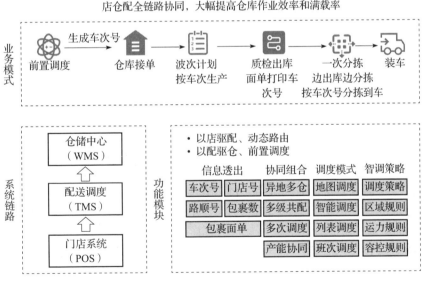

图 3-6　店仓配全链路协同

以店驱配、动态路由：结合每家门店的补货商品、补货量、补货频次，对配送车辆的装载量、配送时效、配送成本模型等进行全网运筹优化，计算出配送车辆最优配送路径；根据最优配送路径提前预约车辆上门时间，给门店收货预留出足够的时间来调配人力。

以配驱仓、前置调度：仓内根据车辆的配送路径提前生成车次号，提前对车辆进行调度，同时根据车次号和门店发货顺序进行批次生产；仓内生产完成，车辆已经就绪等待装载发货；装载顺序根据门店发货顺序先进后出，以提高配送效率。

通过"以店驱配、以配驱仓"的一体化运作模式，我们实现了店仓配端到端、面向需求驱动、每日动态调整的智慧供应链网络体系的搭建。当然，这个体系还是相对比较狭隘的，如果要做到更加全面的协同，还需要进一步将上游生产商、品牌商、经销商的供应链网络考虑进来。

要做到以店驱配、以配驱仓，不仅需要我们在流程层面、系统层面做改造，也需要在组织层面对供应链架构进行一次不小的变革。对此，多次推动过供应链变革的王群已经有了周密的安排。

在流程层面上，对于公司内部而言，他考虑到自己是新人，协调各部门的关系阻力颇多，于是邀请了总经理出面作为变革项目的发起人，同时引入第三方咨询公司作为外部推手，多重努力以保障项目的顺利推进。

而对于公司外部，为了保障司机稳定、承运商配合积极，他设计了一定的激励机制，把变革带来的收益与承运商、司机进行共享，以此来提升供应链网络上各方的协同意愿。

而在系统层面上，他清楚地知道，要做到网络协同，还需要在基础工作上下一番功夫。如案例中所述，公司此前已经上了一系列的信息系统，如 POS、WMS、TMS 等。但由于这些信息系统来源于不同的供应商，是各个部门站在自己的角度所建立的，系统和系统之间已经形成了天然的鸿沟和信息孤岛。

如何打破这些信息孤岛之间的隔阂呢？王群首先在这些独立的信息系统之上构建了一个横向的供应链数据平台（DT），定义商家、商品、库存、网络、时效、成本、质量等一系列标准化的供应链主数据。试想，如果供应链上的参与方对于这些主数据没有达成一致，又如何能相互协同起来呢？例如商品，你指的商品是 SKU，我指的是 SPU（标准化产品单元）；再如库存，你指的是可售库存，我指的是在仓库存；再如地址，你用你的地址库，我用我的地址库，大家版本不一致……诸如此类的问题，会让我们在架构网络协同（NT）流程和产品的时候，遇到各种各样想象不到的问题。

但是，仅有数据平台是无法实现上下游协同一致的。数据平台解决了数据一致性的问题，能够在横向多系统之间拉通数据，做到大家说同样的语言，彼此能交流。但是供应链上下游交流什么内容、如何彼此协作还需要运营平台的保证。这个运营平台，向上可以对供应商进行调度，向下可以对仓和配进行调度，中间可以对生产和销售进行调度……诸如此类的业务协调流程架构在统一的运营平台上，就能够实现我们所阐述的供应链的网络协同。

有了横向数据统一的基础，有了组织机制和激励机制的保障，再加上供应链网络协同的设计，王群不负众望，顺利地在一年内完成了隆运公司的供应链变革升级，实现了供应链效率的大幅提升。

本节我们通过一个案例，较为详细地阐述了供应链上的信息化（IT）、数字化（DT）和网络化（NT）的差异以及相互之间的关系：信息化是数字化的前提，数字化是网络化的基础。

供应链之所以被称为链，最为关键的就是它打破了企业的部门烟囱、突破了企业的四壁围墙，通过三流进行了内外的连接，进而由链结网，产生了单个企业所无法创造的生态价值。

供应链的网络协同形态众多，除了我们在案例中所提到的店仓配的网络协同，供应商端的 VMI、JIT 或 CPFR 协同，还有 C2M（拉动式）或者 M2C（推动式）的产销协同等。

虽然我们今天所看到的供应链网络协同技术（NT），大多数是局部网络的协同，但随着在整个供应链网络中局部协同数量的增加，协同网络的范围和深度都会逐渐加大加深。协同永无止境，但协同是必然的方向！

为了实现供应链的网络协同，我们需要以清晰的思路构建一套供应链的业务中台产品，这一部分我们将在下一章中详细展开。

第四节　从网络化到智能化：以算法驱动为核心

供应链上遇到的问题

场景一：卓婷是公司需求计划部门负责人，在公司工作了十几年，对市场、渠道、流程有着极强的敏锐度。哪个产品好卖、哪个产品不好卖，她只需要看一眼心中就能猜个七八分。卓婷还有高超的 Excel 技能，各种统计报表交到她的手上跟变戏法似的，很快就能产出预期的结果。公司上上下下对卓婷都十分敬佩。

然而卓婷有着自己的烦恼。如今的消费市场，越来越碎片化，越来越不可捉摸。从过去线下的传统渠道，到前些年出现的线上巨头，再到如今线上线下相互融合，各类平台层出不穷，渠道的边界越来越模糊，渠道的市场越来越分散，渠道的需求也呈现出不同的波动形态。尤其是各类新兴的促销玩法如达人直播、短视频、内容种草等，花样越来越多。这给需求预测带来了巨大的挑战，也让原本无比自信的卓婷变得有些惶恐不知所措。

这些年，她在 Excel 技巧以及统计学知识上没少花功夫。她可以轻松地通过 Excel、SPSS 等工具，应用移动平均、指数平滑这些统计学方法来建立预测模型。但是，伴随着市场的巨大变化，她深知这些知识已经不太够用了……

场景二：35 岁的伍思虽然年轻，但他已经是一家拥有百年积淀的品牌企业的制造总经理。这几年在他的推动下，公司以智能制造为方向，取得了许多突破。在软件层面上，公司在原有 ERP 基础上又成功上线了生产计划系统、MES；在硬件层面上，除了自动化流水线、机械臂、高密度存储，还实现了车间设备的线上化。这个现代化的工厂，离伍思梦想中的智能工厂越来越接近了，但依然有一个问题一直困扰着他。

虽然工厂表面上数字化、自动化程度已经比较高了，但是生产计划的执行效果总是不尽如人意。究其原因，目前的计划系统只能做到 MPS（主生产计划）层面，再往下到车间的各条流水线、各个工序，还是得依靠每个车间的计划员根据各自的经验进行分解。

一方面不同计划员的经验水平差异很大，另一方面车间里设备多、工种多、复杂度高，常常有各种预料之外的状况。两个因素互相叠加，导致不同车间的计划达成度有高有低，影响车间之间的配合调度和整体效率。为了避免出现这种情况，主生产计划员和车间计划员相互博弈，在计划中人为添加了许多缓冲，造成了不必要的效率损失。伍思一直想打破这种僵化被动的局面，但苦于不知如何下手。

以上两位主人公面对两类不同的场景，看似是遇到了两种不同的问题，但解决起来都离不开我们常常提到的人工智能。从网络化（NT）升级到智能化（ET），我们需要通过人工智能来解决那些仅仅依靠人工和人脑所无法解决的高复杂场景下的计算和规划问题。

人工智能的实现有三大核心要素，分别是数据、算法和算力（见图 3-7）。

我们通过供应链的信息化（IT）实现了各个模块数据的生成，通过数

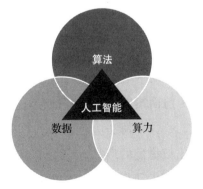

图 3-7　实现人工智能的三大核心要素

字化（DT）实现了数据的标准化和统一，通过网络化（NT）实现了供应链上数据和流程的贯通。伴随着这个过程，我们的数据越来越多、质量越来越好、范围越来越广，也为供应链的智能化（ET）发展打下了坚实的基础。

数据是基础，算法是工具，算力是动能。脱离了数据的算法就好比无米之炊，做不出饭来；算力不足的算法，就好比做饭火力不够，做出的是夹生饭。

那么，算法是什么？算法是能够对一定规范的输入，在有限时间内获得所要求的输出。对于供应链管理者来说，这个概念太过于笼统，我们需要做进一步的拆解。

供应链上应用比较广泛的算法大致可以分为四类：时间序列算法、因果关系算法、机器学习算法和运筹优化算法。在应用方式上，算法大致可以分成两类：在线实时计算和离线仿真模拟，后者往往在算力方面有更高的要求。在实际使用过程中，结合不同场景以及场景的复杂度，我们往往需要对这些算法进行综合使用，甚至是融合使用。

一、时间序列算法

时间序列算法是根据历史数据预测未来发展趋势的算法，它假设未来将复现历史的模式。时间序列算法通常包括：朴素或随机漫步法、移动平均法、指数平滑法（单指数平滑法、Holt-Winters 指数平滑法、Brown 指数平滑法、Winters 指数平滑法等）、分解法（加法、减法）、ARIMA（自回归综合移动平均法，也被称为 Box-Jenkins）模型等。

前面案例中，卓婷就使用了一些简单的时序模型做预测，如移动平均法、指数平滑法。时间序列算法有很多优点，它非常适合那些销量大且相对比较稳定的产品，它易于理解且对算力的要求低，有许多现成的第三方软件可供使用，例如 SPSS、Minitab 等。相反，对于那些变化较快、较为剧烈，易受外部因素如促销、竞品影响的产品，时间序列算法往往容易出现比较大的误差。

一个典型的需求模式可以用以下公式来表达：

需求模式 = 时间序列模式 + 因果关系模式 + 不可解释误差

时间序列模式 = 基线趋势 + 周期趋势 + 季节性趋势

从这两个公式可以看出，一个复杂的需求模式通常由时间序列、因果关系模式以及不可解释误差组成。其中时间序列模式把需求通过模型分解为基线趋势、周期性趋势以及季节性趋势三个部分。这样分解清晰明了、易于解释。但是对于存在因果关系和不可解释误差的场景，单纯使用时间序列算法往往不够。接下来我们就谈谈因果关系算法，以及为了解决不可解释误差而使用的机器学习算法。

二、因果关系算法

因果关系算法是判断事件之间因果关系的算法，它通过建立因果关系模型来预测未来的发展趋势。因果关系模型使用的前提是：未来的销量与一些变量紧密相关，如价格、促销、缺货等。因果关系算法主要包含简单回归、多元回归、动态回归、非观察构成成分模型等。

因果关系算法的可解释性虽然比时间序列算法差一些，但比机器学习强很多。可解释性强在算法中通常被表达为白盒化好。与之对立的是黑盒，黑盒表示算法的可解释性差。有趣的是，一个黑盒的算法不仅用户难以理解，就连算法开发工程师都很难解释。黑盒算法在用户端的应用往往会遇到巨大的阻力。

因果关系算法的一大优势是可以做 what-if 假设分析，即假设如果采取不同的策略方案会产生何种结果，以便做出最佳的决策。例如调整价格、提高促销频率、降低库存水位会产生某种结果，然后根据这个结果选择一种我们认为最合适的方案。后面我们将谈到仿真，其最终的目的之一就是做 what-if 假设分析。

因果关系特别依赖自变量和因变量之间的关系的持续性，一旦这种关系发生了改变，原有的模型就失效了，这一点需要特别注意。此外，前述SPSS 和 Minitab 等软件同样可以帮助我们建立因果关系模型。

三、机器学习算法

对于时间序列算法和因果关系算法依然无法解决的不可解释误差，我们就需要使用机器学习算法了。当然，这里必须要说明一点，机器学习算法并非不能解决时间序列和因果回归问题。恰恰相反的是，通过机器学习算法进行时序分析和回归分析的方法如今被大量使用。相较前述所列举的较为传统的时间序列算法和因果关系算法，机器学习算法是大数据时代被广泛使用的算法模式。换句话说，通过机器学习算法来做时序分析和回归分析更多被应用在大数据场景下。

例如，我们可以在某个时序切片上，通过机器学习算法来寻找因果关系，从而弥补使用单一传统时序算法和因果关系算法所无法解决的问题。

不过，在应用的先后顺序上，我们最好遵循"奥卡姆剃刀定律"（Occam's Razor，Ockham's Razor）。奥卡姆剃刀定律又称"奥康的剃刀"，它是由 14 世纪英格兰的逻辑学家威廉提出的。

小知识 奥卡姆剃刀定律：公元 14 世纪，来自奥卡姆的威廉对当时无休无止的关于"共相""本质"之类的争吵感到厌倦，于是著书立说，宣传只承认确实存在的东西，认为那些空洞无物的普遍性要领都是无用的累赘，应当被无情地"剃除"。他所主张的"思维经济原则"，概括起来就是"如无必要，勿增实体"，即简单有效原则。

算法同样应当遵循简单有效原则，如果能够通过传统时序算法和因果关系算法解决问题，就没有必要使用机器学习算法。否则不仅浪费算力，

还增加算法的解释成本。

因此，机器学习算法更多是应对复杂场景、不可解释场景，并且数据量级大（大数据）的场景的算法利器。因为有了大数据，机器学习算法与传统算法最大的区别就在于它可以通过大量数据集对建立的模型进行训练，从而不断提升算法的表现。

汤姆·米切尔（Tom Mitchell）曾经这样定义机器学习：对于某类任务 T（学习任务）和性能度量 P（损失函数），如果一个计算机程序在 T 上以 P 衡量的性能随着经验 E（机器学习所需要的数据）而自我完善，那么我们称这个计算机程序在从经验 E 中学习。

机器学习算法的种类繁多，在供应链上常用的包括回归算法、决策树、支持向量机、贝叶斯学习、集成学习（如随机森林）、深度学习（如神经网络）、强化学习等。考虑到本书不是机器学习算法的教科书，这里选择一些常用的机器学习算法举例说明。⊖

1. 线性回归算法⊖

例如，第一步，某商品的需求可以用模型表达为：

$$y = w_1 x_1 + w_2 x_2 + w_3 x_3 + \cdots + w_n x_n + \cdots + b$$

也可以简化表达为：

$$y = w^T x + b$$

式中，x 表示影响需求的因素，如价格水平、促销力度、缺货率；w 表示权重；b 为随机扰动；$w = (w_1, w_2, \cdots, w_n, \cdots)$；向量 w^T 表示向量 w 的转置。w 和 b 就是模型需要学习的参数。

第二步，通过最小二乘法求解模型参数。寻找最优的 w^T 和 b 的取值，使得模型最准确，即求解损失函数 $L = \sum_{i=1}^{m} [y^i - (w^T x^i + b)]^2$ 最小化时的 w^T 和 b 值。

第三步，模型效果评估。通过训练集来训练模型，寻找最优的 w^T 和 b

⊖ 周志华. 机器学习［M］. 北京：清华大学出版社，2016.
⊖ 为了便于理解，这里仅仅举了一个简化后的例子，实际的情况往往会更加复杂。

值。通过测试集即实际数据来测试模型的准确性。

第四步，给出某商品的价格水平、促销力度、缺货率，预测该商品的需求量。

2. 决策树算法

决策树是基于树结构来进行分类决策的，这是人类在面临决策问题时的一种十分自然的思维模式。举个例子（见图 3-8），如果我们要回答"顾客会购买什么奶粉"这样的问题，通常会进行一系列的判断或"子决策"。我们会先问"食用者的年龄段"，如果回答是"婴幼儿"，我们会再问"什么配方类型"，如果是"牛乳"，则我们再判断"倾向于什么产地"，如果是"中国"，我们再判断"喜欢什么品牌"，最后，我们做出最终的决策，即推荐什么样的奶粉给这位客户。

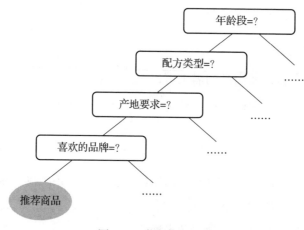

图 3-8　消费者决策树

这是一个消费者决策树（customer decision tree，CDT）的简单示例，而决策树算法就是通过给定的训练集来训练出一个模型用以对新示例进行分类。由于具备了分类决策的作用，决策树算法适合消费品的品类规划和新品预测场景，也适合供应链金融里的贷款风险评估场景等，还可以作为辅助算法叠加在其他算法的参数优化模型里。

3. 集成学习（含随机森林）

为了避免单一学习器存在的偏好和偏差问题，我们可以构建并结合多个学习器来完成学习任务，从而实现"博采众长"的作用，这就是集成学习（见图3-9）。集成学习可以用于分类问题集成、回归问题

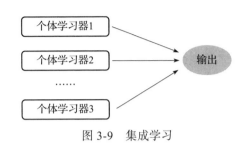

图 3-9　集成学习

集成、特征选取集成、异常点检测集成等，可以说所有的机器学习领域都可以看到集成学习的身影。

集成学习包含两个大类，分别是串行（boosting）和并行（bagging）。所谓串行，即个体学习器之间存在强依赖关系，必须串行生成；并行则相反，个体学习器之间不存在强依赖关系，可以并行生成。

如果我们把集成学习和决策树做一个结合，会发生什么有趣的化学反应呢？我们把并行和决策树结合，产生的算法叫随机森林（random forest），它强调的是单个数据集的独立性；我们把串行和决策树结合，产生的算法叫梯度提升决策树（gradient boosting decision tree，GBDT），每个学习器只能顺序生成。

4. 深度学习（如神经网络）

从理论上来说，参数越多的模型，复杂度越高、容量越大，更能够完成更复杂的学习任务。但实际上，复杂模型的训练效率低，容易陷入过拟合。大数据时代，训练数据的大幅增加可以降低过拟合风险，从而出现了以"深度学习"（deep learning）为代表的复杂模型。

> **小知识**
>
> 一个假设在训练数据上能够获得比其他假设更好的拟合，但是在训练数据外的数据集上却不能很好地拟合数据，此时认为这个假设出现了过拟合的现象。出现这种现象的主要原因是训练数据中存在噪声或者训练数据太少。

深度学习的概念源于人工神经网络的研究，含多个隐层的多层感知器就是一种深度学习结构（见图 3-10）。深度学习通过组合低层特征形成更加抽象的高层表示属性类别或特征，以发现数据的分布式特征表示。研究深度学习的动机在于建立模拟人脑进行分析学习的神经网络，它模仿人脑的机制来解释数据，例如图像、声音和文本等。

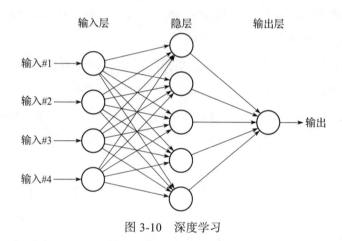

图 3-10　深度学习

以图片识别为例，需要根据一张图片来辨别这是人还是动物。神经网络的第一层可以比较相邻像素的亮度来识别边缘；第二层根据第一层的输入边缘信息，可以识别角或轮廓的边界集合；第三层可以根据第二层的输入来检测特定图像的整个部分。这其实是模拟了人类视觉的形成机制。

神经网络有两大应用：一个是卷积神经网络（convolutional neural network），多用于图片、视频等视觉类应用；另一个是循环神经网络（recurrent neural network），多用于语音语义和自然语言处理等应用。

深度学习在供应链领域中也有着非常广泛的应用，例如通过深度学习算法和时序分析、因果分析的结合，我们可以实现基线趋势、周期性趋势、季节性趋势以及其他因果影响因素的分解；再如通过深度学习算法和运筹学的结合，来对网络规划中的规划策略进行学习建模等。

随着人工智能的发展，机器学习的算法种类不断增加，应用场景也越来越丰富，这里限于篇幅，仅对比较常用的线性回归、决策树、集成学习、深度学习做简要介绍。对于大部分从事供应链管理的读者朋友来说，并不需要掌握机器学习里深奥的算法，只需要理解在什么场景下机器学习能够发挥最大的作用，帮助我们解决问题即可。

四、运筹优化算法

运筹学（operations research）是通过系统化的方式，借助数学建模寻求解决方案，支持并达成最优决策的学科。供应链上的运筹优化往往是在给定资源约束的场景下，通过运筹优化算法推荐的决策，实现最优化目标，例如最大化收益、最小化成本等。供应链上运用比较广泛的运筹学理论包括规划论（包括线性规划、非线性规划、整数规划、动态规划）、图论、排队论、博弈论、决策论和搜索论。

运筹优化在供应链上的应用场景非常多，包括库存优化、计划优化、网络规划、运输优化等。小到生产线上的排班，大到交通物流的网络规划，甚至是国民经济计划的优化分析，都有它的用武之地。在前面的案例中，伍思所遇到的问题就是一个典型的生产计划排程问题。那么，如何解决这样的问题呢？

简单地说，运筹优化算法是在给定的约束条件下，通过改变决策变量的取值，来寻找目标函数的最优化方案。在案例中，伍思通过已有的计划软件生成了主生产计划，这个计划需要进一步考虑生产制造过程中的工艺、质量、资源及产能等约束，考虑车间和车间的流程衔接问题，甚至对制造过程中的策略（如旺季交付优先策略、淡季成本优先策略等）等更深层次的问题进行最优化计算，并能够根据生产进度进行动态的优化。

在这些约束中，有些是硬性约束，例如质量、安全、工序的衔接、机器的最大产能等；有些是软性约束，例如订单交付顺序、劳动力资源等。对于硬性约束，我们可以比较容易地在模型中进行表达，但是对于软性约束，往往需要通过启发式算法，甚至结合深度学习来构建最优化策略模型。

解决这类问题的计划排产软件被称为 APS（advanced planning and scheduling）。从这个案例可以看出，一个真正适用于企业的 APS 往往需要在企业的实际应用场景中不断打磨训练，它需要我们的产品用户、流程专家、产品专家、算法专家、技术开发人员结合企业的流程特性以及大数据进行不断的迭代。

接下来，我们介绍几种常用的运筹优化模型。

1. 线性规划

线性规划（linear programming，LP）的特点是，目标函数是决策变量的线性函数。

举个例子：我们有两种不同的产品分别需要经过 A、B、C 其中的两道工序才能完成整个制造流程。已知每道工序对应每种产品的生产效率以及每种产品的利润率，同时知道每道工序的可用生产时间，我们需要决策如何安排生产才能使我们获得最大的利润（见表 3-1）。

表 3-1　生产排产情况表

工序	每批的生产时间（小时）		每周可用的生产时间（小时）
	产品 1	产品 2	
A	1	0	4
B	0	2	12
C	3	2	18
每批的利润（美元）	3 000	5 000	

我们假设 x_1 为产品 1 的生产数量，x_2 为产品 2 的生产数量，然后根据约束条件和目标函数进行建模。

目标函数　　　　　　　　　$\text{Max } Z = 3x_1 + 5x_2$

约束条件　　　　　　　　　$x_1 \leqslant 4$

　　　　　　　　　　　　　$2x_2 \leqslant 12$

　　　　　　　　　　　　　$3x_1 + 2x_2 \leqslant 18$

决策变量　　　　　　　　　$x_1 \geqslant 0, \ x_2 \geqslant 0$

最后求解得出最优解（x_1，x_2）=（2，6），与之对应的利润为 3.6 万美元。求解方式可以用图解法或单纯形法，这里不详细介绍。

2. 非线性规划

非线性规划指的是在目标函数或约束条件中包含了非线性关系。举例如下，目标函数为二次函数，因此是非线性关系。

目标函数　　　　　　　　$\text{Max } Z = 8x_1 - 6x_1^2 + 13x_2 - 2x_2^2$

约束条件　　　　　　　　　　$x_1 \leqslant 4$

　　　　　　　　　　　　　$2x_2 \leqslant 12$

　　　　　　　　　　　$3x_1 + 2x_2 \leqslant 18$

决策变量　　　　　　　　$x_1 \geqslant 0$，$x_2 \geqslant 0$

非线性规划主要包括无约束的优化问题、线性约束的优化问题、二次优化、凸优化、非凸优化等。

3. 整数规划和混合整数规划

整数规划是指规划中的变量（全部或部分）限制为整数的规划求解问题。它主要分为纯整数规划（所有决策变量均要求为整数）、混合整数规划（部分决策变量要求为整数）两类。主要求解方法为枚举法、分支定界法和分支—切割法等。

4. 动态规划

涉及连续决策的问题，都可以转换成一个动态规划问题。

举个例子，某旅行者从 s 地到 t 地，其间的道路系统如图 3-11 所示，图上的圆圈表示途径的节点，连接两地的线段表示道路，其上的数字表示该段道路的长度，箭头表示通行的方向。求解从 s 地到 t 地

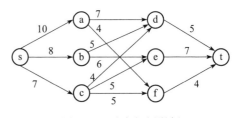

图 3-11　动态规划举例

的最短路径。

把一个问题看作一个前后关联具有链状结构的多阶段问题，可称为多阶段决策问题。在多阶段决策问题中，各个阶段采取的决策，一般来说是与时间有关的。决策依赖当前状态，又随即引起状态的转移，一个决策序列就是在变化的状态中产生出来的，故有"动态"的含义，我们称这种解决多阶段决策最优化问题的过程为动态规划方法。

动态规划问题也可以通过建模，表达成决策变量、目标函数和约束条件的形式，从而求解出最优解。

5. 启发式算法

启发式算法一般用于解决 NP 问题。NP 是指非确定性多项式（non-deterministic polynomial）。所谓的非确定性是指可用一定数量的运算去解决多项式时间内可解决的问题。

例如，著名的推销员旅行问题（traveling saleman problem，TSP）：假设一个推销员需要从香港出发，经过广州、北京、上海等 N 个城市，最后返回香港。任意两个城市之间都有飞机直达，但票价不等。假设公司只给报销 C 元钱，问是否存在一个行程安排，使得他能遍历所有城市，而且总的路费小于 C？

推销员旅行问题显然属于 NP 问题。因为如果任意给出一个行程安排，你可以很容易算出旅行总开销。但是，要想知道一条总路费小于 C 的行程是否存在，在最坏的情况下，必须检查所有可能的旅行安排，这将是个天文数字并且要消耗大量的计算资源。

启发式算法则让我们能够在牺牲一些求解精确度的条件下，提高求解的速度。百度百科对启发式算法的定义是：基于直观或者经验构造的算法，在可接受的开销（时间和空间）内给出待解决组合优化问题的一个可行解。

目前比较通用的启发式算法一般有模拟退火算法（SA）、遗传算法（GA）、蚁群算法（ACO）、人工神经网络（ANN）等。

到这里，我们对供应链上的四种常用算法——时间序列算法、因果关系算法、机器学习算法和运筹优化算法进行了简单的介绍。由于本书不是算法教科书，所以只是很简单地把这些算法和它们的应用场景做了介绍，对于大部门从事供应链管理工作的人士来说，了解这些知识已经足够。而对于那些精通算法的工程开发人员来说，要想在供应链上大展身手，反而需要更多地学习和思考算法在供应链运营、供应链产品中的应用。关于算法平台、算法产品的内容，我们将在后面的章节中做进一步的阐述。

本章小结

本章我们从技术的角度阐述了供应链从 OA 时代到 IT 时代、从 IT 时代到 DT 时代、从 DT 时代到 NT 时代，最后升级到 ET 时代的升级路径以及不同时代的特征和导向。现将本章要点归纳如下。

（1）信息化以单部门流程控制为导向，往往容易形成信息孤岛；数字化和网络化以跨组织协同为导向，强调的是数据共享和互联互通；智能化以科学决策为导向，运用的是算法智能和运筹仿真。

（2）有三大技术将成为供应链发展的核心驱动力，分别是云技术、人工智能和物联网。

（3）云技术是供应链可视化的最佳解决方案，因为通过云技术形成了数据网络，让我们可以看到真实的供应链；人工智能是供应链可感知的最佳解决方案，因为人工智能提供了数据决策，让我们能够感知供应链上的变化；物联网则是供应链可调节的最佳解决方案，通过物联网让虚拟网络和实体设施连接在了一起，让供应链具备了动态的调节能力。

（4）供应链因其为"链"，其数字化的前置依赖和复杂度非常高。忽视了这些前置依赖，从单点切入供应链数字化，往往是头痛医头、脚痛医脚。"天时、地利、人和，三者不得，虽胜有殃。"如果没有兼顾商业、流程、技术和人，如果没有对企业供应链形成整体的了解，如何敢贸然推进供应"链"的数字化？

（5）数据是供应链的基石，正是因为有了数据，供应链才有可能插上智慧的翅膀。为什么是有可能？因为单纯来说，数据只是生产资料，它就好比水电煤或者石油，自己并不具备生产力，只有通过合理的使用才能产生价值。如果说石油驱动了工业化时代的发展，那么大数据则驱动了信息化和智能化的发展。

（6）传统的 BI 并未触动和改动企业的底层及核心数据架构，因此 BI 工程师的工作，就像在原始森林里采摘果实，他们工作的好坏很大程度上取决于 BI 工程师的个人水平。但是 DI 类似于采用现代化的种植手段，从育种、耕种、施肥、除虫到采摘，进行全过程管理，这样不仅产出的果实质量有保证，也减少了对数据工程师个人能力的依赖。这从根本上改变了我们对于数据的理解和认识。

（7）数据平台建设的底层逻辑是"数据的四化"，即业务数据化、数据资产化、资产应用化和应用价值化。

（8）"数据统一"就是为了解决这个问题而产生的，它是数据平台最为核心的任务。综合来看，"数据统一"包含四个"一"，即身份统一、模型统一、治理统一、服务统一。

（9）一个真正智慧化的供应链体系，是端到端的、面向需求驱动的、可动态调节的供应链网络体系，它具备可视化、可感知、可调节的能力，能够帮助我们应对 VUCA 时代的种种不确定性。

（10）端到端也被称为全链路：企业在发展的过程中，往往会根据自身的需要上很多系统。虽然企业已经有了门店的 POS、仓库的 WMS，也有了配送运营的 TMS，但由于这些系统来自不同的供应商，系统和系统之间各自独立运行，形成了一个个信息孤岛。加之系统在搭建的时候，缺乏端到端的流程引导，那这些系统之间的配合少也就不足为怪了。

（11）传统的供应链往往采用推式供应链，以上游驱动为主。例如工厂往往以制造为驱动，追求制造效率最大化；再如仓储部门往往以仓为驱动，追求仓作业的效率最大化。但是，在市场波动愈发激烈、需求不确定性越来越高的今天，我们不仅需要考虑供应链内部的运营效率，更应该抬起头看看客户的真实需求在哪里。由单纯追求供应链内部效率最优，转变为面向市场需求的同时考虑供应链效率最优的模式。

（12）供应链不是完美世界，供应链上的需求每天都在变化，我们无法一次性将供应链上所有的环节串联并固定下来。因此，智慧供应链体系需要根据需求的变化对系统进行动态调整。

（13）供应链的网络协同形态众多，除了我们在前述案例中所提到的店仓配的网络协同，供应商端的 VMI、JIT 或 CPFR 协同，还有 C2M（拉动式）或者 M2C（推动式）的产销协同等。

（14）供应链上应用比较广泛的算法大致可以分为四类：时间序列算法、因果关系算法、机器学习算法和运筹优化算法。在应用方式上，算法大致可以分成两类：在线实时计算和离线仿真模拟，后者往往在算力方面有更高的要求。在实际使用过程中，结合不同场景以及场景的复杂度，我们往往需要对这些算法进行综合使用，甚至是融合使用。

（15）运筹学是通过系统化的方式，借助数学建模寻求解决方案，支持并达成最优决策的学科。供应链上的运筹优化往往是在给定资源约束的场景下，通过运筹优化算法推荐的决策，实现最优化目标，例如最大化收益、最小化成本等。供应链上运用比较广泛的运筹学理论包括规划论（包括线性规划、非线性规划、整数规划、动态规划）、图论、排队论、博弈论、决策论和搜索论。

战略篇总结

————

智慧供应链的搭建无法一蹴而就，好比万事万物都有其自身发展的规律，我们也需要遵循供应链升级的客观规律。

那么，它的规律是什么？

在战略篇里，围绕智慧供应链的升级路径，我们不惜花费大量的篇幅进行阐述，目的就是在战略层面上能够达成共识。这是一切的开始，方向对了，路就不会远！

从原始供应链到初级供应链，再到整合供应链、协同供应链，最后是智慧供应链，从技术的角度，它们分别对应电子化（OA 时代）、信息化（IT 时代）、数字化（DT 时代）、网络化（NT时代）以及智能化（ET 时代）。每个时代都有其显著的技术特征和标志的产品形态。

当然，仅靠技术驱动是不够的，还需要从商业和流程的角度进行架构，做到 BPT（business、process、technology）三者相互支撑、同步迭代，才能不断突破，从低层级向高层级逐步演进。

这个过程需要极大的耐心和投入，也十分考验管理层的战略定力。如果没有战略层高度一致的认同，仅靠中层的推动以及基层的创新，我们是无论如何也无法实现智慧供应链的梦想的！

架构篇

———

　　形而上者谓之道，形而下者谓之器。化而裁之谓之变，推而行之谓之通，举而错之天下之民谓之事业。

——姬昌《易经·系辞》

　　智慧供应链到底是怎样的？我们在战略篇里谈了很多形而上的概念，谈了很多"道"这个层面的东西。在架构篇里，我们需要更落地一些，更形而下一些，把"道"转换成"术"和"器"。这个"器"，最好是能够让读者拿来即用的兵器。当然，这仅仅是个美好的愿望。在供应链上，行业数不胜数，场景千变万化，很难有拿来即用的东西。

　　笔者更希望提供的是个兵器库，尽可能地把自己这些年在智慧供应链架构上的所思所行提炼出来，分门别类地陈列，摆在读者面前，供读者挑选使用。

　　在应用过程中，需要读者结合实际的应用场景，结合具体的目标方向，有所变通，并且能够化而裁之、推而行之。

　　笔者将这个兵器库称为"智慧供应链架构金字塔"（见图 P2-1）。

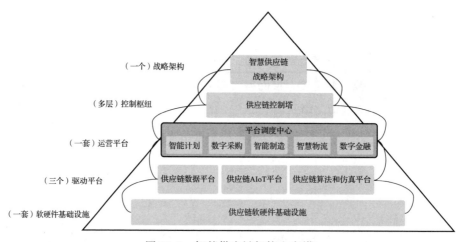

图 P2-1　智慧供应链架构金字塔

　　金字塔的最顶端是智慧供应链的战略架构，这部分我们在本书的战略篇里已经有非常详细的阐述，它是整个智慧供应链的大框架，为供应链转型升级指明了方向，也提供了路径。

　　金字塔的第二层是供应链的控制塔，它是一个多层次的控制枢纽。它为供应链提供了可视化、可感知、可调节的操作面板。之所以是多层次的，是因为它可以为公司管理高层到管理基层，基于不同的视角进行架构设计。

金字塔的第三层是供应链的运营平台，它是供应链上的执行系统。它与第四层驱动平台紧密交互，实现了供应链上端到端业务流程的智慧化运营。它通常包含但不仅限于：智能计划、数字采购、智能制造、智慧物流、数字金融。运营平台通过一个或多个彼此关联的平台调度中心进行端到端流程的串联及调度管理。在大多数情况下，我们以订单为维度，建设统一的订单管理中心，用以做端到端的流程串联和调度管理。也有些企业以计划为驱动，建设统一的计划管理中心，用以做端到端的流程串联和调度管理。

金字塔的第四层是供应链的三个最重要的驱动平台：数据平台、AIoT 平台、算法和仿真平台。数据平台打通了供应链上的信息孤岛，通过数据统一实现了数据的贯通；AIoT 平台打通了供应链与实体世界的连接，形成了智慧物联网络；算法和仿真平台集成了一系列可被调用的算法模型，用于辅助实现供应链的智能决策。

金字塔的底层是供应链的基础设施层。它可以是一个工厂、一个仓配中心、一个物流园区，也可以是一台设备、一辆配送车、一名员工，甚至可以到更细的颗粒度，例如一个货架储位、一个员工工时、一个地理位置。它是供应链上的一切未来需要被数字化的资源和要素。而这项要素和资源数字化的任务主要由供应链的运营平台来完成。

智慧供应链架构金字塔的每一层都相互关联。底层提供了资源和要素，通过运营平台进行连接，实现了业务的线上化运营；通过数据平台实现了运营产生的数据的标准化和贯通；通过 AIoT 平台实现了物理网络和虚拟网络的连接；通过算法平台实现了智能化决策；最后通过供应链控制塔实现了供应链的可视、可控和可靠运行。而这整体上又符合供应链的战略架构框架，为供应链支持商业战略达成提供了有力的保障。

智慧供应链架构金字塔不仅提供了一个兵器库，也提供了兵器的使用说明。读者可以因地制宜、因时制宜地加以使用。

第四章

如何搭建智慧供应链的运营平台

架构统一 高效运营

毫不夸张地说，时至今日，大部分中国企业，其供应链的运营依然大量在线下，例如供应商的生命周期管理、生产线的排产、仓库内的作业管理、物流商的运营管理等。

这些线下的运营操作，效率低下不说，还常常"藏污纳垢"，存在许多运营黑洞。为此，站在智慧供应链架构的角度来说，企业需要逐步构建起一套符合自身运营和发展需要的"供应链运营平台"。

第一节 供应链运营平台 vs. 供应链中台：
中台架构不是万能的

笔者之所以在本书中较少使用"中台"的概念，取而代之地使用了"平台"的概念，是因为这两者存在着一定的差异，我们先通过一个案例来详细阐述。

阿里巴巴的中台架构[一]

案例

　　提到中台，大家一定会想到中台概念的践行者阿里巴巴。2015年，阿里巴巴高管团队拜访了位于芬兰赫尔辛基的移动游戏公司Supercell。Supercell当时号称世界上最成功的移动游戏公司，旗下拥有《部落冲突》《皇室战争》《海岛奇兵》和《卡通农场》这四款超级现象级产品。这家2021年估值达110亿美元的公司，员工数不超过200人，每一名员工人均贡献的估值超过3.54亿元。

　　Supercell的成功很大原因就在于其高效的"cell"（细胞）组织策略。Supercell仅有的100多人，被划归为前台和中台组织。前台由多个小组组成，每个小组虽然人数不多，通常2～5人，但都包含了做一款游戏需要的所有人才。这样做的好处是可以快速决策、研发，并把产品推向市场。而游戏引擎、服务器等后台基础设施、基础软件则由中台组织来进行开发、维护和迭代。这样做的好处是可以集中资源，降低成本，同时提高系统的复用性。

　　Supercell的模式给前去参观的阿里巴巴高管很大的震撼，在大家反复的心得交流和讨论中，一个非常重要的问题引起了很多人的反思：信息时代的公司架构到底应该是怎样的？正是有了这次拜访，阿里巴巴的领导层才真正有了足够的决心要对组织架构进行调整。在此次拜访半年后，阿里巴巴集团CEO发出内部邮件，宣布组织架构全面升级，建设整合阿里巴巴产品技术和数据能力的强大中台，组建"大中台，小前台"的组织和业务体制。由此可见，中台不仅是一种技术实现方式，更是一种组织和业务体制。阿里巴巴将"中台战略"形象地比喻成"陆海空三军立体化协同作战"。

　　[一]　参考文章《终于有人把中台说清楚了》，来自微信公众号"边缘计算社区"。

业务中台为前台业务提供可复用的基础产品能力，甚至是开箱即用的产品，例如用户中心、交易中心、商品中心等；数据中台通过 One Data 数据统一框架，为前台业务提供数据存储、数据处理和数据应用服务；算法中台为业务中台提供已经封装好的算法服务，随时可被调用（见图 4-1）。

图 4-1   阿里巴巴中台架构

正是因为有了中台和前台结合的架构体系，在阿里巴巴的业务体系里，不仅成功孵化了淘宝、天猫、同城零售、天猫国际、速卖通、零售通、闲鱼等一系列业务，也稳定地支撑了多年来的"双 11"大促。

读者可能会问，在这张图片中，为什么没有供应链中台。这和阿里巴巴的业务发展历史有关。阿里巴巴电商业务早期在建设的时候更多是围绕流量来做的，电商形态也较为单一，主要是 B2C 和 B2B（见图 4-2）。其电商业务中台的核心功能模块主要围绕用户、交易和商品运作。供应链的复杂度不高，基本都是由商家自己找仓库，自己找快递来管理供应链。因此，在早期的业务中台架构中，只有简单的面向交易的库存中心和面向配送时效表达的履约服务中心。

但是，伴随着阿里巴巴业务的快速发展，阿里巴巴成立了菜鸟，专门为前台业务以及平台商家提供物流相关的服务，如仓储、配送，以及一些物流规划、物流软硬件的服务。同时，阿里巴巴内部也孵化了一些强控货的业务，如天猫国际自营业务、天猫超市自营业务、天猫消费电子入仓强控货业务、零售通类自营业务、速卖通自营业务、盒马自营业务等。业务模式也从简单的 B2B/B2C 延伸为 B2B2C、O2O、M2C、C2M、CKB（这里的 K 指的是 KOL/KOC，即关键意见领袖 / 关键意见消费者，例如网红大 V 等）。

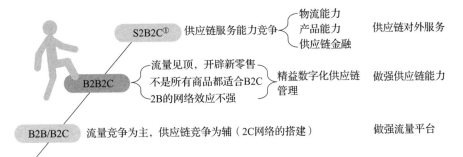

图 4-2　阿里巴巴的数字供应链发展路径

①简称 SBC，这里的 S 指的是供应链平台化服务。

由于这些业务对供应链管理的要求和复杂度较高，原有业务中台的架构已经无法承载业务发展的需要。公司决定组建供应链中台事业部（后更名为 DChain 数字供应链事业部），并从内外部吸引了大量供应链相关的专业人士加入，为集团打造统一的数字供应链中台。

笔者曾有幸作为阿里巴巴供应链中台的产品负责人，参与了阿里巴巴数字供应链中台的大规模建设过程。在这个过程中，我们打造了一套可被复用的供应链中台产品，支持的业务超过 25 项。其中，最为典型的案例就是在 2020 年年初新冠肺炎疫情暴发时，供应链中台与前台业务及产品技术团队一起，在 4 个月内以远程居家办公方式，搭建了淘宝特价版的供应链流程和产品，有效地支持了该业务的快速上线跑通。

如今，经过多年的磨砺，阿里巴巴的供应链中台体系已经服务了包括快消、服饰、生鲜、家居、汽车、健康等众多类目，打造了国内国际的物流网络基础设施，不仅服务了阿里巴巴集团体系内的业务，还服务了大量的外部商家、合作伙伴，甚至是和公司业务毫无关联的传统制造企业、物流企业、商贸企业等多个非零售类企业。阿里巴巴的供应链正朝着曾鸣教授曾经畅想的 S2B2C 的模式大踏步向前。

通过这个案例，我们可以看到：中台的目的是支持多种业务形态，通过一个中心化的产品底层平台，让前台业务在此基础上能够快速搭建适合各自业务发展的上层应用，实现"中台 + 前台"的架构。它其实是产品平台的一种实现方式，同时也是一种组织方式，适用于业务多元化的企业集团。

当然，对于这种业务形态多元化的企业集团来说，既可以采用中心化建设的产品平台，也可以采用分散式建设的产品平台，这取决于多元化业务之间底层能力可复用程度的高低。例如，某企业集团的业务单元虽然分成了家电、快消品和服饰三个大类，但这些都是消费品业务，底层逻辑相似，可复用程度高，采用这种大中台的方式进行集约化产品建设可以大幅缩短建设周期和降低建设成本。另一家企业集团的业务则横跨了化工、消费品以及地产行业，业务差异大，关联性不高，就不适合这种架构模式。

当然，即便采用了"中台 + 前台"的架构模式，这些年围绕着中台应该做薄还是做厚依然有非常多的讨论（见图 4-3）。这里所谓的"厚中台"和"薄中台"是相对的，它指的是中台产品和前台产品之间的切分问题。中台如果做得比较厚，可以把偏业务应用层面的流程都囊括进去，做到极致就是连前台的应用端面都由中台统一建设。反之，中台如果做得比较薄，则通常只建设基础能力，并通过开放底层服务的接口或配置工具给业务前台进行业务应用的自主搭建或者配置。如果前台业务选择不用中台的能力，则从基础能力到应用端面都需要完全自主建设。

关于"厚薄中台"的讨论，本质上可以从产品和组织两个层面上来理解。

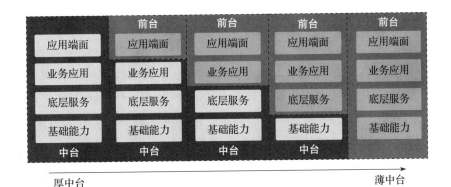

图 4-3　厚中台和薄中台

　　从产品层面上来看，集约化的中台是对多项业务的共性诉求进行抽象后，将高度一致的、稳定的部分抽取出来放在中台来建设，而将个性化的部分留给前台自己来建设。如果中台对业务流程抽象得好，可就前台业务的新需求快速地进行搭建和配置，不涉及中台底层能力的修改。但是假如中台对业务流程抽象得不够充分，前台业务的新需求往往会击穿中台的底层能力，迫使中台对底层系统进行改造，这种改造往往牵一发而动全身，还有可能对共用同一底层能力的其他业务造成影响。

　　可能有人会说，只要中台在产品抽象方面做得足够好就可以避免出现这类问题。逻辑上是如此，但实际上前台业务发展的速度是非常快的，可能中台去年刚刚完成的业务逻辑抽象，今年就不适应业务新的发展需求了。因此实际的情况是，伴随着业务形态的丰富、业务种类的增加，中台的产品会变得越来越复杂，中台也会越做越重。尤其是对于供应链中台的产品来说，流程和流程之间的关联度极高，系统和系统之间的依赖度极高，这和偏营销类的流程关联度较低的中台产品架构有着显著的区别。

　　从组织的层面上来看，前台业务在市场竞争中需要快速调整，通过不断变化来适应市场需求，但是"小前台＋大中台"的组织方式导致前台业务的需求很难得到中台团队的快速响应，前台业务在巨大的市场压力之下提出"抛弃中台、自建系统"的诉求也就不足为怪了。

为了解决这个问题，很多企业会通过"内部财务预算＋成本分摊"的方式来协调这一矛盾，也就是让前台业务手握预算，自主决定是采用由中台建设进而分摊建设成本的方式，还是采用完全自主建设而由自己承担全部费用的方式。这种内部市场化定价和交易的方式虽然未必能完全解决这一问题，但确实对双方都有一定的好处。中台方可以通过更好的系统抽象，通过压缩开发成本提高交付质量的方式，让前台业务主动地选择自己。而前台业务可以根据业务的发展和自己的需要，选择将资金投给中台还是投给自己的产品技术团队，甚至采用外购的方式来建设产品。

以上我们重点谈了中台的概念，它是一种适用于多元业务形态的产品平台架构方式和组织方式，是产品平台的一种。那么，对于大部分业务形态比较单一的企业来说，只需要围绕单一业务构建单一的产品平台即可。之所以称其为"产品平台"而不是"产品"，是因为平台包含了多个具有不同功能、不同用途但彼此之间又相互关联的产品。

我们这里所指的供应链运营平台，就是站在平台的角度来定义的，中台只是其实现或组织的一种方式。

那么，供应链运营平台如何进行架构呢？这里有两种方式。

第一种是大多数企业今天的架构。企业根据不同部门的需要，以外购或者自建的方式，一个模块一个模块地、一个系统一个系统地搭建供应链的产品体系。这样做的优势是比较灵活，也符合企业的发展规律：从最早大而全、粗而浅的 ERP，到逐个业务板块的系统搭建，不需要推倒重来。但这样做的缺点也是非常明显的，每个系统由不同的供应商或不同的部门根据自己的需要独立建设，相互关联性较差或者甚至没有关联。每个系统都有各自独立的登录权限，数据打通难度大，形成了一个个独立的烟囱和数据孤岛（见图 4-4）。

这种多系统烟囱式产品体系在 IT 时代非常典型，但我们不能因噎废食，仍然需要在此基础上寻求为企业架构一套统一的供应链运营平台的解决方案，否则是无法帮助企业从 IT 时代升级到 DT 时代乃至 NT 时代的。

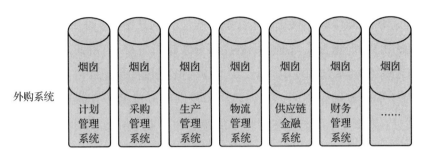

外购系统

图 4-4　外购系统所形成的烟囱

　　笔者给出的解决方案是"移花接木法"（见图 4-5），即保留多系统的管理功能，搭建供应链数据平台和供应链运营平台（供应链运营平台由平台调度中心和多系统层组成），具体操作如下：第一，对供应链上的核心基础要素进行抽象和定义，建立统一的供应链运营平台的平台调度中心，包含订单执行（订单任务、执行单据）、库存、网络、货品、供应商、客户、合同、计费等基础要素模型的建立。第二，保留原有多系统的管理功能，形成供应链运营平台的多系统层，但将原有的多系统的底层要素都迁移或关联到新建立的基础要素层上进行统一管理。第三，供应链数据平台负责将供应链运营平台的平台调度中心和多系统层的数据进行关联匹配，确保数据的一致性。

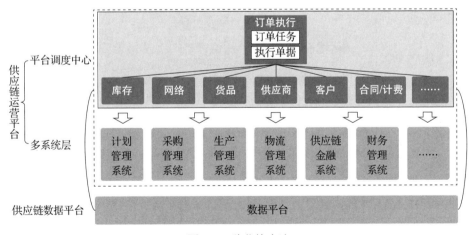

图 4-5　移花接木法

　　这一系列操作好比移花接木，断骨再生，取其精华，去其糟粕。保留原有多系统的管理能力，但把它们的底层要素进行标准化重构，迁移或者关联到一个跨系统的平台调度中心上，从而解决多系统的烟囱和数据孤岛的问题。

　　对于平台调度中心的形态和功能，我们可以根据企业的需求进行架构，但一定是基于"跨系统、端到端"的逻辑进行搭建的。具体来说，平台调度中心通过订单执行模块（由订单任务层和执行单据层组成）把端到端的供应链流程（如采购、生产、物流、销售交付等）分解成一个个相互关联的订单任务，并通过执行单据进行记录。而这些执行单据能够将货品、网络、供应商、客户、合同等基础要素关联起来，从而驱动供应链的相关模块如库存、计费等进行计算。

　　订单执行模块包含销售订单子模块、采购订单子模块、生产订单子模块、物流订单子模块等。它们之间的关联，在业务架构上取决于供应链的驱动模式（如订单驱动、库存驱动等），即供应链的推拉结合模式的选择；在产品架构上，通常通过单据的匹配关系进行对应。

　　供应链运营平台的第二种架构方式是"涅槃重生法"（见图 4-6），即如果原来有多个系统，则将原有的多系统废弃，重新建设一个供应链运营平台；如果原来没有系统，则从 0 到 1 搭建一个全新的供应链运营平台。

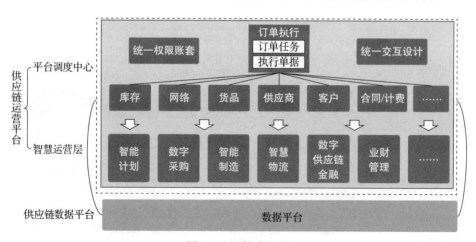

图 4-6　涅槃重生法

具体来看：

第一，与"移花接木法"类似，我们对供应链上的核心基础要素进行抽象和定义，建立统一的供应链运营平台的平台调度中心，包含订单执行（订单任务、执行单据）、库存、网络、货品、供应商、客户、合同、计费等基础要素模型的建立，这些都是供应链上最核心、最稳定的基础要素模型。

第二，在平台调度中心之上，我们可以根据业务的需求，根据智慧供应链的目标，搭建智慧运营层，它由不同的模块组成，如智能计划、数字采购、智能制造、智慧物流、数字供应链金融、业财管理等。由于底层共享基础模型，这些上层应用往往可以根据业务需要进行跨部门的架构，例如一盘货模式，即无论是来自线上还是线下的订单，无论是来自关键客户、深度分销还是批发的订单，都可以实现库存的统一调度和分配。这需要在智慧运营层的智能计划、数字采购、智慧物流等模块与平台调度中心的订单执行、库存、网络、货品、供应商、客户、合同、计费等模块进行跨模块的流程打通，如果底层的模型不统一，难度和复杂度可想而知。

第三，搭建统一的权限账套体系和统一的交互设计体系，从登录退出、权限管理、任务消息管理、产品交互界面等各方面给用户提供一致的体验。前面所讲的中台的产品架构，由于要服务多个业务线，因此通常都会采用这种权限和交互统一的架构方式。

当然，"涅槃重生法"也有其缺点：由于需要对企业原有的系统整体进行重建，因此成本很高，周期也比较长。企业需要培养和建设一支既懂产品又懂业务的专业产品技术团队，抑或是借助外部能够提供定制化供应链解决方案的提供商，以长期战略合作的方式逐年搭建。综合来看，只有对供应链数字化有强烈诉求，并且有一定规模的企业才有能力去架构这样的平台。当然，也有很多早期创业的云原生 2B 类企业，从一开始就采用这种架构模式搭建自己的企业系统平台，中间也包含了供应链运营平台。

看到这里，相信有不少读者可能会疑惑："这样的架构和传统的 ERP 有什么区别？""我们才把传统的 ERP 进行拆解，让 ERP 成为核心的财务系统，其他相关的专业模块如采购、供应商、计划、物流等由专业的外部系统来构建。现在看上去岂不是又要建立一个大而全的 ERP？"

的确，粗略来看，传统 ERP 在架构上也拥有统一的底层模型，在其上构建不同的业务应用。但是应用过传统 ERP 的企业都有同感：系统僵化，底层代码不开放，二次开发成本高；各个模块都是以功能套件的方式叠加在原有系统之上，类似搭俄罗斯方块，虽然房子能搭建起来，但因为缺少榫卯连接，很不牢固；迭代和维护的成本高，每次升级都需要付出巨大的代价。

因此，在 DT 时代，我们在搭建统一的供应链运营平台时，都是以新一代的"云原生"的技术架构为基础。它可以通过微服务和容器化架构，实现持续集成和持续交付。同时，最重要的一点是，在这个供应链复杂度如此之高、变化如此之快的时代，"云原生"技术让我们真正享受到"云计算"给我们带来的丰富数据和算力，以及无限的拓展空间。

扩展阅读

"云原生"会带来供应链系统的重构吗

云原生的时代即将来临！

根据 2022 年 3 月由火山引擎联合 IDC 发布的主题为"原生云应用，企业创新路"的云原生白皮书，采用云原生技术的中国企业已有近 50% 将云原生技术应用到生产环境的核心系统和次核心系统，83% 的企业未来两年将加大对云原生的投入。由此可见，科技将会一如既往地以迅雷不及掩耳之势改变这个世界，也改变我们。

那么，对于供应链管理者而言，这意味着什么呢？我们不妨拿一个典型的业务场景来举例。

在一家供应链管理相对成熟的全球化公司里，供应链管理人员往往要面对多套软件系统。有基础 ERP 系统（SAP、Oracle 等）、计划系统（如 JDA、SAP APO 套件等）、制造执行系统（MES）、供应商关系管理系统（SRM）、仓储管理系统（WMS）、运输管理系统（TMS）等。

这些系统之间有的打通了，有的依旧靠线下 Excel 导入导出的方式进行交互，系统和系统之间存在着严重的"谷仓效应"。为了解决这些问题，跨国企业或者集团企业的 IT 架构经历了从单机到分布式再到云计算的转变。

对于传统企业而言，这种转变往往是渐进式的，而不是跳跃式的。渐进式意味着修修补补，老的系统不好用了，打个补丁继续用，或者索性换个新系统。但企业的信息系统，尤其是供应链管理的系统往往盘根错节、相互关联。这就好比一个城市的下水道管网，哪里破了我们修哪里，修不了的就换根管子，但整个城市的下水道管网不会因为某些管子换掉而发生根本性的改变。

相反，大部分互联网企业从诞生开始就长在云端，无论是系统架构、开发方式，还是整个软件的生命周期都是基于云的特点进行设计的。原生在云，这就是"云原生"（cloud native）这个名词的来源。

但是，云原生并非专属于互联网企业，它代表着一系列最前沿的软件技术和工具，例如 Docker、Kubernetes、微服务、Serverless、Sidecar 等。

理论上，这些技术和工具可以被运用于任何企业，包括传统企业，只要企业有足够的推动力进行基于"云原生"的变革。但这种变革并不仅仅等同于系统变革，更是组织和文化的变革！这是因为云原生所代表的也是一种理念，它不仅是软件系统的设计理念，更是一种企业文化和管理的理念，适用于面向未来数字化、信息化的所有企业。

梅尔文·康威（Melvin Conway）提出了著名的康威定律：设计系统的组织，其产生的设计等同于组织之内、组织之间的沟通结构。通俗点来说，即便你认同"云原生"的架构，但没有匹配相应的组织设计，最终所设计出来的软件产品必然无法达到理想的目标。

笔者在《供应链架构师：从战略到运营》一书中曾经谈到过一个PPT原则，即people、process、tool。优秀的IT软件系统一定充分考虑了人、流程、工具三者的交互关联关系，而不只是一个冷冰冰的系统工具。

那么，按照云原生理念和方法所搭建的企业信息系统架构具备什么特点呢？

（1）支持业务的高爆发[⊖]模式：VUCA时代，业务面对内外部的高度不确定性。例如，突如其来的新型冠状病毒，以及复杂多变的国际形势给我们带来了巨大的挑战。生意的规模多变成了常态。我们需要更加弹性地支持业务体量的变化。云原生的架构源于互联网企业，而互联网企业在面对"6·18""双11"这样的高爆发场景，打造出来的体系具备极强的弹性，支持高并发、高可用、一致性。

（2）具备极强的拓展性：供应链的业务变化速度很快，往往上了一个新的系统，但过了几年甚至几个月又跟不上业务的变化了。传统软件的迭代周期慢，系统耦合度高，每一次迭代都需要企业付出高额的成本。而基于云原生所构建的系统则具备低耦合、高内聚的特点，能够支持功能的弹性拓展。

（3）交付过程业务无/零感知：很多供应链管理人员都有过软件系统变更、升级、迁移的痛苦经历。云原生所倡导的持续集成、持续交付、持续部署的能力，能够在客户无感知的情况下做到代码的自动测试、环境的自动部署，并且支持频繁部署和版本控制。

（4）数据的横向打通：供应链上的谷仓效应导致业务数据分散在不同的系统中，数据的一致性和可用性受到了极大的挑战。供应链管理人员常常被淹没在数据的海洋中无法呼吸。基于云原生的数据

　　⊖　销量在短时间内以百倍千倍爆发增长。

库技术可以实现所谓的 DBaaS（data base-as-a-service，数据库即服务）。在 DBaaS 的场景下，用户可以向 DBaaS 平台申请数据库资源、数据服务，而不需要关心数据库的安装部署及运维问题。

既然云原生能够给我们带来这么多的好处，我们不妨再稍微展开来聊聊云原生的一些基本知识和概念。限于篇幅，我们可以简单地用一个公式来表达：

$$云原生 = 微服务 + 容器化 + DevOps + 持续交付$$

为了便于理解，我们用一张结合了 Docker 和 Kubernetes 的图片，并通过一个大家熟知的"海运"的场景来阐述这个公式的含义（见图 4-7）。

假设我们有一台巨大的设备（传统的软件系统）——重型起重机。我们需要把它从中国上海通过海运的方式运到美国纽约，我们会怎么做？

图 4-7 通过"海运"来形象化理解云原生

我们会把这台设备拆解为一个个零部件或者组件（微服务），然后将它们装进标准的集装箱里（容器化），通过货柜船将它们从中国运到美国。为了提高轮船的装载效率，我们的管理运营（DevOps）人员会在中途停靠几个港口，捎带上别的企业的货物（持续交付），最终抵达纽约。

故事讲完了，我们再用软件工程的语言讲一遍：不同于传统软件系统的高耦合、单体式架构，云原生将软件拆分为一个个可以进行组装的微服务，通过容器化对这些微服务进行标准的环境配置和灵活的组装管理，同时结合 DevOps 的开发运维工具，实现快速持续交付的能力。

希望通过这个通俗易懂的故事，帮助大家理解微服务、容器化、DevOps、持续交付这几个核心概念。

当然，云原生的思想、工具和方法远比这个故事复杂得多。作为供应链管理人员，我们其实并不需要了解太多的技术细节，而应当重点关注技术的发展趋势，背后的管理、理念、组织以及文化的内涵。

本节结尾处我们借用这张著名的组织关系图（见图 4-8），告诉大家：什么样的团队，产生什么样的架构！云原生的发展，会给我们和这个时代带来什么样的新型组织架构和企业文化，让我们拭目以待吧！

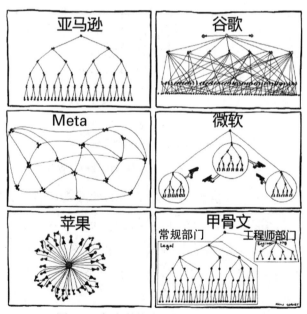

图 4-8　各大科技公司的"组织架构"

第二节 智能计划：需求驱动的一体化计划体系

智能计划在智慧供应链架构金字塔中的位置，如图 4-9 所示。

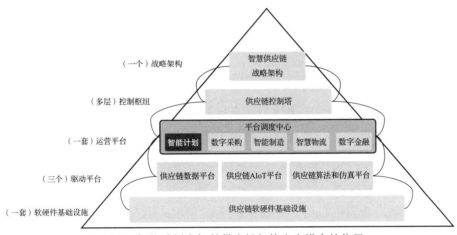

图 4-9 智能计划在智慧供应链架构金字塔中的位置

供应链计划到底是谁的计划

案例

张翔虽然是公司计划部门的负责人，但做了这么多年的计划工作，他内心深处一直有一些疑问没有得到很好的解答。例如，供应链上到底有多少种计划？哪些是计划部门该管的，哪些是计划部门不该管的？

这也怪不得张翔，公司里每个部门都有一套自己的计划：财务计划、销售计划、生产计划、物流计划、采购计划，大家各做各的，彼此互不关联。公司是典型的生产制造企业，因此在这么多的计划中，张翔只负责主生产计划，其余的例如销售计划由公司总经理和财务总监亲自制订，物流计划由物流总监负责等。

但是，让张翔苦不堪言的是，虽然大家各自都有一本账，最多拿张翔的计划做做参考，但秋后算账的时候，大家总是抱怨张翔的计划做得不准，比如缺少市场预测，缺少跨部门联动，只关心制造计划的达成情况……张翔是一肚子苦水，有口难辩！他希望公司的各个计划能够相互联动起来，自己能够真正成为负责整体供应链计划的"总计划部"，张翔的想法靠谱吗？

计划工作的一个难点，就是如何对数字进行不同维度的拆解、转换或合并，让不同的人有相同的解读。

举例来说，在企业内部，同样是销售预测，在财务部门眼里是销售金额，在市场部门眼里可能是销量，在电商部门眼里可能是流量，在生产部门眼里可能是批量，在物流部门眼里可能就变成了体积或重量……每个职能的视角不同，对于相同数字（销售目标）的解读就会发生偏差。有的颗粒度粗，有的颗粒度细，换算的单位也会有所不同。

假如跳出企业的范畴，站在供应链的角度，也存在类似的问题。还是以销售预测为例，对于门店来说可能是 SKU，对于批发商来说可能是整箱量，对于运输商来说可能是整货柜量，对于供应商来说可能是转换后的材料的数量、重量或者是别的围绕不同材料属性的计量……供应链上的不同节点，其视角自然会有所不同。

如何解决这个问题？有的人可能会说，把拆解和转换的工作全权交给各个部门或者供应链上的合作伙伴，不就化繁为简、既省事又轻松了吗？事实果真如此吗？

我们先来看看计划职能里通常都有哪些模块，为了方便理解，我们尝试将计划模块分为内部（企业）和外部（合作伙伴）计划两个类型。内部计划，如财务计划、销售计划、营销计划、采购计划、生产计划、物流计划、库存计划等；外部计划，如客户的采购计划、供应商的销售计划、第三方的运输配送计划等。

这些不同类型的计划，其拆解和转换涉及不同的职能部门、不同的合作伙伴、大量的运算，以及对每个模块业务的充分理解，如果都由供应链计划部门来完成，那将会是一项不可能完成的任务。

但是，如果只是简单地将计划工作移交给别人来完成，表面上看上去很容易操作，实际上是将复杂推给了别人，把问题留给了自己。最终谁将对偏差买单呢，显然还是自己！那么，正确的做法是什么呢？

首先，需要构建计划之间的"连接器"。

无论是内部还是外部计划，计划与计划之间都是相互关联、密切配合的。这种关联有可能是不同层级的，有上一层计划才会有下一层计划，例如财务计划和销售计划；也有可能是同层级的，例如需求计划和供应计划。

无视这种关联性，将导致计划之间缺乏协调、计划数字之间产生矛盾。因此，我们需要清晰地构建计划之间的关联性，将一个个独立的计划有机地串起来。

在这些相互关联的计划之中，我们需要重点关注两个主要的协同计划，它们是我们内外协同的主线：一个是内部协同计划，例如 S&OP；另一个是外部协同计划，例如 CPFR。通过内外协同计划，我们可以把前述计划串起来，形成一个有机的整体，形成唯一的共识计划数据，并让信息在这个有机体里顺畅地流动。

其次，需要构建计划之间的"转换器"。

每个计划职能都有其对应的输入和输出，这些输入和输出就好比我们架设的自来水管道，有进水口和出水口，有的粗，有的细，有的需要过滤，有的可以直接饮用。为了更好地适配各种类型的计划模块，作为计划管理者，我们需要搭设连接计划的"转换器"。

如果我们只是底层计划的管理者，更侧重于执行而不是协同，那么我们通常只需要把连接上下游的"转换器"搭建好即可。但是，如果我们是负责高阶计划或协同计划的管理者，则需要对全链路的计划设置"转换器"，与相关计划管理者确定好计划拆解、转换和合并的逻辑，并尽最大可能通过 IT 系统将其固化，以减少协同计划的工作量。

另外，这个计划数字的转换过程也会被运用在计划和预测的"what-if"假设分析中。例如，假设本月会有 5000 万元的销售额，将其拆解到配送计划，本月则会有约 10 万单的配送量，运力恰好能满足；拆解到仓储计划，会有约 3 万平方米的仓容需求，会有爆仓风险；拆解到生产计划，需要生产 30 万个产品，补充招聘 200 个作业员……经过模拟，我们得出结论，因为投入成本过高导致无法取得盈亏平衡，我们需要将销售目标下调至 4000 万元，重新拆解模拟计算一遍，以确保利润目标的达成。

这种反复计算和验证的过程就是 "what-if" 的假设分析，在计划管理中十分常见。如果没有前述的 "连接器" 和 "转换器"，整个过程就好比盲人摸象，只见树木不见森林，运算的结果与实际情况会有很大的偏差。

最后，需要构建计划之间的 "调节器"。

计划和预测不可能是一成不变的，哪怕是拥有最先进算法的软件，或是最有经验的计划员，都不可能用一套放之四海皆准的 "连接器" 和 "转换器" 来面对所有的计划场景。因此，我们需要搭建计划的 "调节器"。

计划的调节器，是通过实时的数据监控，对计划执行的效果进行转换、汇总、分析、调整和重新分拆。

不同的计划模块有不同的计划颗粒度和计量单位，在计划执行过程中，局部的偏差可能会对全局造成影响，这时候我们就需要通过前面提及的连接器和转换器进行转换和汇总，并在不同的计划层级上对差异部分进行分析，在此基础上对总体计划进行调整，重新分解、分拆、传递到各个模块进行执行。

优秀的 "调节器" 具备实时监控、周期调整的能力。实时监控确保了对计划执行效果的掌控，而周期调整避免了频繁变动对计划体系所造成的不必要的冲击，能够将计划本身产生的波动降到最低程度。

计划工作是供应链管理中最复杂、最细致也是最有技术含量的工作之一，在数字的分分合合中，确保数字的一致性、计划的准确性、供应链的协调性、计划变动的灵活性，对计划体系和计划管理提出了极高的要求。唯有通过构建合适的 "连接器" "转换器" 和 "调节器"，才能将供应链上纷繁复杂的计划模块连接起来，形成一个有机的整体，最终让所有人都能够以各自不同的视角面对整齐划一的计划体系。

那么，如何架构一体化的智能计划产品，从而实现"连接器""转换器"和"调节器"的功能？我们以一家典型的家电制造型企业为例，来看看如何搭建其"一体化智能计划产品"（见图 4-10）。

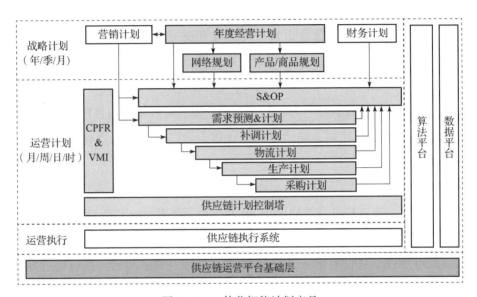

图 4-10　一体化智能计划产品

一体化智能计划首先搭建在本章第一节中所阐述的供应链运营平台的基础层之上，因此可以使用标准化的库存、网络、货品、供应商底层模型所产生的数据，从而保证数据的一致性。

我们把一体化智能计划分成战略计划和运营计划两部分。

战略计划周期长，通常以年或半年为周期进行计划，并可以展开到季度和月度维度视角进行查看和跟踪。战略计划的核心是经营计划，它确定了公司最高管理层面上的年度/半年度经营目标。在经营计划制订过程中，需要协调年度/半年度财务计划、营销计划以及供应链计划。这里的供应链计划，涵盖了管理层给供应链设定的供应链成本、周转、缺货率等目标。

　　根据这些目标，供应链部门需要做两件非常重要的事情：一是通过网络规划，确定公司层面上从供应商到制造工厂，一直到成品仓配网络和销售终端的端到端供应链网络的合理性；二是配合产品研发部门，共同确定新商品的规划上市和老产品的退市节奏。这些都属于相对偏中长期的计划，计划的颗粒度通常只到产品线或核心产品。

　　运营计划周期短，通常以月、周为周期进行计划，根据需要可以展开到天，甚至某些偏执行的计划如生产排程可以到小时级别。运营计划的核心是 S&OP 和 CPFR。

　　S&OP 起到了承上启下的作用，向上承接了经营计划的目标，向下拉通了需求预测和需求计划、补货和调拨计划、物流计划、生产计划和采购计划，从而实现了内部计划的一致性。

　　CPFR 和 VMI（vendor managed inventory）用于与核心客户及核心供应商进行计划、预测和补货的协同[⊖]，从而确保了外部计划的一致性。

　　运营计划最后下发到计划执行系统，为了确保计划从战略到运营再到执行的可靠性，我们在"一体化智能计划产品"中也架构了供应链计划控制塔。它是多层次供应链控制枢纽的一部分，主要用于监控计划的准确性，以及从计划到执行的效果，对于存在问题的部分进行归因分析，并产出指导意见用于人工或系统对计划进行修正。

　　在产品体系中，我们也连接了算法平台和数据平台。算法平台为体系提供了可被调用的算法模型以及算力支持；数据平台主要用于外部数据集成和内部数据统一。

　　智慧供应链强调需求驱动（见图 4-11），因此我们在整个计划体系中特别强调三点：一是通过大数据和算法的能力进行长、中、短期的计划预测和推演，提升对需求的感知力；二是尽可能从末端向上游做计划，从而减少牛鞭效应，即从靠近末端的需求计划做起，从成品的需求计划做起，然后逐步推导和推演到生产计划，最后才是原材料的采购计划；三是当末

端需求过于分散、波动过于剧烈时，我们可以适当向上拉高一个维度（时间、空间、量级）进行预测和计划，例如从"按日"拉高到"按周"编排计划，从"分仓计划"拉高到"总仓计划"，从"SKU维度"拉高到"产品线维度"。

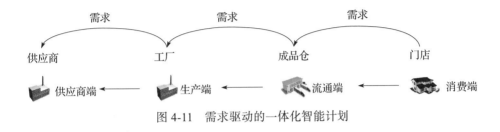

图 4-11　需求驱动的一体化智能计划

需求预测和需求计划：结合历史销售数据、营销计划，以及其他相关数据如消费者行为数据、门店进销存数据、天气等相关因子数据等，我们可以调用算法产出按周的成品需求预测（多渠道）。根据需求预测和 S&OP 的目标，我们可以生成按周的需求计划。

补货计划：根据需求计划，结合仓库的在仓和在途库存、在途订单，选择不同的补货算法模型，输入目标库存周转率、服务水平、交付时间、MOQ（最小订货量）等参数，生成成品的补货计划。

调拨计划：如果存在多级仓网结构，则需要建立库存调拨越库计划。它需要考虑成本、时效、服务的最优化目标，根据调出和调入仓的补货计划、库存水平、操作费用，以及中间调拨的时效、车辆的转载率等调用算法进行决策。

物流计划：这里的物流计划指的是成品的物流计划，它主要用于指导成品仓和配送物流的资源计划，包括需要准备多少入库人力、出库人力、库内作业人力和相关的资源等。物流计划显然是由前述成品的需求、补货和调拨计划所驱动的。

生产计划：有了以上成品的需求、补货、调拨计划，我们自然也就能够推演出成品的生产计划了。以往很多企业的生产计划由于缺少末端和渠道端的需求、补货、调拨数据，只能采用盲人摸象的方法，仅仅结合工厂出货的历史数据来做需求计划，准确度极低，最后不得不放弃做需求计划，转而采用面向销售目标、面向目标库存的推式供应链，在复杂多变的商业环境里极易出现滞销和缺货并存的问题。

需求驱动的一体化智能计划的建设是一个渐进的过程，它对渠道和终端的数字化能力，对数据和算法的要求都很高。时下，我们在市场上看见的大多数计划套件只能完成端到端计划的一部分，相信未来会有越来越多的一体化计划产品出现。

扩展阅读

智慧供应链时代，是时候升级一下我们的 S&OP 了

徐振所在的这家企业，在国内食品快消行业是绝对的领军企业。过去十几年，它不仅打造了众多消费者青睐的商品，还创造了家喻户晓的品牌。

最近这几年，借助在新品上的快速开发迭代，在全域营销上的精准布局踩点，它还抓住了年轻的消费群体，俘获了一大批 90 后、00 后消费者的心，一举成了既有面向传统消费市场的老品牌、老品类，又拥有具备网红特质的新品牌、新品类的企业。在食品快消行业中，那是绝对的春风得意！

但是徐振却快乐不起来。公司在线上线下多点发力，在多个产品线上全面铺开，让他这位供应链副总裁（vice president，VP）的日子越来越难过。

供应链管理这个岗位就是如此，公司生意若是不好，供应链团队的日子就不好过，每天要面对催债的供应商，要解决积压如山的库存问题；公司生意要是好呢，又要解决新产品难以预测、到处缺货的问题，还得天天面对市场部门的质问。

前些年，公司市场稳步发展，徐振借助外部咨询公司的力量，在公司内部搭建了一套S&OP流程，还花费巨资上了一套流程系统。

这套流程系统让公司的销售部门和生产供应部门能够通过固定的流程机制进行有序的对焦，从而确保供应和需求的互相匹配。虽然这样做还是无法避免供应链上多多少少存在的问题，但总体来说，S&OP的运营还是健康有序的。

但是这两年，情况变得十分复杂。为了迎合年轻人的喜好，公司加快了在新产品上的开发迭代速度。大量的新产品被快速开发出来，通过直播、短视频、内容营销等方式迅速地、持续不断地推向市场。

有些产品能够引发爆点，短时间内快速上量；有些产品虽然不温不火，但总有些"新新人类"喜欢尝试，甚至某一天突然火爆；当然，更多的产品则是来去匆匆、悄无声息。

更为复杂的是，公司为了加大人群的覆盖面，进行了大量的并购，引进了更多的品牌和品类。公司要求这些品牌在销售端保持独立性和个性化，但在供应端尽可能地进行整合优化，以提高效率、降低成本。

这给供应链部门带来了极大的挑战。一方面，新品需求难以预测，备货完全不靠谱；另一方面，众多收购企业的供应整合是一道难题。从数量级上来说，徐振过去只需要管理十几个品类就好，现在却需要管理数百个品类线，涉及的商品SKU从过去几百个上升到现在的成千上万个，复杂度大大提升。

最要命的是，前些年苦心经营起来的S&OP流程，在面对如此复杂多变的市场格局时已经显得越来越力不从心。

例如，海量的数据，系统跑起来不堪重负，等一个报表需要两三个小时，做一次 S&OP 的数据汇总需要两天；再如，计划调整的版本，系统无法记录，只好一次次地导入导出，在个人电脑中保存不同的版本；更多需要协同的角色，系统无法支持，只能通过邮件保留"证据"……

这些还都是一些系统的问题，从流程的角度来看也类似。例如，对于大量的直播类活动，由于市场营销部门往往要配合网红的档期，完全没有留给供应链部门任何时间组织备货。直播之后往往又是一地鸡毛，退货逆向的问题纷至沓来。再如，商品生命周期变短，S&OP 这样长周期的运营很难跟得上市场的变化，往往一版计划做好了，市场部门发现竞争对手做了调整，也想跟着调整变化，计划又得重做……

面对这些问题，徐振的团队只能咬着牙、硬着头皮艰难地维持着 S&OP 的运营。为了加工数据，团队不得不常常加班加点；为了能够在会上节省高管的时间，团队不得不提前做大量的沟通。所有人都在疲于奔命，不堪重负，没有成就感，团队成员的流失率也持续增加。

怎么办？徐振一筹莫展……

这样的场景是不是似曾相识？徐振的痛，我们多少还能调侃说是"痛并快乐着"，因为毕竟公司的业绩还是向好的。但是，今天我们看到更多的企业所承受的是痛彻心扉的痛：市场不景气，销售业绩下滑，还得咬着牙不断推陈出新，以求不被市场所淘汰。前方将士在市场上厮杀，供应链部门就得保证不掉链子。有条件得搞定，没有条件创造条件也得搞定。

于是，供应链部门人员一方面依靠着高超的 Excel 技巧，充当着"人工智能"的角色，没日没夜地在系统和系统之间来回倒腾、处理各种数据；

另一方面，周旋于销售副总裁、财务副总裁、工厂副总裁，还有总经理之间，协调各种关系，扮演着协调者的角色，苦不堪言！

这就是 S&OP 的现状，大家感同身受，但还得继续坚持！

有没有更好的解法？笔者认为，智慧供应链时代，是时候升级一下我们的 S&OP 了。这个新一代的 S&OP，笔者将其命名为 S-IBP。S 是 smart 的意思，代表着智能、智慧、聪明。对于 IBP，相信大家都比较熟悉，即前述 integrated business planning（集成业务计划）。两者组合起来就是 smart-integrated business planning（智能集成业务计划）。

从 S&OP 到 IBP，再到 S-IBP，这代表着供应链从流程化到信息化，再到智能化的发展路径。

S&OP 强调的首先是流程，它要求企业内部的销售部门和运营部门密切配合，通过经典的五步法，在供应和需求之间达成经营共识计划，从而指导供需部门未来（通常是 13 周）能够围绕一套计划数字，协调一致地推进、执行、复盘和迭代。

许多企业在推进 S&OP 的过程中，遇到的最大难题就是人和组织的问题。因为这套流程要解决的是企业最核心的供需匹配问题，要协同的是企业最核心的也是最难协调的供需（销售和运营）团队，不可避免地会遇到各种各样的矛盾、纠纷甚至是"政治性"的问题。所以说，S&OP 落地难，是因为这套流程所应承载的使命已经远远超出了一个计划流程的范畴，而上升到了公司的最高经营层面。

虽然如此，不少企业还是迎难而上，成功落地实施了 S&OP。一方面是因为组织内部对 S&OP 的理念有高度的认同，从总经理到各部门负责人有决心并且坚持贯彻落实 S&OP 的方法论；另一方面，是因为 IBP 的出现。这里的 IBP，并不是特别指向某个名为 IBP 的软件，而是指通过系统化的方式，把 S&OP 所需要的流程在线地贯穿起来。

从流程化到信息化，IBP 将一个线下需要协同多部门、多角色的流程通过在线的方式实现，从而大大提升协同的效率，也将协同的覆盖面拓展到了销售、市场、研发、财务、生产、供应链等更多部门中，大幅度降低了 S&OP 推行的难度。而 S&OP 依然是 IBP 的内核，虽然有了系统的加持，IBP 依然需要 S&OP 的流程作为保障。

IBP 虽然解决了效率的问题，但在遇到前文案例所述的问题时，就会变得不堪重负。其核心原因是 IBP 缺少了数据和算法的加持。在复杂多变的场景中，IBP 无法快速进行调整和适应，以辅助管理团队做决策。

S-IBP 就是笔者在这个基础上提出来的概念。

笔者曾经指出，一个智慧化的供应链体系，除了有能够支持流程跑通的运营平台（涵盖营销、销售、计划、采购、生产、物流、财务等），还应当有贯穿在运营平台之上的数据平台和算法平台。

在这个架构上所产生的 S-IBP，能够支持多产品线、多业务单元、多渠道的数据抽取、加工和分析，也能够支持基于不同场景的 what-if 模拟仿真测算。

例如，我们需要针对某些产品类目进行价格的调整，在调整之前，可以在系统内进行多次模拟仿真测算，从而推演出一版能够对整体销量做出最优化贡献的价格调整计划。类似地，我们还可以对新品上市计划、老品退市计划、营销计划、库存目标等进行多目标的仿真推演测算，最后提供给管理者团队以便做出最终的决策。

这些能力，无疑需要强大的数据、算法和仿真能力的加持。也正是出于这个原因，它已经从我们运营多年的 S&OP 流程中脱胎换骨，具备了全新的生命力。当然，S-IBP 也不可能无中生有，它的内核依旧是 S&OP 以及 S&OP 升级之后的 IBP。脱离了 S&OP 理念和流程的 S-IBP 就好比没有心脏的人，徒有一副好躯壳！对于这一点的认识至关重要。

数字供应链或者说智慧供应链时代，很多我们习以为常或者难以忍受的事情正在悄悄地发生着改变。从流程化到信息化，再到智能化，相信未来会有越来越多的流程被冠以 S（smart）或者 I（intelligence）的前缀，释放出新的能量，让我们拭目以待！

第三节　数字采购：从战略采购到采购自动化

数字采购在智慧供应链架构金字塔中的位置，如图 4-12 所示。

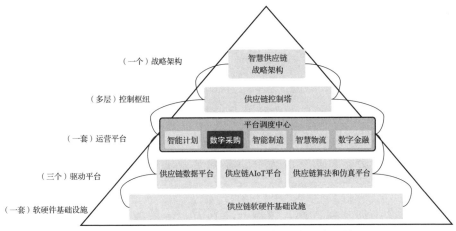

图 4-12　数字采购在智慧供应链架构金字塔中的位置

首席采购官的苦恼

一年一度的首席采购官大会如期在北京召开，无论多忙，高航都会抽出时间参加这个采购管理者的盛会。高航是一家民营制造企业集团的 CPO（首席采购官），管理着集团数十亿元的采购业务以及上千家供应商。

高航担任该企业 CPO 的时间并不长，这是他任期的第二年。上任之初，他通过大刀阔斧的改革，把集团下属分公司、各事业部的采购权统一收归集团管理，通过集约式采购大幅降低了采购成本，获得了董事长和集团高层的认可。

但是，集约化采购也让高航备感有压力。

一方面，集团采购中心原本只需要负责一些供应商选择方面的工作，采购权集中后，集团采购中心不仅需要负责供应商的全生命周期管理，还需要负责采购的运营工作。组织规模不能随着工作量同比扩大，集团采购中心的员工只能通过加班加点来处理各种事宜，苦不堪言。

另一方面，分公司、各事业部对于采购集约化虽然嘴上支持，但背后都一肚子怨言，时不时会跑到集团高层那里告黑状。采购流程烦琐，效率低下；存在暗箱操作，被踢掉的供应商都在投诉……诸如此类的声音传到高航这里，让他气愤不已。

不仅如此，过去一年来，受到新冠肺炎疫情和贸易摩擦的影响，许多原来相对稳定的供应源也频繁出问题，可是各个下属单位不管那么多，将所有问题都抛给集团采购中心。

这次首席采购官大会，高翔是带着问题来的。他希望在上任的第二年，能够推动采购的数字化和可视化工作，所以想听听别的企业的最佳实践，请教一下同行，采购的数字化转型工作如何开展。

毫不夸张地说，在"逆全球化"的背景下，今天的采购管理者面对着有史以来最大的挑战。他们不仅需要面对纷繁复杂的日常事务，还需要面对极不稳定的外部环境：全球贸易摩擦不断加剧，各种变相的制裁纷争导致原材料价格波动剧烈，材料供给不稳定，尤其是芯片短缺的问题久久无法解决；新冠肺炎疫情下各国的生产和物流遭受了巨大的冲击，各种突发事件常常让采购管理者无所适从。

当然，今天的采购管理者也迎来了数字化转型升级的重大机遇。人工智能、区块链、物联网、云计算等新技术的出现，让他们能够通过数字化采购摆脱传统采购所遇到的信息不透明、效率不高、反应迟钝等一系列问题。

从管理的角度来看，我们可以把采购管理分成三个层次（见图4-13）。

处于中间层的是采购运作管理，它的核心目标是质量保证、成本控制和交付确定。它包含多个流程，比如咨询报价、招标、合同管理、订单管理、发票对账、供应商考核等。这是采购人员投入精力最大，但人效最低的部分。不难看出，这些工作基本上都可以通过产品化的方式由系统自动化或辅助人工进行处理，从而大大提高效率。这也是上一代采购系统所提供的基本功能模块。

图 4-13　采购管理的三个层次

　　处于上层的是采购战略管理，它的核心目标是为公司提供最大化的价值增值。它的主要流程包括：支出分析与管理、VA/VE（价值增值/价值工程）、ESI（供应商早期参与）、战略寻源、供应商关系管理、风险管理、应急响应、绿色采购和可持续性发展等。这部分工作能够为企业带来巨大的价值，但遗憾的是，由于采购人员 90% 的精力都投入到了采购运作管理工作中，从而无法腾出足够的时间、精力来创造更大的价值。这也是我们在智能化方面最具挖掘价值的部分，由于具备了海量的数据以及算法的加持，我们可以对外部供应市场环境进行预判和响应，对内部采购运作数据进行分析和处理，让我们从被动型采购向主动型采购转型。

　　处于最下层的是采购合规管理，它的核心目标是确保采购全链路、全流程上的合规性，包括符合相关法律法规、企业的内部规定等。采购合规是采购工作得以正常运作的基础，以往我们的采购合规工作由于流程没有线上化，缺少可视化数据，往往只能做事后管理。通过数字化采购工具，我们可以在系统中对关键流程设置埋点，对关键岗位自动配置合规权限，并在问题未发生前或是有一丝端倪的时候进行预警和处理，大大降低了企业和员工在采购合规上的风险。

因此，一个数字化的采购产品能够帮助企业采购管理者实现四大目标（见图 4-14）。

首先是最基础的自动化采购执行，即通过流程化产品工具将企业的需求管理、订单管理、合同管理、交付管理、支付管理（包含供应商融资）、供应商管理等日常管理工作线上化，提高采购执行的效率和采购工作的透明度。自动化采购执行可允许企业对自动化流程进行规则配置，从而满足多种采购场景。

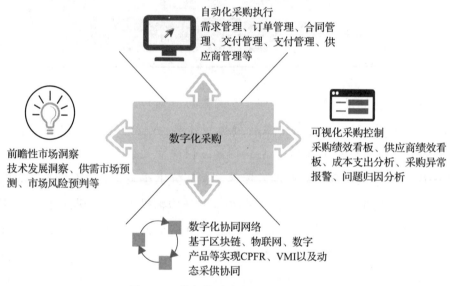

图 4-14　数字化采购产品的四大目标

其次是可视化采购控制，即采购控制塔，属于多层供应链控制塔的一部分，包括采购绩效看板、供应商绩效看板、成本支出分析、采购异常报警、问题归因分析等模块。它与自动化采购执行模块互通，实现了采购过程的可视和可控管理。

再次是数字化协同网络，即通过区块链、物联网、云技术、数字化产品，构建起供需双方的协同网络，实现以 CPFR/VMI 为代表的采购协同模式。

最后是前瞻性市场洞察，它可以帮助我们了解技术发展趋势，预测供需关系变化，并对市场风险进行预判。

围绕这四大目标，我们来看一个典型的数字采购产品的架构（见图 4-15）。

数字采购产品主要分为采购端产品和供应商端产品，基于 SaaS 化产品架构，有利于采供两端协同运作。采购端产品分为采购战略管理和采购运作管理两层，具体内容前面已有表述，这里不做展开。供应商端产品的主要功能为销售协同，该模块与供应商的 ERP 产品相通，从而减少供应商端的操作成本。

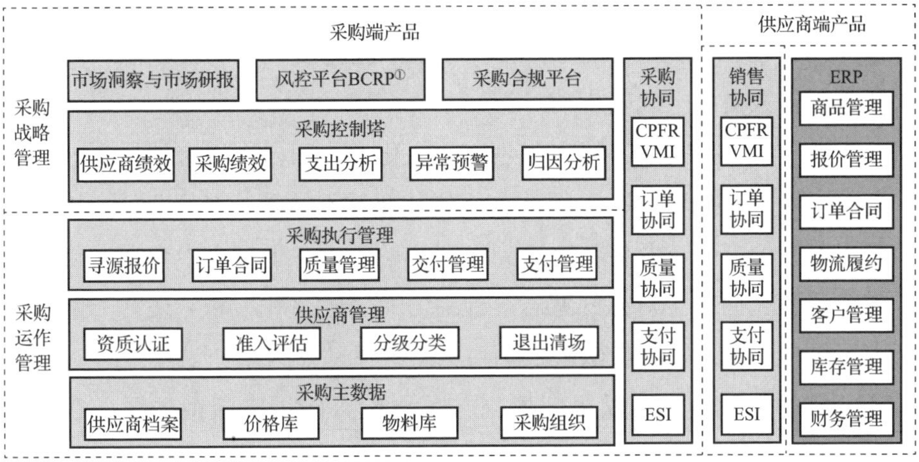

图 4-15　数字采购产品架构

①全称为 business continuity and recovery planning，即业务持续和灾难恢复计划。

数字采购产品同样搭建在前述"供应链运营平台的基础层"之上，其中采购的主数据等可以调用基础层标准模型所产生的数据。如果是采用自建的方式，可以将稳定的基础数据模型融合到"供应链运营平台的基础层"，成为基础层的一部分，供整个指挥供应链产品系统调用。

回到开篇的案例，虽然我们给予高航的建议是寻找或自建数字化采购的系统解决方案。但仍然需要强调的是，数字化采购管理的阻力往往来自人和组织，尤其是在我国，大量企业的采购管理水平还处于人治阶段，如何克服组织阻力，反而是高航更需要关注的问题。

扩展阅读

当"中国式关系"遇见"供应商关系"

在中国做生意要讲关系，同学关系、战友关系、乡党关系、校友关系、亲戚关系……就算没有关系，八竿子也打不着，也没关系，我们还可以"拉关系"！

怎么拉？许多文化现象应运而生，酒文化就是其中之一！所谓醉翁之意不在酒，酒后能把真言吐。三杯两盏下肚，对方靠不靠谱，性情如何，也就略知一二了。因此，"能不能喝酒，会不会喝酒"成了考验销售人员的一项基本功。

另一种"拉关系"的文化是送礼文化。中国自古以来就推崇"礼尚往来""无功不受禄"。因此，假如彼此并不熟悉，但是费尽心思获知了对方的喜好，并将礼物送到了对方的手上，无形之中就在文化和道德层面上捆绑了对方的意志，让对方有了"欠礼"和"还礼"的约束。这样一来二往，自然就从陌生人变成了"熟人"！

当然，酒和礼可以用来建立关系，也可以用来断绝关系。在中国，假如某人拒绝和你喝酒或者拒绝了你的礼物，从文化层面上往往表示：我们之间还不够熟悉，或者我们之间不要再来往了。

由于有了这些千年流传的文化习惯，在中国式关系中，我们尽可以大胆地谈起客户关系、合作伙伴关系和商贸关系，却往往羞于谈到供应商关系。似乎一提到供应商关系，就和"酒"与"礼"这些文化习惯扯上了关系，唯恐避之而不及！

事实上，供应商关系管理是采购管理理论和实践中的重要部分，也是供应链管理的重要组成部分。与采购管理、供应链管理等词汇一样，"供应商关系管理"也是一个舶来词，它并不存在于传统中国式商业关系的范畴中。

西方供应链管理理论中所谈及的供应商关系管理，强调的是主动管理和维护供应商资源，与不同类型和能力的供应商建立与之对应的商业关系，包括如下内容。

（1）围绕供应商生命周期的管理流程：寻源、初选、考察、评估、谈判、签订协议、试用、量产、退出等。

（2）围绕供应商能力的管理流程：供应商分级分类管理、供应商绩效考核、供应商认证审核、供应商培训与辅导、供应溯源管理（多级供应商管理）等。

（3）围绕供应商协同的流程：ESI（供应商早期参与）、Buy-Sell（采卖模式）、VMI（供应商管理库存）、JMI（联合库存管理）、CPFR（协同计划、预测与补货）、Reverse Auction（反向拍卖）、JIT（准时制供应）等。

（4）围绕供应商关系管理的系统：SRM（供应商关系管理系统）、EDI（电子数据交换）、E-Bidding（电子招标）等。

由此可见，供应商关系管理强调的是流程和体系，即围绕流程，按部就班，体系完整，制度规范！而传统"中国式关系"强调的是人，即先交朋友，知其为人，再做生意，不熟不做！这体现的是所谓的"熟人生意"。

围绕着"熟人生意"又形成了所谓的"熟人圈子"。在这个圈子里，甲和丙不熟没关系，但是假如甲和乙熟悉，乙和丙也熟悉，大家便是同在一个"圈子里"。那么在"拉关系"之后，甲和丙完全可以通过乙的牵线搭桥而愉快地做起生意来。"熟人生意"，更多停留在所谓的私人关系层面，而脱离了流程和系统！换句话说，因为缺少规范化、系统化的方法，"熟不熟悉"就成了规避风险的最有效方式；由于缺少了规范化、系统化的方法，喝酒送礼就成了最有效的建立关系的方法。

　　在这个熟人圈子里做生意，需要的是口碑：好的口碑就是一张名片，无论遇见谁，只要是圈内人，都愿意和你做生意。但是一旦跳出这个圈子，口碑就没有任何意义。要想在新的圈子里建立口碑，还得通过熟人建立新的关系，并且接受新圈子的检验！假如不幸没有通过检验，新圈子对此人的判断就是"徒有虚名"！

　　当然，与好口碑对应的是坏口碑。一旦某人被圈内人认定为失信，他很有可能就无法继续在这个圈子里生存下去了。甚至即便他并没有真正地失信，而只是"被认定"为失信，他也无法继续和圈内熟人保持正常的生意关系。在中国，这被称为"信誉扫地"，隐约蕴含着被圈内人"扫地出门"的含义。

　　有趣的是，口碑的好与坏，有时候并不一定与实际情况相吻合！我们常说的"人言可畏""黑白颠倒"就是这个道理。口碑是一种信用，契约也是一种信用！然而，在中国式商业逻辑里，口碑的重要性往往大于契约！因此，我们常常发现，违反契约拖欠供应商的货款在很多行业成了天经地义的事情，成了一种常态。

　　但是，假如有一家企业特立独行，每次都按时付款，这家企业反而很有可能会被整个圈子所唾弃，被称为破坏商业规则的"失信之人"而被扫地出门。医药改革之前，平价药店被同行挤压破坏的事件层出不穷，就是类似的例子。

　　当然，抛开商业环境下的酒文化、礼文化这些陋习，我们也不能完全否认中国式关系在商业社会里的积极作用。在某些情境下，中国式关系可以在没有契约保护的情况下，完全依靠口碑帮助企业获得供应商的全力支持，这在重契约的西方文化体系下几乎是不可能的。

　　两者相较，中国式关系体现了中国人所提倡的"义在利先、情在理先"的人文精神，在效率和效果上常常会产生意想不到的威力。当然，需要注意的是，笔者认为，这种威力的展现往往出现在某些特定情境下，例如企业资金一时周转不济，口碑好的企业、朋友多的企业家依然可以获得供应商的支持而渡过难关。

因此，当中国式关系遇上供应商关系，我们也完全没必要妄自菲薄，而应当兼容并蓄、因地制宜。笔者认为可以从三个方面入手：首先，企业应当接纳并建立起完整的供应商关系管理流程，这是基础和保障；其次，在供应商管理策略上，应重视积极的中国式关系所带来的作用；最后，对于中国传统文化中那些与现代商业文化相冲突的行为，对于那些中国式关系所带来的负面效应，应当尽最大可能去杜绝和避免。

第四节　智能制造：可动态调整的网络化制造体系

智能制造在智慧供应链架构金字塔中的位置，如图 4-16 所示。

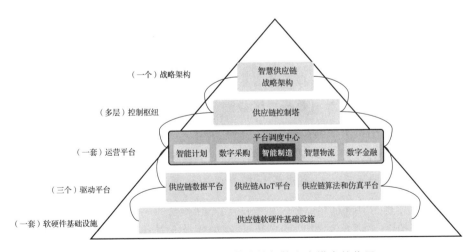

图 4-16　智能制造在智慧供应链架构金字塔中的位置

老国有企业的发展

　　耿强在老国有企业里待了近50年，从幼儿园到大学，从一线作业员到厂长，生在厂部医院，长在厂部大院，读在厂部学校，也毫无悬念地被分配到了厂里工作。就连娶妻生子，也与这家工厂密不可分。他的爱人是厂里的技术员，而他的孩子也将顺理成章地沿着同样的足迹慢慢长大……老话说得好："以厂为家，以家为厂；爱厂如家，爱家如厂。"耿强的人生与工厂紧密相连，血肉相融！

　　作为这家国有大型重工业制造企业的厂长，耿强曾经无比自豪。在他的工厂里，诞生过许许多多的中国第一，每一项新技术的突破、每一个新机型的下线，都浓缩了他和厂里几千名工人的汗水与泪水。当国家领导人走进他的车间，是他用最朴实无华的讲解获得了阵阵掌声；当外国客户来到他的办公室，也是他用最好的方案让客户竖起了大拇指。这一切，都让耿强无比骄傲，也让他时刻感受着那肩头沉甸甸的担子。

　　然而最近的这10年，伴随着国内外市场的风云变幻，伴随着东北老工业基地的兴与衰，耿强领导的工厂遇到了发展瓶颈。客户对产品的精度要求越来越高，定制化程度也越来越高，交付期却越来越短，产品的价格也越来越低。不仅如此，客户还越发地挑剔，他们希望能够实时掌握产品的生产进度，并要求工厂提供加工制造过程的所有质量控制数据。这些要求，如果按照耿强现有工厂的生产水平根本无法达到！

　　受制于国家政策的调整，受制于国有体制的限制，加上区域相关人才的匮乏，这家老工厂在滚滚的改革洪流中变得越发步履沉重，越发老态龙钟。耿强很清楚，工厂的变革迫在眉睫！但是，他更清楚的是，推动变革，最可怕的不是技术和设备的落后，而是理念的踯躅不前。按理来说，这些年公司在技术和设备的升级换代上没少花钱，购买了全球最先进的机床和设备，也给工人做了许多技术培训，但是当面对国内外的竞争对手时，耿强工厂的运作水平却无法让客户满意。订单在流失，客户在流失，耿强十分焦虑，却不知所措。

闭门造车是解决不了问题的，耿强索性打开工厂大门，邀请了国内一些制造领域的专家学者组团来参观。名为参观，实际是请来问诊把脉的。一番考察下来，专家提出了许多中肯的意见，其中最突出的问题体现在：工厂的现场管理方式太过传统，太过依赖现场人员的个人素质，缺乏系统性的管理工具和方法，也不符合当下智能制造、数字化工厂等先进理念。例如，虽然工厂拥有世界上最先进的硬件设施设备，但是这些设施设备之间并没有实现互联，还是采用传统的工单派发方式来驱动单个设备的运作，数据也无法实时反馈给管理层，遇到问题更多是依靠现场管理人员的经验来处理。

"那么，如何解决这个问题?"耿强迫不及待地向专家寻求解决方案。

"实施精益生产，推动智能制造"，专家的意见出乎意料的一致。

对于精益生产，耿强并不陌生，工厂里前几年曾经尝试推行过精益生产，花了上百万元请来了顾问，做了一些改善项目。在顾问的强力推动下，工厂的运行效率的确取得了一些实质性的改善。但是顾问走了以后，大家慢慢地也就懈怠了，后续内部黑带绿带的工作很多都停留在表面，拿出来的数据、报告都挺好看，但没有更大的改善和突破。耿强也正琢磨着何时把顾问请回来，再烧一把火、推动一下，把精益做成实实在在的企业文化，而不仅仅是个项目。

然而，对于智能制造，耿强虽然在媒体上看了许多，却并不十分了解，它与精益生产有什么关系，能解决厂里遇到的问题吗？看来得请专家给大家上上课，好好地来谈一谈什么是智能制造了……

精益生产和智能制造能解决耿强的问题吗？这要看我们如何来定义智能制造了。

一千个人心中有一千个哈姆雷特，谈到智能制造每个人都有自己的解读。有的与德国工业 4.0、美国工业互联网进行对比，有的向先进制造企业学习并提炼其核心能力进行阐述。这些方法都无可厚非，但大多数智能制造的方法论和案例都陷入了一个就制造谈制造、就技能拼技能的陷阱中。

笔者曾经参观过一些"黑灯工厂""无人工厂""机器人流水线"等，但很遗憾的是，它们大多数都是标杆工厂，也就是用来做参观、做示范的，但经济效益一般。

问题就出在了供应链上，这些所谓的"智能制造"工厂是供应链上一个个孤零零的节点。高德拉特在其约束理论中曾经这样说道："一个系统最薄弱的地方确定了这个系统有多强大。"换句话来说，在供应链上单个节点的强大反而有可能降低了系统的投入产出比。

让我们再来看一下笔者对智慧供应链的定义：智慧化的供应链体系，是端到端的、面向需求驱动的、可动态调节的供应链网络体系，具备可视化、可感知、可调节的能力，能够帮助我们应对 VUCA 时代的种种不确定。

也就是说，一个脱离了供应链、脱离了客户需求的制造体系，哪怕有再高端的软件和设备，哪怕再智能，也无济于事，更谈不上智能制造系统了。

因此，真正的智能制造同样符合智慧供应链的特征（见图 4-17），即智能制造是由需求驱动的"网络化"的制造要素，它们可以根据需求的变化做到动态调整。

需求驱动包括面向供应链的产品设计和产品生命周期管理体系以及从客户需求驱动的计划和订单体系。

网络化意味着工厂和工厂形成工厂群组，甚至是机器和机器组成设备群组。无论是工厂、机器还是人，都是智能制造体系中可被调用的资源要素。

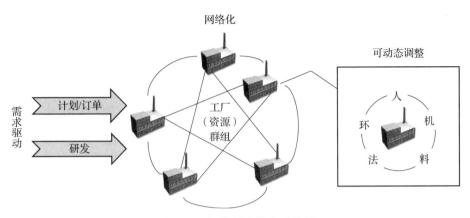

图 4-17　智能制造的主要特征

可动态调整意味着围绕制造的各种要素"人、机、料、法、环"可以根据需要进行动态智能的调整。

具备这些特征的智能制造产品架构，由智能制造控制塔、虚拟设计与虚拟制造平台、制造执行系统、智能装备系统、制造协同平台组成（见图 4-18）。它与研发管理、订单管理、计划管理、采购管理、仓储管理、运输管理系统打通，并且架构在统一的"供应链运营平台基础层"之上。

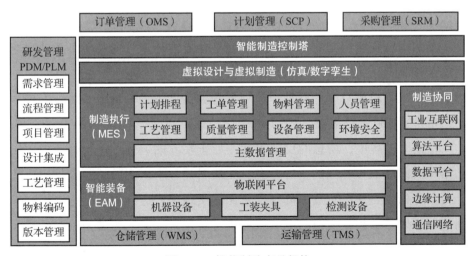

图 4-18　智能制造产品架构

值得注意的是，企业在搭建工业互联网或物联网平台时，往往会遇到外采设备不提供数据接口或者对数据收费的问题。大多数的情况是工厂在早期采购数字化设备尤其是欧美数字化设备的时候，企业还没有进行工业互联网或物联网的规划，因此采购部门忽略了对设备产生的数据的所有权获取问题，这给企业在推进工业互联网的工作时带来了意想不到的问题。

接下来，我们围绕智能制造最核心的制造执行系统（MES）做一些展开。

MES（manufacturing execution system）即制造执行系统。那么，MES具体是做什么的呢？最早给出定义的是美国先进制造研究机构（Advanced Manufacturing Research，AMR），它将MES定义为"位于上层的计划管理系统与底层的工业控制之间的面向车间层的管理信息系统"，它为操作人员、管理人员提供计划的执行、跟踪以及所有资源（人、设备、物料、客户需求等）的当前状态。

这个定义，用英文中的一句话来描述最为贴切，"from shop floor to top floor"，即从底层的车间层，到顶层的计划层，通过MES系统架构起有效的连接和管理。

案例中耿强所遇到的问题，恰恰就是企业的计划管理层与车间的现场控制层之间存在信息断层，这在传统的制造企业里特别显著：企业根据市场需求或订单制订生产计划→计划发布到生产现场→班组长组织安排生产→生产完成后进行报告。

在这个过程中，信息的反馈永远滞后于实际的运作，计划管理层无法在第一时间获取生产线的生产动态，无法对过程中出现的问题进行快速的分析，并做出迅速、有效的处理，更无法实现生产过程的数字化管理；车间控制层则依赖现场人员的经验权威进行管理，许多问题被掩盖在一线而无法及时地汇报、解决，更无法通过数字化的监控手段来掌握机器设备和作业现场的状态参数。

数字化是智能制造的基础，一个缺乏数字化、存在信息断层的工厂是不具备智能工厂的基本条件的。所以，导入MES，是推动智能制造的必经之路。

说到MES，还必须提到该领域最权威的协会——制造执行系统协会（Manufacturing Execution System Association，MESA），它对MES的定义做了更全面的描述。它认为：MES通过信息传递对从订单下达到产品完成的整个生产过程进行优化管理。当工厂发生实时事件时，MES能够对此及时做出反应、报告，并用当前的准确数据对它们进行指导和处理。这种对状态变化的迅速响应使MES能够减少企业内部零附加值的活动，有效地指导工厂的生产运作过程，从而使其既能提高工厂的及时交货能力，改善物料的流通性能，又能提高生产回报率。MES还通过双向的直接通信在企业内部和整个产品供应链中提供有关产品行为的关键任务信息。

MESA在MES定义中强调了以下三点：

（1）MES是对整个车间制造过程的优化，而不是单一地解决某个生产瓶颈问题。

（2）MES必须提供实时收集生产过程中数据的功能，并做出相应的分析和处理。

（3）MES需要与计划层和控制层进行信息交互，通过企业的连续信息流来实现企业信息的全集成。

显而易见，为了最大化地发挥MES的作用，驱动智能制造，就需要围绕MES的实施在工厂的运作体系中导入一系列的工具和流程（见图4-19）。例如：

- 将APS（高级计划排产系统）所产生的排产计划分解到车间的最小单元，这个最小单元，可以是一台具体设备，也可以是某个操作工位。

- 通过 AIoT 平台或 SCADA 系统[⊖]，将 RFID、PLC[⊜]、条码设备、传感器等采集的数据进行管理和输出。
- 建立围绕产品质量数据的过程控制工具 SPC[⊜]和质量保证流程。
- 对设备状态、生产运行效率、物料的搬运流动等进行实时的跟踪和反馈。
- 根据收集的相关数据对资源和瓶颈进行实时的分析决策，并快速地进行调整部署。
- 通过 MES 与相关系统进行数据交换，支持整体供应链的运作。

图 4-19　MES 在智能制造体系中的位置

　　这些工具和流程，有的包含在 MES 的功能模块中，有的可能在相关的系统中。但是无论以什么形式存在，还是那句老话：流程是系统的基础，没有明确的流程，系统无法规划，更无法实施。

　　考虑到 MES 系统在生产管理领域的重要作用，美国仪器、系统和自动化协会（Instrumentation，System，and Automation Society，ISA）在 MES

⊖　SCADA 全称为 supervisory control and data acquisition，SCADA 系统即监视控制与数据采集系统。

⊜　全称为 programmable logic controller，即可编程逻辑控制器。

⊜　全称为 statistical process control，即统计过程控制。

的基础之上，提出了制造运行管理（manufacturing operations management, MOM）的概念。它将 MES 的思想从单纯的 IT 系统中提炼出来，站在管理的角度来架构企业的整体生产运作体系。

看到这里，读者可能会说，既然 MES 有这么强大的功能，又能解决这么多的问题，那么就赶紧上呗！不要着急，现在市场上的 MES 系统提供商数不胜数，良莠不齐，有国外的，也有本土的。各厂商的基因也不同，有的是做 ERP 出身的，有的是做自动化出身的，甚至还有些是做大数据出身的。MES 的应用和行业的关联性很高，因此大家在选择 MES 厂商的时候，要具备一双慧眼。

从底层的车间层到顶层的计划层，不仅需要一个完善的 MES 系统，还需要一套运行良好的流程，一个精益求精、永不止步的生产管理团队！

扩展阅读

情怀与现实——谈谈"面向供应链的设计"

丁瀚是某知名手机品牌的采购分部经理，他的团队负责手机结构件的采购。手机的结构件主要是各种由金属、塑料、橡胶等加工而成的非电子器件，大到手机的外壳，小到螺丝、螺钉和按键等，种类繁多。这些部件大多数是外观件，即用户可以直接看到的或者触摸到的部件，因此很多都是特殊定制部件，加工过程往往极其复杂，很多都需要用到成型模具。模具的加工周期短则数周，长则数月，其间还需要根据样品反复调试修改。因此，对于手机这类生命周期短、需要按时快速上市的产品，结构件的采购工作挑战巨大。

为了争夺市场，丁瀚所在的企业每年会陆续开发十几款新机型，每一款都有严格的上市时间要求。面对如此重压，丁瀚有些不堪重负。就在刚才，他因为物料短缺被自己的上司——集团采购总经理狠狠地批了一顿。事实上，机型未能按时上市对丁瀚来说早已是家常便饭，只是这一次老天跟他开了个玩笑。

"小丁，旧账我就不想跟你算了。现在你们分部是变本加厉、愈演愈烈了！过去缺的外壳都还是大部件，这回倒好，你们缺的竟然是一颗小料——音量按键。因为这颗只有几元钱的按键，我们几百万元的货出不去，你还想不想干下去了！"

丁瀚觉得特别委屈，想申辩却又担心总经理正在气头上，不便沟通，只好默默地退出了办公室……

说到这颗小小的按键，丁瀚有满肚子的苦水倒不出来。三个月前，丁瀚第一次看到这款手机的外观设计图，就被这颗独特的音量按键吸引住了。这是一款外观靓丽的女性手机，金色的外壳配上双色透明的音量键，好比皇冠配上钻石，璀璨夺目。但是，丁瀚的直觉告诉他，这将是一款极难对付的产品。双色透明的按键虽然好看，但是要采用极其复杂的双色注塑工艺。为了制作这样一款按键，需要加工两套互相配合的塑料模具，放入特殊的双色注塑机进行加工成型。模具的加工难度大、周期长，按键成品的注塑产出率也极低。这样的一款产品将会是采购部的梦魇。

丁瀚当场就向设计人员提出了自己的意见，希望设计人员能够调整一下外观设计方案，降低后期采购的风险。然而，作为一家崇尚独特设计风格的手机品牌企业，丁瀚的建议被断然拒绝了。这种场面对于丁瀚来说早已稀松平常。打落牙齿往肚里咽，丁瀚只好选择了沉默。

然而，墨菲定律告诉我们，害怕什么，什么就会发生。果不其然，在模具厂反复折腾了数月后，按键的产量成了这款手机最大的瓶颈。今天挨总经理好一通训斥，丁瀚也只能忍着一肚子的怨气。当丁瀚独自走出行政大楼，看着对面灯火通明的研发中心时，他心中不免浮起一阵忧伤……

我们或许听过一个词语——DFX，它指的是面向产品生命周期各/某个环节的设计。X可以代表产品生命周期中的某个环节，例如生产、采购、物流、回收、维修等；也可以代表产品竞争力或决定产品竞争力的因素，如成本、质量、服务等。例如，DFM（design for manufacturing）为面向制造的设计，DFP（design for procurement）为面向采购的设计，DFE（design for environment）为面向环保的设计，DFC（design for cost）为面向成本的设计等。DFX是并行工程的核心技术，即在研发阶段就考虑到产品生命周期中各阶段的要求。

事实上，用X来模糊代表产品的生命周期或各个性能，倒不如用S（供应链）来表述会更加的精准和完善，即面向供应链的设计（DFS）。设计过程中不仅需要考虑产品的生命周期和性能，还需要全面考虑供应链上下游对新产品的接纳与配合能力。

显然，案例中丁瀚所在的企业缺少DFX/DFS的设计流程。设计师面向客户需求进行产品设计无可厚非，但没有充分考虑到产品在制造、采购流程中将面临的挑战和问题。这在许多崇尚"研发至上"的企业里屡见不鲜。为了追求产品的极致效果，企业明知会对后续的生产、加工、维修等过程造成风险，却一味地坚持采用难度极高的设计，最后的结果可想而知。

锤子手机的创始人罗永浩自称是一个有情怀的人，这一点我们并不怀疑，从他极力效仿苹果的乔布斯，为了追求产品的极致外观而不顾一切的表现上，我们相信他是相当认真的。但是很遗憾，半路出家的罗永浩在手机供应链上结结实实地栽了一个大跟头。锤子手机在结构设计上极其挑剔，因而在上市之初就面临产出率低、质量不稳定等一系列问题，还被曝出与代工厂关系恶化的事件。这一系列的问题，对于罗永浩来说，就是他常说的"坑"。诚然，对于打拼在互联网行业的许多专业人士来说，实体产业确实"水"很深，有很多"坑"。但是，这些所谓的"坑"并不是新挖的，而是因为他们缺少对供应链的基本认识而忽略了。

悉尼歌剧院（见图 4-20）的设计师约恩·乌松也是一个有情怀的人，他凭借独具匠心的构思和超凡脱俗的设计方案，在强手如林的竞争中胜出，却因为建筑施工的难度极大、经费严重超支等一系列问题而与澳大利亚政府失和，愤然辞职后终生未能见到悉尼歌剧院一眼，不禁让人唏嘘叹惋。

图 4-20　悉尼歌剧院

设计师的情怀与现实往往是一对矛盾体，需要平衡。这种平衡，或许出于艺术的目的，或许出于商业的目的。前者为了达到艺术效果，耗费巨资也可能在所不惜；后者，则需要更多地考虑商业目标的达成，毕竟量产产品与艺术品还是有很大差别的。然而，无论是前者还是后者，前瞻性地评估设计方案对供应链的挑战，将有助于避免更多悲剧的发生。

第五节　智慧物流：有序流动、快速转动和高效联动

智慧物流在智慧供应链架构金字塔中的位置，如图 4-21 所示。

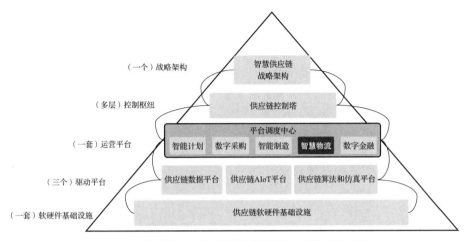

图 4-21　智慧物流在智慧供应链架构金字塔中的位置

交易市场的物流数字化

作为咨询公司的解决方案顾问，梁呈一大早就来到珠三角某服装面料交易市场。接下来，他和同事将在这里进行为期三天的详细调研，并为交易市场的管理层提供一个数字化物流平台的整体解决方案。

这个占地接近 50 万平方米、总建筑面积达 150 万平方米的交易市场，容纳了超过 1 万余家商铺，经营着 3 万余种面料，日客流量超过 5 万人，年成交金额接近千亿元。

20 世纪 90 年代初交易市场刚开业时，商铺的租金是每年 6000 元，第二年就涨了 20 倍，如今好的铺面甚至高达几百万元一年。虽然交易市场的生意规模逐年增长，但是服务水平的提升遇到了瓶颈。为了破局，集团管理层将 2020 年定义为交易市场的"数字化元年"，陆续启动了网上交易平台、网上服务平台等项目并取得了不错的效果，也赢得了商家的一致好评。

但是，作为交易市场重要组成部分的物流服务，一直有着许多的痛点。交易市场里虽然为物流公司建立了专门的物流园区，作为布匹从交易市场发往全国各地的重要物流枢纽，但是物流的整个链条上依然存在着许多问题。

首先是物流业务数据不透明：物流服务过程不透明，缺少节点监控；物流费用不透明，付款方体验不佳。

其次是物流业务都是线下交易，运力资源未得到充分利用：未对商户、承运商、打包工进行集中式管理；各方的沟通成本高，配合效率低。

最后是交易市场里几十亿元的物流费用流水，其背后蕴含的价值未被发掘出来。

梁呈团队经过调研，把物流链条上各个角色的问题点罗列了出来（见表 4-1）。

表 4-1　交易市场调研表

角色	商户	采购方	承运商	打包工
痛点	① 物流公司上门揽货状态不可视 ② 货损不可控，纠纷多 ③ 在途运输情况不可视 ④ 客户面单信息外露，易被竞争对手挖墙脚	① 物流费用构成不明确 ② 可选择的承运商有限 ③ 在途货物安全无保障	① 私人承包车辆低价冲击市场 ② 承运商基本上都是采用手工单据管理业务，效率低 ③ 承运商信息化水平总体较低，推动信息化难度大	① 打包工没有制度化管理 ② 打包工缺少稳定的业务收入保障

基于这些问题，梁呈向交易市场的管理层提出构建智慧物流平台的方案建议。梁呈认为，搭建一个全链路数字化的物流平台对交易市场未来的服务升级具有重大意义。具体来看，可以归纳为以下几点。

（1）物流整合平台：更便于商户、采购方找到符合自己要求的承运商，为承运商提供更多的业务。

（2）物流数据监控：实现订单在途过程中的全程监控，让商户、采购方、承运商实时掌控货物、车辆的在途情况。

（3）物流业务线上化：通过将运输下单和运输接单的任务线上化，为后续挖掘物流数据的价值做准备。

（4）资金流服务：为交易双方提供物流的供应链融资业务、物流交易的完税服务，增加交易市场的营收。

其整体数字化转型的顶层设计蓝图如图 4-22 所示。

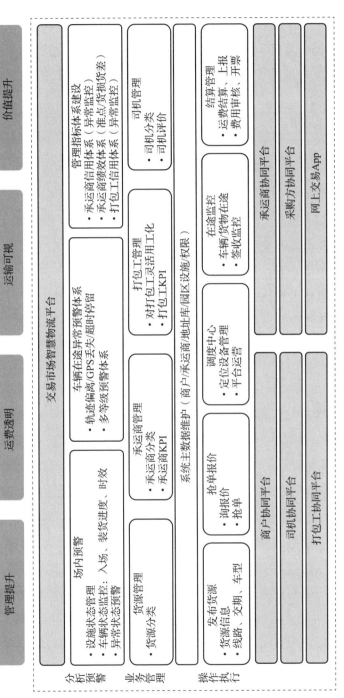

图 4-22　交易市场数字化蓝图

梁呈提交的规划方案得到了交易市场管理层的高度认可，但是新的问题又来了。对于如此巨大的变革以及平台的建设投入，一旦平台上线，如何能够被各方接受并使用？线下业务存在许多模糊的灰色地带，线上化在带来可视化的同时，把一切信息都公开了，平台上各个角色有多大的动力愿意使用这个平台？

智慧物流可施展的空间很广，从制造企业的采购物流、场内物流到销售物流，从流通行业的仓储管理、干线运输、城市配送到快递的分拨中心和最后一公里，甚至包括物流的园区建设、场站建设、交通网络建设……处处都有智慧物流的应用场景。

从技术角度来看，从传统软件到 SaaS 化服务，从自动化设备到智能包材，从搬运机器人到 AS/RS（自动取存系统）和料箱机器人，从地址库服务到物流信息通知服务，从物联网络到智慧物流云平台建设，从算法优化到运筹优化……智慧物流的服务内容也十分广泛。限于篇幅，本节不做具体展开。

扩展阅读

让仓库"动"起来

夏冬是某大型国有集团旗下仓储物流公司的总经理，管理着全国范围内数百个大大小小的仓储运营中心。这些年，为了实现集团业务的快速扩张，公司的仓储中心数量快速增长，前些年布局的自有仓库已经远远不能满足业务发展的需求，只能寻求外部资源，以租用或者联营的方式解决当下之急。

然而，眼见自己的版图不断扩张，本该志得意满的夏冬却始终笑不起来……

一方面，由于集团业务的多元化发展，虽然仓库数量众多，但没有针对不同类型的业务进行分门别类的规划，也没有制定针对不同行业的标准服务流程，很难满足内部客户提出的具有行业特性的服务需求，导致内部客户抱怨连连。

另一方面，各个仓储中心之间彼此孤立，各自为战，缺乏有效联动。虽然公司花大价钱上了一套 OMS（订单管理系统）＋ WMS（仓储管理系统）＋ TMS（运输管理系统），但依旧没能很好地解决这个问题。尤其是那些与外部合作伙伴联营的仓储物流中心，由于管理水平不一，在日常运作中频繁出问题，加之沟通成本极高，给夏冬的团队带来了极大的困扰。

夏冬所遇到的问题并不是个案，而是本土物流仓储行业在快速发展过程中的一个小小缩影。即便是我们所熟悉的优秀企业，如阿里巴巴、京东、海尔、华为、中粮、中储粮等企业，同样面临类似的问题，即仓储体系的构建如何能够满足集团业务的快速发展。

笔者认为，在供应链架构中，仓储物流体系架构强调的核心可以归纳为一个字——"动"！虽然只有小小一个"动"字，它却包含三个层面的意思。

首先是"有序的流动"，即能够让货物根据既定的规则、流程有条不紊地流动起来。货物预计什么时间来？从哪里来？将去向哪里？预计什么时间离开？在仓储中心的最佳移动路径如何？有效堆放规则如何？异常如何处理？增值活动（如分拣、包装）如何操作？需要哪些过程控制流程？

这些林林总总的问题，都指向了一个关键词——"标准化"。

众所周知，流程标准化可以大幅降低运作的成本，提高作业的效率，同时有效地处理各类常见问题。然而，一提到"标准化"，大家不免想到"僵硬""呆板"，而与之相对应的另一个词汇是"定制化"。

客户的需求丰富多样，其中难免会有"定制化"的需求。表面上，"定制化"与"标准化"是一对矛盾体。但是，供应链架构师的重要观点之一为："定制化"可以通过对"标准化"要素进行重新组合而实现，"定制化""柔性化"的基础仍然是"标准化"。

另外，值得一提的是，"标准化"是需要结合行业特点进行规划的。对于相近的行业和品类，可以设置共享的储运中心，最大限度地提高仓储中心的利用率；对于差异较大的行业，由于涉及不同的仓储设施投资，就需要分门别类地进行规划设计，但需要强调的是，要"统一规划"而非"分别规划"。

其次是"快速的转动"。对于库存，程晓华老师在《制造业库存控制技巧》一书里有一句经典之语，即"转"即是"赚"！前面一个"转"指的是"库存周转"，后面一个"赚"指的是"赚钱"。库存的快速周转，可以帮助企业提高资金的利用效率，获得更大的利润。

当然，这句话是站在"链主"，或者说是"货主"的角度来说的。很多仓储物流企业作为服务提供方，却没能很好地理解这句话。"货主"的货物在我这里存放得越久，我就可以收取越多的仓租，何乐而不为呢？如果是站在这样的立场上，我们的仓储中心离亏损关门也就不远了。

作为服务型企业，我们是需要站在客户角度考虑问题的。当然，客户赚钱我一直亏本，也是万万不能的。因此，我们需要想一些双赢的办法。例如，有没有方法能够让实物更久地停留在仓储中心，同时能让资金快速地转动起来？一个典型的案例是关于"标准仓库"与"标准仓单"的：

有些聪明的仓储物流企业将自己的仓库进行升级，成为高等级的标准认证仓库，可以开出具有信服力的"标准仓单"。一方面，由于仓储中心的设施设备优良，并且具有相关权威认证，客户可以放心地将物资存储在这些仓储中心里；另一方面，"标准仓单"具有金融属性，可以做到"仓单"的多次换手，实物却"纹丝不动"。这样一来，实物可以在仓储中心放置很长的时间，资金却快速地转动了起来。仓储物流企业不仅可以收取仓储费用，还可以额外收取过户费，一举多得。当然，这种方法多被运用在大宗货物的仓储运营上。

因此，快速的转动，其核心是提高资金的运作效率，与实物的移动并没有直接的联系。相反，仓储物流的最高境界就是以最少的实物移动来满足客户的需求。从这个角度出发，仓储物流企业可以做一些尝试。

最后是"高效的联动"。仓库与仓库之间如何联动，很多人想到的是通过信息化来解决这个问题。例如案例中提到的，夏冬希望通过一整套的 IT 系统来实现仓库的联动，但是最终为何失败了？其根源在于**有系统，没有流程**。仓库的联动，其核心在于信息的共享流程，而这一流程一定是以业务需求为导向的。

那么，需求是什么？在供应链上，需求来源于我们的客户，而非我们自己。假如我们的仓储物流中心没有成为客户供应链上的一个信息节点，就无法参与到客户供应链的体系中去。那么，即便是再先进的 OMS ＋ WMS ＋ TMS 也无法帮助我们解决联动的问题。

举个简单的例子，对物流公司来说，有全国仓、省级仓、市级仓，但是对"链主"来说，它们可能只会选择其中的一个或几个作为"中央仓"，另外一些作为"区域仓"，而真正需要联动的并不是物流公司架构下的各个仓，而是"供应链"上这些被指定的"中央仓"和"区域仓"，联动的规则也是由供应链上的核心企业来定义的。

借助互联网＋，也有人提出所谓的"云仓"概念，在这些概念的背后，同样要理解构成"云"的主体是谁，是一条条实实在在的供应链，而非仓库本身。因此，单纯的仓库与仓库的联动是没有太大意义的，只有当仓库成为供应链上的一个个关键节点时，这种联动才具有真实的价值。

在管理学中，有一个所谓的"谷仓效应"，和开篇案例所反映的问题很相似。每一个谷仓都只能看见自己上方圆圆的一小片天，无法突破谷仓的四壁围墙，更无法做到"动"起来。

这些完全"动"不起来的仓库，即笔者所称的"静态仓"或者"死仓"。它们在供应链上好似"僵尸"一样，日复一日、经年累月地甚至麻木地处理着进货、存储、出货这些简单的动作，却没有将视野投向更加广阔的供应链。

很多仓储物流企业的管理人员向我咨询，如何转型做供应链？这个问题太大，可能聊几天几夜都聊不完。但是，不管如何展望未来，我们都需要脚踏实地地通过"有序的流动""快速的转动""高效的联动"，使我们所管理的一个个静止的仓库"动"起来，"活"起来。这又何尝不是在做供应链呢？

第六节　数字金融：数字风控下的供应链金融

数字金融在智慧供应链架构金字塔中的位置，如图 4-23 所示。

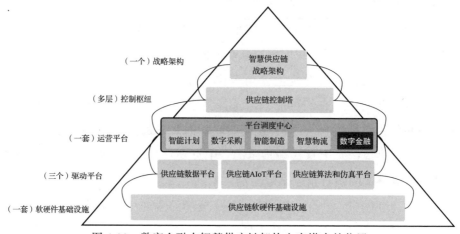

图 4-23　数字金融在智慧供应链架构金字塔中的位置

渠道之战

这些年，伴随着消费市场的分化，小家电行业的竞争愈发激烈。一方面，新品牌、新产品层出不穷，花样繁多；另一方面，渠道销售的压力越来越大，渠道商压货吃返利，库存不透明的问题也越来越严重。

龚洪涛作为一家国内小家电龙头企业的供应链负责人，同样被这些问题搞得焦头烂额、苦不堪言。尤其是在销售端，公司对渠道商的管理比较粗放，对渠道的控制力也有限，库存积压、缺货问题频繁发生。为了解决这个问题，龚洪涛对经销商进行了一次深度调研。

　　站在经销商的视角，他们同样面临巨大的挑战。新产品越来越多，销量好不好很难提前预测，如果他们把每个向品牌商采购的新产品都囤在自己的仓库里，不仅占用大量的资金，也会造成库存积压。在调研的过程中，有一个经销商给龚洪涛留下了深刻的印象。为了拿销售返利，他抵押了自己的房子，换取几百万元的资金用于囤货，没想到销量并没有预期得那么好，为此老婆天天跟他闹离婚。

　　那么，有没有什么好的模式，既能够解决渠道库存不透明的问题，又能够帮助经销商降低资金占用量呢？

　　进一步剖析来看，渠道库存不透明的主要原因是经销商的 sell-out（售卖到终端）的数据不可视以及消费终端的数据不可视。传统经销商在供应链上通常承担了物流仓储、垫付资金、销售服务三个重要的职能。是否可以只让经销商承担销售服务的职能，而把物流仓储以及资金垫付等职能收回到品牌商手中来？这样一来，既可以随时掌握供应链上的相关数据，也可以帮助经销商缓解资金压力，岂不是一举两得！

　　这样操作逻辑上讲得通，但是在实际执行的过程中，还是遭到了众多经销商的反对。传统经销商为了赚取最大化的利益，往往通过资金和物流来掌控货权；通过隔离终端信息来获得信息差，从而赚取渠道信息不对称的收益，例如销售返点。同时，经销商也会极力避免将终端客户信息透露给品牌商，从而保护其作为中间商的价值。说到底是品牌商和经销商之间缺乏相互信任，彼此博弈。如果贸然打破这种局面，经销商是存在诸多疑虑的。

　　所幸的是，在项目推进的过程中，有一些较小的经销商敢于先行先试，敢于吃螃蟹，也因此获得了很好的回报，起到了良好的示范效应。

　　一方面，品牌商通过供应链金融的方式给经销商提供更多的资金来提前锁定爆品库存；另一方面，对于新产品和长尾商品，品牌商给经销商提供"一盘货仓网"直达消费者的服务。发货之后再做结算，大大降低了经销商备货的风险和资金压力。而对于经销商所担心的客户信息共享的问题，品牌商从始至终都将经销商视为合作伙伴，对销售返利等政策也做了有利于经销商的调整，更好地激励经销商做好销售侧的服务，进而打消了它们的疑虑（见图4-24）。

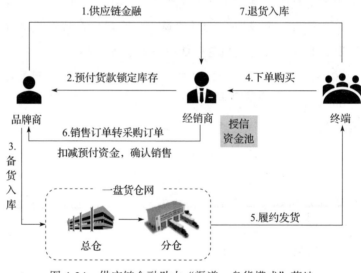

图 4-24　供应链金融助力"渠道一盘货模式"落地

随着项目组的口碑逐渐树立了起来，项目的推进也越来越顺利。

供应链金融是围绕供应链中的真实交易，通过第三方为交易环节注入资金，并提供风险控制、物流管理、信息管理等相关联的服务，从而驱动交易中的实物流、信息流、资金流三流循环增值与效率提升的综合性服务。

值得注意的是，市场上一直有许多打着供应链金融幌子的金融产品，我们需要学会鉴别真假供应链金融：首先是真实交易，供应链金融一定是围绕供应链上所产生的真实交易（商流），为其注入资金流动性的金融产品。脱离了真实交易，则不能被称为供应链金融。其次是"自偿性"，供应链金融将资金注入交易环节中，并通过上下游在真实交易过程中所产生的资金来偿还贷款。因此，本节中所指的"数字金融"仅限定在"供应链金融"的范畴内。

事实上，大部分企业是不需要为了做供应链金融而搭建一个大而全的"数字供应链金融"产品的，毕竟对于大多数企业来说，供应链金融不是企业的主要业务，它只是为了促进上下游交易而使用的一个金融工具。但是，对于那些资金充裕、实力雄厚的企业集团，或者是以物流、贸易为主业的企业来说，供应链金融就不仅仅是一个工具，还有可能是一项能对外提供服务并产生盈利的重要业务。那么，典型的供应链金融产品架构是怎样的？

它由运营平台、金融产品、基础平台三部分组成（见图4-25）。

基础平台从资产、资金、风控、信贷四个方面构建了数字供应链金融的底层基础能力，这些能力可以根据上层的金融产品以及业务运营的要求进行组合配置，以确保业务的灵活性以及平台的风险可控性。

金融产品主要分为三类：存货融资（动产融资）、预付款融资（保兑仓融资）、应收账款融资（保理融资）。结合业务以及客户的需求，平台能够将这三类产品进一步分层分类，以解决方案的方式对内对外进行输出。

运营平台由多个端面组成，它能够在某个具体的金融产品下，为各方提供操作界面。例如金融产品的发布管理者、资金提供者、核心企业、经销商、物流商、风控管理者等，具体涉及的角色需要根据产品的实际参与使用方来进行配置。

在数字供应链金融平台搭建过程中，最为关键的部分是金融风险控制能力的建设，它主要由贷前、贷中、贷后以及资产管理几部分组成（见图4-26）。区别于传统供应链金融以线下或者信息化为主的建设模式，数字供应链金融强调的是数据驱动的风控模型的建立。例如在贷前阶段，通过接入各类数据平台，扫描客户的信用情况，多维度评估借贷风险；在贷中阶段，进行定期的复查监控，通过大数据扫描供应链网络上存在的风险；在贷后阶段，根据市场价格的波动来动态评估质押品的价值等。

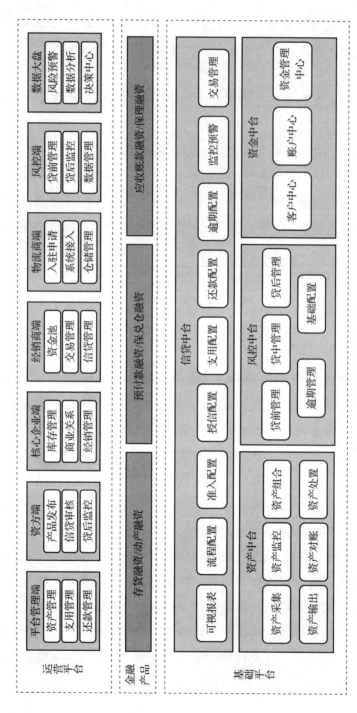

图 4-25　数字供应链金融产品架构

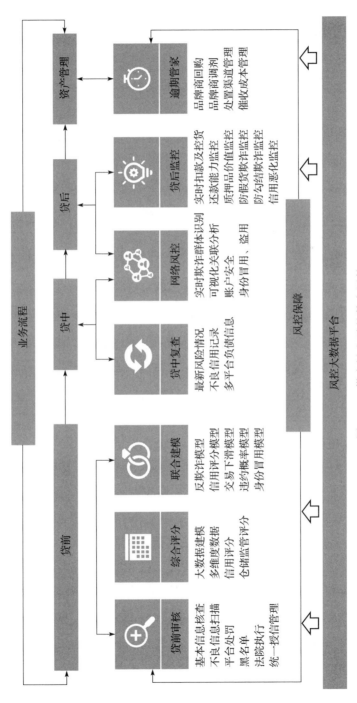

图 4-26　供应链金融的数字风控

本章小结

本章我们详细阐述了如何搭建智慧供应链的运营平台。作为智慧供应链架构金字塔中的核心部分，我们将运营平台中最主要的模块分门别类地进行描绘，包括平台调度中心、智能计划、数字采购、智能制造、智慧物流、数字金融。需要指出的是，这些模块彼此相互关联，往往需要统一进行架构设计。现将本章要点提炼如下。

（1）"中台"不仅是一种技术实现方式，更是一种组织和业务体制。

（2）中台的目的是支持多种业务形态，通过一个中心化的产品底层平台，让前台业务在此基础上能够快速搭建适合各自业务发展的上层应用，实现"中台 + 前台"的架构。它其实是产品平台的一种实现方式，同时也是一种组织方式，适用于业务多元化的企业集团。

（3）在 DT 时代，我们在搭建统一的供应链运营平台时，都是以新一代的"云原生"的技术架构为基础。它可以通过微服务和容器化架构，实现持续集成和持续交付。同时，最重要的一点是，在这个供应链复杂度如此之高、变化如此之快的时代，"云原生"技术，让我们真正享受到"云计算"给我们带来的丰富数据和算力，以及无限的拓展空间。

（4）云原生 = 微服务 + 容器化 + DevOps + 持续交付。

（5）需求驱动的一体化智能计划的建设是一个渐进的过程，它对渠道和终端的数字化能力，对数据和算法的要求都很高。时下，我们在市场上看见的大多数计划套件只能完成端到端计划的一部分，相信未来会有越来越多的一体化计划产品出现。

（6）S-IBP 能够支持多产品线、多业务单元、多渠道的数据抽取、加工和分析，也能够支持基于不同场景的 what-if 模拟仿真测算。这些能力，无疑需要强大的数据、算法和仿真能力的加持。也正是出于这个原因，它已经从我们运营多年的 S&OP 流程中脱胎换骨，具备了全新的生命力。当然，S-IBP 也不可能无中生有，它的内核依旧是 S&OP

以及 S&OP 升级之后的 IBP。

（7）从管理的角度来看，我们可以把采购管理分成三个层次：采购战略管理、采购运作管理、采购合规管理。

（8）一个数字化的采购产品系统，能够帮助企业采购管理者实现四大目标：自动化采购执行、可视化采购控制、数字化协同网络、前瞻性市场洞察。

（9）真正的智能制造也符合智慧供应链的特征，即智能制造是由需求驱动的"网络化"的制造要素，它们可以根据需求的变化做到动态调整。

（10）面向供应链的设计是指设计过程中不仅需要考虑产品的生命周期和性能，还需要全面考虑供应链上下游对新产品的接纳与配合能力。

（11）智慧物流可施展的空间很广，从制造企业的采购物流、场内物流到销售物流，从流通行业的仓储管理、干线运输、城市配送到快递的分拨中心和最后一公里，甚至包括物流的园区建设、场站建设、交通网络建设……处处都有智慧物流的应用场景。

（12）对于仓储物流体系架构强调的核心，我们可以归纳为一个字——"动"！虽然只有小小一个"动"字，它却包含三个层面的意思：有序的流动、快速的转动、高效的联动。

（13）供应链金融是围绕供应链中的真实交易，通过第三方为交易环节注入资金，并提供风险控制、物流管理、信息管理等相关联的服务，从而驱动交易中的实物流、信息流、资金流三流循环增值与效率提升的综合性服务。

（14）在数字供应链金融平台搭建过程中，最为关键的部分是金融风险控制能力的建设，它主要由贷前、贷中、贷后以及资产管理几部分组成。区别于传统供应链金融以线下或者信息化为主的建设模式，数字供应链金融强调的是数据驱动的风控模型的建立。

第五章

如何搭建智慧供应链的驱动平台

数据驱动　算法加持

　　"供应链运营平台"主要解决了供应链业务流程线上化运营的问题，把传统通过人工或者线下 Excel 报表来处理的流程搬到了线上，从而能够大幅提高运作的稳定性、准确性、确定性以及运作的效率。

　　但是，智慧供应链仅有线上化运营平台是远远不够的。我们还需要对业务运营过程所需要的数据进行统一化、规范化处理，不论是作为输入的数据还是输出的数据，这就涉及"供应链数据平台"的搭建。

　　供应链上的数据不会凭空产生，它通常来自软件系统（虚拟世界）或者硬件系统（物理世界）。为了获取物理世界的供应链数据，我们就需要构建"供应链的 IoT 平台"，如果进一步给它插上智慧化的翅膀，就成了"供应链的 AIoT 平台"。

　　事实上，在智慧供应链上的众多场景中，我们都会利用算法或者仿真的能力。为了能够对算法模型进行沉淀，减少算法人员在技术工程代码上所投入的精力，我们也可以构建"供应链的算法平台"。

数据、IoT、算法是智慧供应链的重要驱动力，也是传统供应链信息化建设和现代智慧供应链建设之间最显著的区别。接下来，我们将逐一介绍。

第一节　供应链数据平台：打破供应链的信息孤岛

供应链数据平台在智慧供应链架构金字塔中的位置，如图 5-1 所示。

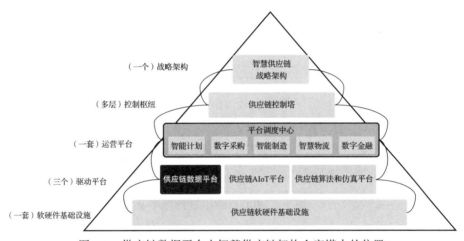

图 5-1　供应链数据平台在智慧供应链架构金字塔中的位置

如何构建供应链数据指标体系

案例　恒庚集团是国际知名的快消品企业集团，旗下产品覆盖日用家化、食品饮料、健康保健等多个类别，具备很强的市场影响力。这几年，随着国货新品牌、新品类的蓬勃发展，恒庚集团的整体增速放缓。在激烈的市场竞争下，恒庚集团开启了转型之路，希望通过加强组织决策能力，提升产品创新速度，来迎合消费者的诉求，维持品牌竞争力。

然而，公司运作这么多年，早已习惯了按部就班的运营节奏。供应链上的响应速度不快，供应链的柔性也不高。作为这家企业的供应链负责人，陈潇深知供应链上的短板。为了应对公司的改革，她最迫切需要的是构建一套能够反映供应链综合能力的数据指标体系。

陈潇想到了在 SCOR 培训中学习到的供应链指标体系框架，它包含供应链的敏捷性、可靠性、响应性、成本和资产几个大的维度，还有相关的一级指标和多级下钻指标（见图 5-2）。

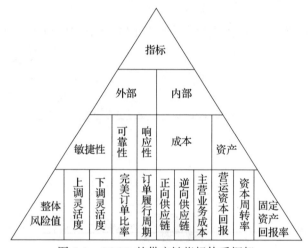

图 5-2　SCOR 的供应链指标体系框架

指标体系的建设看似简单，但陈潇深知这里面的水很深。

首先，虽然供应链上大部分的环节有相应的系统，但是数据仍然是通过 Excel 导入导出，由人工加工处理完成的，数据的准确性很难有保证。

其次，由于供应链链条长，数据量大，数据的处理效率低。多个报表从异构系统里跑出来需要花费大量的时间，还需要进行二次加工，数据的实时性无法保证。

最后，由于跨系统的数据不统一，信息整合困难，需要消耗大量的时间进行数据的清洗、梳理、整合，才能形成可供分析的数据报表，数据的有效性存在很大的提升空间。

企业的数据基础薄弱，基本的报表处理都有这么多的问题，何况形成端到端、全链条、全局视野的数据指标体系，更不必说所谓的数据洞察和数据智能了。

想到这里，陈潇不禁叹了口气！

我们在前述章节中对数据平台（中台）进行了概念化的阐述。那么，数据平台（中台）的建设有何意义，又该如何建设呢？我们以阿里巴巴为例做一些展开性介绍。

2013 年以前，伴随着业务体量的迅猛增长，阿里巴巴在数据管理工作方面遇到了诸多问题。

首先是算力瓶颈问题。由于数据体量持续膨胀，IOE（IBM 服务器、Oracle 数据库、EMC 存储）、Hadoop 技术体系已经无法满足业务的发展需要。

其次是数据孤岛问题。各业务部门的数据散落在多个集群，彼此之间数据不通，数据共享难度大。

再次是数据重复问题。由于数据不集中，导致数据被拖来拽去，重复存储和计算，再加上指标口径不统一，给管理造成了诸多困扰。

然后是数据运营问题。500 多万张表不仅耗费了大量的存储和计算资源，也让数据的管理工作处于无序、失控的状态。

最后是数据生态问题。受制于平台开放能力以及数据安全能力，数据只向纯数据开发人员开放。面向业务的开放性严重不足，无法为业务运营和业务分析人员提供有力的支撑。

因此，2013 年 11 月时任阿里巴巴 CTO（首席技术官）的王坚博士提出"从服务好业务的角度出发，建设一个统一的底层大数据计算平台，为公司的长远发展做好技术准备"。随后，2014 年阿里巴巴启动了"登月"计划，将阿里巴巴所有的数据从老的"云梯一"（Hadoop 平台）整合迁移到新的统一平台"云梯二"中，形成统一的数据中台。这不是一次简单的物理迁移，而是整个业务数据架构的升级再造。2015 年 6 月 30 日，历时一年半的升级迁移工作完成。同年"云梯一"集群正式下线，意味着阿里巴巴自主研发的大数据平台正式升级完成（见图 5-3）。

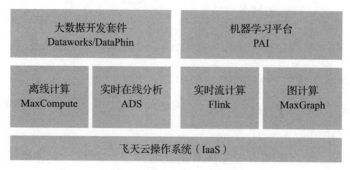

图 5-3　阿里巴巴大数据平台

在架构层面上，阿里巴巴所构建的数据中台体系改变了以往各个业务独立"建烟囱"，数据资源浪费，数据管理无序甚至失控的局面。通过统一建设的数据公共层，实现了数据统一（One Data）、身份统一（One ID）以及数据的服务统一（One Service），从而使各个业务在应用层上百花齐放。这在整个集团层面不仅支持了业务的快速奔跑，还让数据管理变得清晰可控（见图 5-4）。

阿里巴巴供应链数据中台同样是在这样的背景下建立起来的（见图 5-5）。

过去，各业务单元的供应链数据散落在多个集群。每个事业部都有自己的一套独立的数据体系和标准。各事业部的商品、货品、履约、库存、订单等供应链数据互不相通，无法进行"一盘货"管理，更无法实现集团战略层面提出的"货通全球"的目标。另外，由于数据质量、数据稳定性没有保障，业务和运营在数据使用方面承担了较大的风险。而且，由于数据不集中，管理不规范，甚至在一个业务单元的内部供应链也存在类似的问题。数据不集中，重复计算、重复存储占用和耗费了大量的资源。

阿里巴巴在数字供应链建设的初期，就将数据中台的建设放在了首要位置上。以阿里巴巴大数据计算平台大基座为支撑，以供应链业务为导向，构建了面向中台系统和业务前台的供应链数据中台，为阿里巴巴供应链数字化建设打下了坚实的基础。

从架构角度来看，供应链数据中台分为以下几个部分（见图 5-6）。

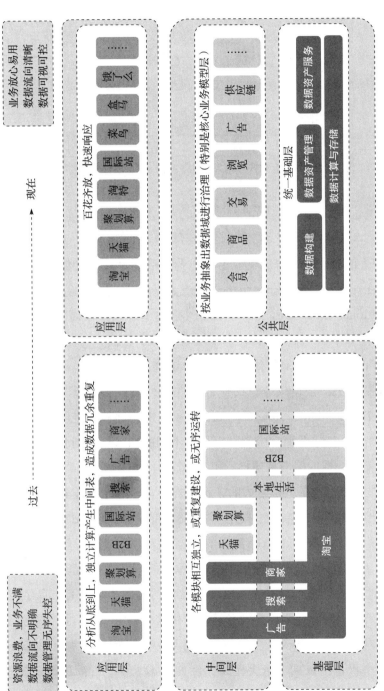

图 5-4　阿里巴巴数据中台的演进

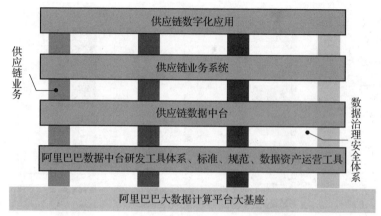

图 5-5　阿里巴巴供应链数据中台

　　首先是底层，它是构建在阿里云上的大数据计算与存储平台。然后是通过阿里巴巴数据中台的标准化研发工具所建立的供应链统一的元数据集（operational data store，ODS）层，将各业务系统的全域/全量数据接入ODS层，例如来自 TMS、WMS、OMS、商家、逆向、货品、客服、行业、制造、仓配、采购、结算等的数据都汇总至这一层。

　　在此基础上，根据供应链的业务属性进行抽象、融合以及标准化，形成并建立 DWD（data warehouse detail）层，即明细数据表层，它也是公共数据中心。DWD 数据中心内的数据根据不同的领域进行划分，但都是标准化的数据，为数据的横向打通打下了基础。

　　DWD 层中的数据量是巨大的，也是离散的。为了让业务更好地使用数据，阿里巴巴在 DWD 层之上构建了 DWS（data warehouse service）层，即数据服务层，它所产生的就是常用的数据宽表，例如用于质量管理的数据宽表、用于计划管理的数据宽表、用于库存管理的数据宽表等。在数据宽表中，阿里巴巴进一步定义了数据的标准化的指标体系，例如库存周转率、缺货率、破损率等，从而确保业务运营使用统一的数据语言进行业务管理。

　　经过以上这几个步骤产生的数据服务可以面向供应链的应用统一开放，这些应用不仅包括数据决策类应用，例如数据大屏、管理决策系统，也包括供应链运营系统，如计划系统、物流系统、生产系统等。

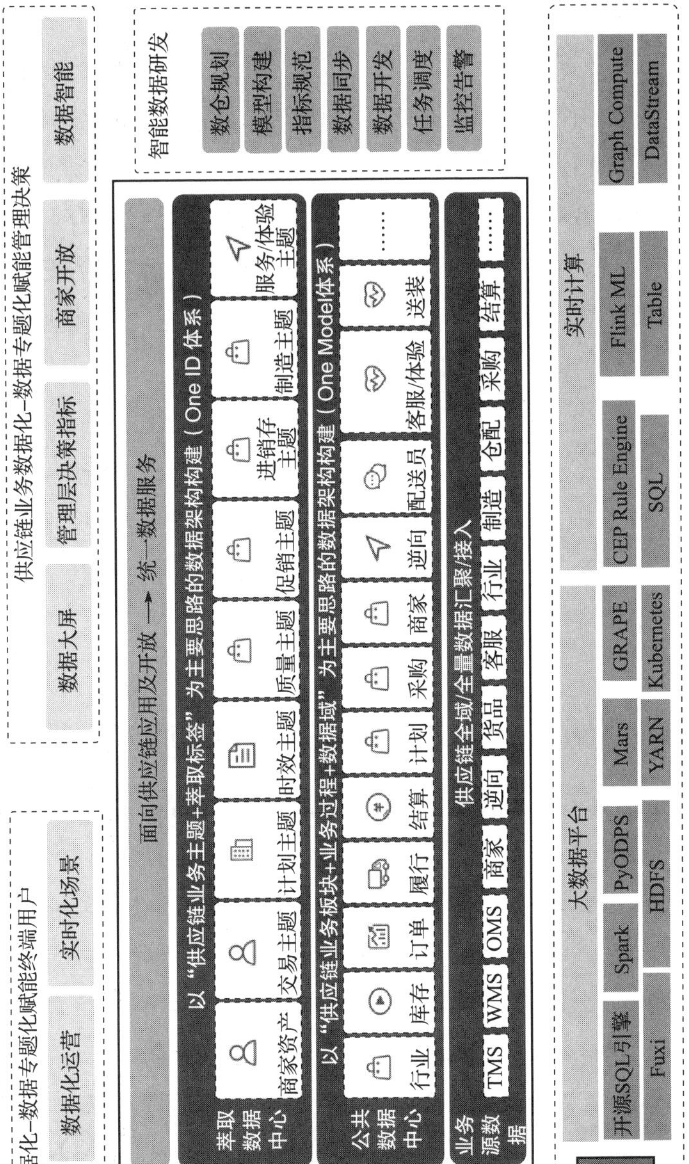

图 5-6　阿里巴巴供应链数据中台整体架构

事实上，数据中台好比一个具有大规模处理能力的炼油厂，它对集团内部的数据以及外部的数据进行汇总、加工、分类、提炼处理，以标准化的方式统一开放，供业务应用使用。而从业务应用中产生的新数据也会被源源不断地注入这个炼油厂，如此往复循环，从而使数据的价值得以充分挖掘和利用。

为了更好地对数据进行管理，整个供应链数据中台采用阿里巴巴标准化的数据资产管理、数据研发管理、数据安全管理、数据治理运营等统一的标准框架以及工具，从而确保供应链数据中台的数据能像其他中台（如业务中台、营销中台）一样在集团内部打通和使用。

今天，大多数企业由于缺少供应链数据平台（中台），各种应用系统所产生的数据杂乱无章地存储在不同的地方，数据的标准不统一，数据的语言不一致，导致企业供应链管理者严重依赖 BI 人员进行数据报表的开发。数据平台的搭建是企业从信息化时代步入数字化时代的关键一步，这一步走扎实了，才有可能打开智慧供应链的大门。

第二节　供应链 AIoT 平台：从万物互联到万物智联

供应链 AIoT 平台在智慧供应链架构金字塔中的位置，如图 5-7 所示。

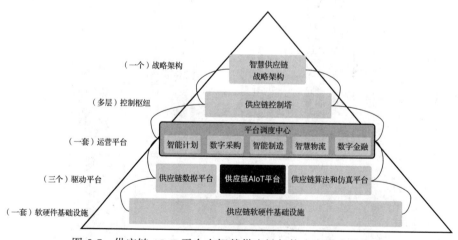

图 5-7　供应链 AIoT 平台在智慧供应链架构金字塔中的位置

能耗问题怎么解决

　　作为长锋集团东莞工厂的厂长，吴睿最近被能耗问题搞得很头痛。长锋集团是国内首屈一指的保健品头部企业，拥有从保健品研发、中草药种植到保健品生产制造和销售的完整能力。

　　2000年以后，随着老百姓对健康保养越来越重视，保健品行业进入了快车道。由于产品毛利高、销路好，许多企业为了赚快钱突破了底线，行业一度野蛮发展。2018年12月，丁香医生的一篇文章《百亿保健帝国权健和它阴影下的中国家庭》引发了舆论的震动以及行业的大整顿，保健品行业随即进入了平稳健康的发展道路。

　　告别了高毛利，告别了野蛮生长。长锋集团对于供应链，尤其是制造端的精益化管理以及成本控制提出了更高的要求。保健品的制造流程中有大量高能耗的步骤以及高能耗的设备，例如药物精华提取需要用到高温蒸馏器，药物的烘干需要用到真空带式干燥机，产品的罐装需要用到自动化流水线。在国家提出碳中和、碳达峰的目标大背景下，各地对于高能耗企业的控制越来越严格，企业随时面临拉闸限电的风险。

　　作为这个占地30万平方米的巨大工厂的负责人，吴睿不仅需要确保生产任务能够按时按点、保质保量地完成，还要确保工厂的各项能耗符合政府的要求，同时要不断缩减企业在水电方面的投入成本。

　　但是这么大规模的工厂，涉及的机器设备数量众多，仅靠人力进行能源管理是不现实的。吴睿希望能有一套能源管理系统，不仅能够对机器设备的能源数据进行抓取和分析，还能够对高能耗设备的使用进行合理的调配控制，甚至能够基于用电的峰谷以及订单的波动，使设备和设备之间相互沟通配合，以总能耗最低的方式来达成生产任务。

　　"如果能有这么一套智能化的系统就好了！"吴睿决定尽快和集团的 CIO（首席信息官）聊聊自己的想法，请他们看看是否能自主开发或者请第三方开发这样的系统。

　　案例中吴睿需要的是一套能够实现"万物智联"的 AIoT 产品，打通实体设施和虚拟网络，实现智慧供应链的"可视化、可感知、可调节"目标。那么，什么是 AIoT，我们不妨看看百度百科给出的解释：

　　AIoT（人工智能物联网）= AI（人工智能）+ IoT（物联网）。AIoT 融合 AI 技术和 IoT 技术，通过物联网产生、收集来自不同维度的、海量的数据存储于云端、边缘端，再通过大数据分析以及更高形式的人工智能，实现万物数据化、万物智联化。物联网技术与人工智能相融合，最终追求的是形成一个智能化生态体系，在该体系内，实现不同智能终端设备之间、不同系统平台之间、不同应用场景之间互融互通、万物互融。

　　从 AIoT 的发展路径来看，可以分为三个阶段：单机智能、互联智能、主动智能。

　　单机智能指的是单机设备能够精准感知、识别和理解用户的指令，并进行正确的决策、执行及反馈。但是设备与设备之间是不发生相互联系的，智能设备只是等待用户发起的交互需求。

　　互联智能打破了单机智能在数据和服务上的孤岛，通过设备之间的互联互通实现智能化的设备矩阵。它采用"一个云 / 中控，多个终端 / 感知器"的模式，针对用户的指令智能化地调配设备矩阵，以最优化的方式来满足用户的指令诉求。

　　主动智能指的是智能系统根据用户行为偏好、工作场景、环境因素等各类信息，随时待命，具有自学习、自适应、自提高能力，可主动提供适用于用户的服务，而无须等待用户提出需求。

　　当下，AIoT 仍然处于单机智能和早期的互联智能的发展阶段，离未来实现主动智能还有很长一段路要走。这背后不仅涉及单个企业或单项技术的发展，更大程度上依赖于企业、行业乃至国家在技术标准和规范方面的发展。试想，如果每个企业都搭建一套自己的 AIoT 平台，定义一套自己的 AIoT 标准，如何能够真正实现万物互联的梦想？

事实上，当下有众多的平台型企业正在快马加鞭，通过搭建开放化的 AIoT 平台及标准，将更多的物联网设备纳入自己的体系内，通过抢占技术标准的高地来建立 AIoT 生态圈，典型的平台型企业如华为、阿里巴巴、涂鸦、云起等。这就好比苹果的 iOS 生态、谷歌的安卓生态，它们在技术方面孰高孰低很难讲，但是最终比拼的一定是生态里接入的设备数、用户数。

一个开放化的 AIoT 平台通常有四层（见图 5-8），分别是：感知层（提供硬件终端及相关的软件）、传输层（提供通信模组及相关的通信服务）、平台层（提供平台服务和系统集成）、解决方案层（提供面向客户使用场景的解决方案）。

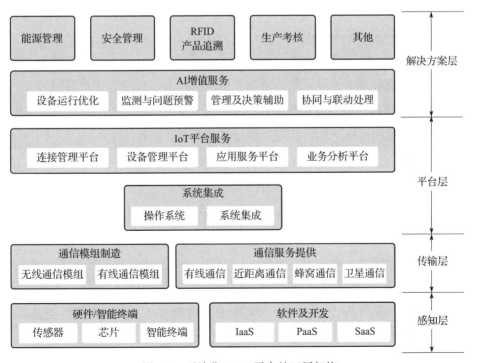

图 5-8　开放化 AIoT 平台的四层架构

《全球智能化商业》数据显示，2019 年，中国 AIoT 市场规模为 550 亿美元，而受益于新基建等政策支持，2022 年将达到 1280 亿美元，年复合增长率约 33%。在这个市场里有众多玩家。完整的 AIoT 生态主要包括两类玩家：平台型企业和硬件类企业。

平台型企业主要提供基于云技术的系统集成平台，能够实现设备的连接、控制和云端智能化管理。具体展开来看，包含以下几方面。

（1）云端管理：提供一套完整的安全可靠的云端存储和管理系统，可根据用户的需要进行专有或混合云部署。

（2）设备上云：能够快速实施设备连接云端的方案，支持主流的模组和芯片，能够快速进行集成。

（3）远程控制：支持电脑端和手机端远程控制，提供公共版本和定制化版本来满足使用者的需求，降低开发成本。

（4）整体集成：为用户提供适用于企业场景的整体集成化方案，帮助企业无风险地快速实施 AIoT 平台。

（5）SaaS 产品：在 AIoT 平台上为企业提供 SaaS 化的产品和服务，企业可基于自身的需要进行订购，例如能源管理产品、安全管理产品等。

（6）AI 算法：在 SaaS 产品中，能够基于用户的诉求以及物联网收集的数据进行算法和运筹规划，实现互联设备的智能化运行。

硬件类企业主要提供物联网相关的设施设备，包括传感器、芯片、智能终端以及通信模组。它们的主要功能介绍如下。

（1）传感器：用于感知、获取和测量供应链物理世界如机器、设备的相关信息并转换为可用信号的元器件或装置，例如温湿度传感器、加速度传感器、压力传感器等。

（2）芯片：物联网芯片主要包括集成在传感器 / 模组中的基带芯片、射频芯片、定位芯片等，也包括嵌入终端的系统级芯片，如微型控制类芯片、复杂实时微算力类芯片、性能算力加速类芯片。

（3）智能终端：具备传感互联、人机交互、新型显示及大数据处理的硬件终端，它既可能是传统硬件经过智能化、物联网化改造后的终端，也可能是一体化制造的智能化硬件终端。有些智能终端已经集成了传感器、芯片、通信模组等功能。

（4）通信模组：所谓模组就是实现某些特定功能的组件，内部通常集成了芯片、PCBA（印刷电路板）和包含协议的嵌入式软件。物联网通信模组分为有线和无线两类，为物联网设备提供通信接口和标准化通信解决方案。

除此之外，生态内还有提供底层通信服务的通信服务商以及在平台生态之上提供各种应用及服务的软件开发者或开发商。

或许读者会疑惑，如果将 AIoT 的智能计算和控制都放在云端（远端），如何能够及时地对工厂、现场的情况进行快速响应？尤其对于复杂多变的突发状况，如果等待云端进行大量计算后，再通过无线远程通信模组将控制信号传输给设备，很可能因为速度太慢、效率太低而带来风险和损失。

因此，AIoT 系统需要具备一定的边缘计算能力，能够在靠近物或数据源头的一侧，采用集网络、计算、存储、应用核心能力为一体的开放平台，就近提供最近端服务。其应用程序在边缘侧发起，能够产生更快的网络服务响应，满足行业在实时业务、应用智能、安全与隐私保护等方面的基本需求。边缘计算处于物理实体和工业连接之间，或处于物理实体的顶端。而云端计算仍然可以访问边缘计算的历史数据。

作为打通虚拟网络和实体设施的基础设施，AIoT 既可以成为智慧供应链的眼睛和身体，同时也具备大脑的思考能力，成为打造未来智慧供应链"眼脑身"有机体的关键基础设施。

第三节　供应链算法和仿真平台：智慧决策与数字孪生

供应链算法和仿真平台在智慧供应链架构金字塔中的位置，如图 5-9 所示。

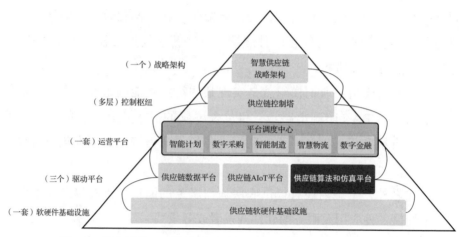

（一个）战略架构

智慧供应链
战略架构

（多层）控制枢纽

供应链控制塔

（一套）运营平台

平台调度中心

智能计划　数字采购　智能制造　智慧物流　数字金融

（三个）驱动平台

供应链数据平台　供应链AIoT平台　供应链算法和仿真平台

（一套）软硬件基础设施

供应链软硬件基础设施

图 5-9　供应链算法和仿真平台在智慧供应链架构金字塔中的位置

多级仓网如何规划

　　杨华是某新兴电商平台的供应链负责人。平台成立时间虽然不长，但由于市场定位精准，商品适销对路，加之平台玩法新颖独特，用户数量迅速增长，GMV 也快速攀升。

　　与此同时，平台的快速发展给供应链带来的压力与日俱增，原有的单仓快递发全国的模式显然已经无法满足公司发展的要求。一方面，随着商品数量、库存深度的增加，原有单仓的面积早已不够，仓内作业的效率逐步下滑；另一方面，单纯用快递的方式成本太高；此外，单仓服务全国的时效表现也不好，客户总是投诉送货慢。

　　为了能够给客户提供更快更好的服务，也为了降低成本提高效率，杨华决定在全国布局多级仓网模式。通过总仓、城市仓的两级仓网，通过库存前置、干线调拨、落地配、城市配送等方式对供应链网络进行全面升级。

　　想法固然好，但是这里面有太多的细节需要搞清楚。例如，总仓现有面积够不够？城市仓需要多大面积的？什么品类应该放在总仓，什么品类应该放在城市仓？总仓和城市仓的库存周转率设置为

多少才合理？总仓到分仓的补货调拨周期是多长？落地配、城市配
送的时效能达到什么水平？如何能够实现成本、时效、服务的最优
化配置……

　　杨华希望这不是一次性的规划，由于公司发展较快，未来最好能
够每隔半年就对整个网络进行一次迭代。更为重要的是，仓网规划
不只是杨华所负责的供应链这一个部门的事情，还涉及商品管理部
门、商家管理部门、各大区销售部门，甚至还包括财务部门。例如，
销售部门需要提供未来销量的预估，商品部门需要提供入仓商品的种
类数，商家管理部门需要提供主要供应商的入仓方式，财务部门需要
提供整体的供应链预算和成本目标。只有根据这些预测数据，更为准
确地说是根据这些商业假设才能推导出仓网布局和结构。杨华希望改
变过往在"开仓、搬仓、关仓"的决策过程中大家乱给数据、乱拍脑
袋，事后无法对之前提供的商业假设进行复盘追溯的情况，能够通过
一套产品系统将所有的商业假设作为各部门的输入记录到系统中，通
过"假设－验证"的循环来提升仓网决策的质量和效率。

　　这事情听上去简单，但是越想越深、越想越复杂，杨华打算先
根据自己的想法做一个初步的方案提交上去，跟大家讨论讨论再看
下一步如何推进……

　　"智能计划：需求驱动的一体化计划体系"一节中指出，网络规划属于
供应链战略层级的计划，它确定了供应链计划管理的上限和边界。当网络
确定下来后，一切供应链的优化都是在这个框架之下的优化。因此，网络
规划的重要性不言而喻。

　　不少人会觉得：网络规划不就是拿出地图，看一下产地在哪儿，消费
者在哪儿，现在交通那么发达，在产地和消费者之间选一条最近的路线不
就完事了吗？而事实上，与案例中所描述的场景类似，网络规划远没有想
象的那么简单。

我们通过电商平台购买商品，可以根据平台提供的页面查询到商品的路径信息。常常会听见消费者抱怨："打开路径地图看，我的商品怎么离我越来越远了呢？快递明明可以走直线，却偏偏绕了一个大圈去旅游了！"

事实上，为了实现时效、成本、服务的最优化组合，实际的供应链网络并不会如消费者心中所想象的那样让所有货物都走直线最短路径。其往往需要结合"人（消费者）–品（商品）–商（商家）–货（库存）–仓（仓库）–配（配送）"等多个因素，综合考量计算之后才能做出最佳的选择。其中还可以进一步分为宏观和微观两部分。

宏观部分通常称为"网络规划"，它不考虑具体的商品、具体的商家、具体的消费者，而是考虑一段时间内总的品类有哪些、订单的流向大致是怎样的、商家的大致位置在哪里等，从宏观角度通过算法来确定供应链网络的布局以及库存的分布等。如图 5-10 所示，根据商业假设推算之后，决定在沧州设立一个大的中转仓节点。因此来自深圳、东莞、金华等地的货物都会先被送到这个中转节点后再分发到全国各地。虽然单个货物看起来配送路径更远了，但总体的网络时效和成本是最优的。

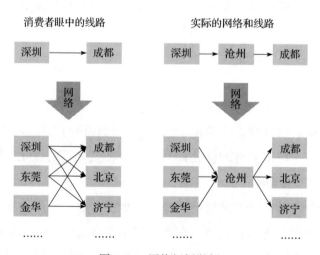

图 5-10   网络规划举例

微观部分通常称为"路由调度"或者"动态路由"。它是在确定的宏观网络框架之内，根据具体的消费者订单来匹配供应链网络上的商品库存，从而选择最优化的配送路径。例如，成都的消费者购买的商品的产地虽然在深圳，但是经过动态路由算法计算之后发现在金华仓里有库存，而"金华－沧州－成都"的路径最短、时效最优、成本最佳，那么系统会选择由金华仓的库存来履约。

宏观部分的网络规划通常是离线的计算，结合不同的商业假设，通过算法给出几个不同的解决方案让用户进行选择；微观部分的动态路由通常是在线的实时计算，根据用户之前在系统中配置的路由规则，根据实时数据通过算法产出路径并立即执行。所以说规划通常是离线计算，执行通常是在线计算。

离线计算还有可能会应用到仿真技术或仿真产品，将前述算法计算出来的网络模型在仿真系统中进行搭建或配置，由系统根据历史数据模拟生成新的离散数据（如消费者订单、购买的商品等）注入网络模型中，运行一段时间后，看这个模型所输出的库存周转率、缺货率、成本、时效、销量等一系列指标是否符合预期。

这项仿真技术通常被称为代理人基模型（agent-based model simulation，ABMS），是一种用来模拟具有自主意识的智能体（独立个体或共同群体，例如组织、团队）的行动和相互作用的计算仿真模式。

如今，仿真技术被大量应用在供应链管理中。我们经常听到的"数字孪生"即仿真的一种形式。为了减少每次仿真的工作量，可以根据企业的供应链场景提前搭建好仿真平台，并在平台内预设一些模型或者建立模型的快速配置能力。例如企业的仿真平台里预设有工厂的仿真模型（工厂的"数字孪生"）、供应链网络的仿真模型（供应链网络的"数字孪生"），实际使用时可以调出模型进行修改或配置，然后通过 ABMS 技术注入模拟数据来推演结果（见图 5-11）。

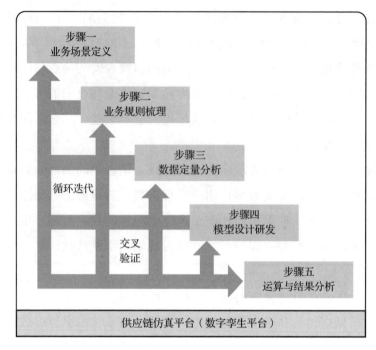

图 5-11   供应链仿真的基本流程步骤

　　以上通过网络规划的例子简单阐述了算法和仿真的应用。供应链上的算法和仿真应用场景非常多，从供应链的战略层面到战术层面，直至运作执行层面都有算法和仿真的用武之地。

　　例如，在零售场景中，在战略层面，可以通过算法来辅助进行年度季度需求预测、网络规划、品类规划；在战术层面，可以通过算法来辅助进行月度周度需求预测、制定库存策略、制订采购补货计划；在执行层面，可以通过算法来辅助进行每天甚至每小时级别的需求预测，做库存的动态路由调度，以及对货物进行实时的追踪，对质量问题进行追溯（见图 5-12）。

　　再如，在制造场景中，算法和仿真能帮助我们做产能规划、产线规划、排程计划、物料齐套、实时调度、质量监控等工作（见图 5-13）。可以说，在智慧供应链中，算法和仿真的应用无处不在。

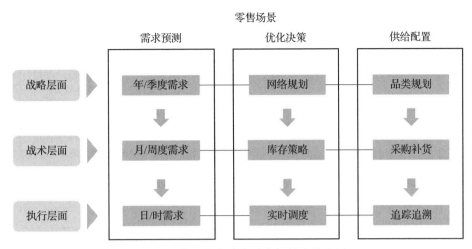

图 5-12　算法与仿真在零售场景中的应用

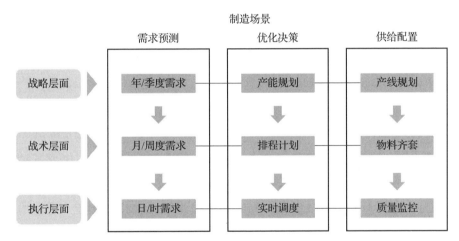

图 5-13　算法与仿真在制造场景中的应用

　　当然，从最初的供应链完全由人工进行决策（第一阶段），到通过数理统计的方法进行简单的分析判断（第二阶段），再到可以依据数据进行局部的算法优化（第三阶段），然后到可以通过多方协同，依据全局数据进行端到端的优化仿真（第四阶段），最后实现从战略层到执行层，能够随需应变，通过"离线规划＋实时动态优化"的方法，实现最终的智慧供应链（第五阶段），我们需要逐步地对企业需要运用的算法模型进行打磨、沉淀，甚至引入一些成熟的第三方算法（见图 5-14）。

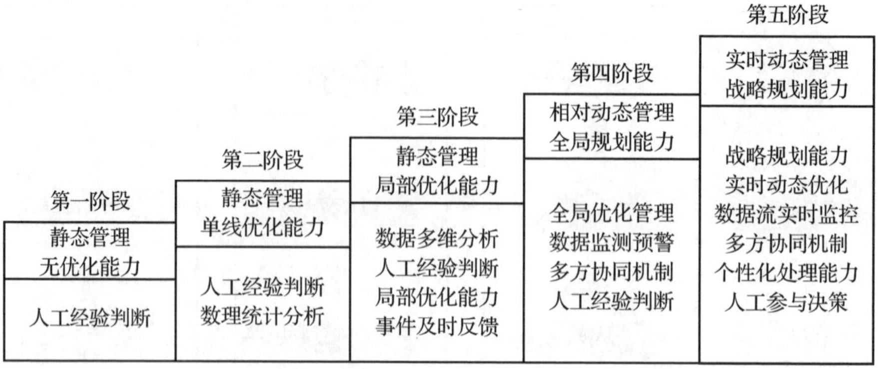

图 5-14　算法与仿真在智慧供应链上的演进路径

对于有一定规模的企业或企业集团，并且在数字化方面有自己的产品开发团队，可以考虑在企业内部构建一个 AI 算法平台或者引入第三方的 AI 算法平台，用来支持通用及定制化算法模型的开发和沉淀。

AI 算法平台可以快速定位到最合适的算法模型，调整算法参数，将大规模的模型训练部署到企业内部预置或者云端 CPU、GPU、TPU 集群，最后提供一套管理和监控模型训练流程的完整系统。机器学习最重要的一步在于配置和调整算法参数，一个机器学习模型会根据数据学习生成多个模型参数。不同的机器学习算法有不同的算法参数。AI 算法平台可以帮助我们发现、设置和调整算法参数，同时还能提供算法选择和比较，这些功能对于企业上升到智慧供应链阶段来说是不可或缺的。

可能有人会认为，外部第三方软件公司提供的软件有很多预置的算法，或者当企业使用算法的时候，单纯地从第三方购买算法模型就可以了，完全没有必要自己搞一个平台出来。的确，今天大部分的企业还处于信息化或者数字化的早期建设阶段，数据的采集、数据的体量都还不足够的时候，运用算法进行供应链的规划和优化还只能是仰望星空的美好梦想。但是，随着企业朝着智慧供应链的方向快速迈进，一定会有越来越多的企业、越来越多的场景需要基于大数据的算法来支持企业的规划或动态决策。

"一千个读者眼中就会有一千个哈姆雷特"，每一家企业都有自己独特的经营方式，都有自己的供应链运作特点。而算法，尤其是如今大量运用机器学习的算法，需要结合大量企业自身的数据进行训练打磨才能真正发挥出效力。那些售卖的脱离了企业实际的应用场景的通用化的算法模型只能解决一些基本的问题，很难适应企业的需要。因此，企业在数字供应链建设早期，可以通过预置的或者第三方的算法模型解决一些单线的或局部的优化问题，但是当企业进入全面智慧供应链建设阶段，就可以考虑逐步搭建起或者引入第三方的 AI 算法平台，以平台化的方式来满足企业未来对大量算法开发、训练的需要。

以阿里巴巴机器学习平台 PAI 为例（见图 5-15），PAI 起初是服务于阿里巴巴内部（例如淘宝、支付宝和高德）的机器学习平台，致力于让公司内部开发者更高效、简洁、标准地使用人工智能技术。随着 PAI 的不断发展，2018 年 PAI 正式商业化，目前已经积累了数万企业客户和个人开发者，是中国领先的云端机器学习平台之一。它不仅提供基于 parameter server（参数服务器）的支持上百亿特征、千亿训练样本的超大规模经典算法，同时还提

图 5-15　阿里巴巴机器学习平台 PAI

注：来源于阿里云官方网站，公开数据。

供兼容 Caffe、PyTorch 以及基于大规模 GPU 集群、深度优化的 TensorFlow 深度学习引擎。

PAI 面向企业及开发者，是一套从数据处理、算法开发、模型训练、模型自动化调优到模型在线 / 离线推理的一站式 AI 研发平台。

PAI 的优势包括：

第一，服务支持单独或组合使用。支持一站式机器学习，用户只要准备好训练数据（存放到 OSS 或 MaxCompute 中），所有建模工作（包括数据上传、数据预处理、特征工程、模型训练、模型评估和模型发布至离线或在线环境）都可以通过 PAI 实现。

第二，对接 DataWorks（阿里大数据平台工具），支持 SQL、UDF、UDAF、MR 等多种数据处理方式，灵活性高。

第三，生成训练模型的实验流程支持 DataWorks 周期性调度，且调度任务区分生产环境和开发环境，进而实现数据安全隔离。

PAI 的产品架构分为以下几层。

（1）基础设施层：涵盖硬件设施、基础平台、计算资源及计算框架。

- PAI 支持的硬件设施包括 CPU、GPU、FPGA、NPU、阿里云容器服务（ACK）及 ECS。
- 云原生 AI 基础平台和大数据计算引擎层支持云原生 AI 基础平台 PAI-DLC，大数据计算引擎包括 MaxCompute、EMR、实时计算等。
- 在 PAI 上可以使用的计算框架包括 PAI-TensorFlow、PAI-PyTorch、Alink、ODL、AliGraph、EasyRL、EasyRec、EasyTransfer 及 EasyVision 等，用于执行分布式计算任务。

（2）工作空间层：工作空间是 PAI 的顶层概念，为企业和团队提供统一的计算资源管理及人员权限管理能力，为 AI 开发者提供支持团队协作的全流程开发工具及 AI 资产管理能力。PAI 工作空间和 DataWorks 工作空间在概念和实现上互通。

（3）按照机器学习全流程，PAI 分别提供了数据准备、模型开发和训练及模型部署阶段的产品。

- 数据准备：PAI 提供了智能标注（iTAG），支持在多种场景下进行数据标注和数据集管理。
- 模型开发和训练：PAI 提供了可视化建模（PAI-Designer）、交互式编程建模（PAI-DSW）、训练任务提交，满足不同的建模需求。
- 模型部署：PAI 提供了云原生在线推理服务平台 PAI-EAS，快速地将模型部署为服务。
- 此外，PAI 提供了智能生态市场和 AI 能力体验中心，用户可以获取并体验业务解决方案和模型算法，实现相关业务和技术的高效对接。

（4）AI 服务层：PAI 广泛应用于金融、医疗、教育、交通、安全以及供应链等各个领域。阿里巴巴内部的搜索系统、推荐系统及金融服务系统等，均依赖于 PAI 进行数据挖掘。

类似地，除了阿里巴巴的 PAI 机器学习平台，还有亚马逊的 SageMaker 平台、华为的 ModelArts 平台、京东的 KuAI 平台等，可以在各家平台的官网上找到具体的资料进行学习和试用。需要指出的是，AI 机器学习平台都是面向企业或个人算法开发者的平台，不是针对供应链业务运营人员开箱即用的平台。

除了 AI 算法平台，需要多次应用供应链仿真（数字孪生）的企业或企业集团，也可以搭建仿真平台，以配置化的方式来定义仿真的输入输出数据、仿真的业务场景和业务策略、仿真运行的时间、仿真的结果指标评价标准等，从而提高多次仿真的效率。

如图 5-16 所示，仿真平台分为数据层、模型层、流程配置层和场景层。

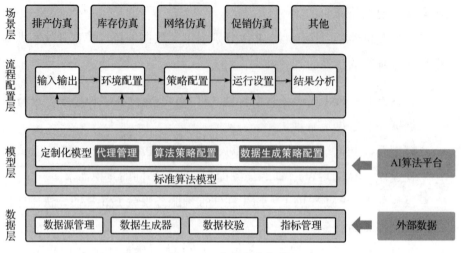

图 5-16   仿真平台架构

- 数据层主要定义仿真的数据来源、数据生成的方式、数据的校验规则以及指标体系，它可以打通和集成外部数据来源。
- 模型层主要定义仿真的 Agent（业务模块，如生产 Agent、物流 Agent 等）、仿真需要使用的算法模型等，它可以调用算法平台的算法模型能力。
- 流程配置层主要是按步骤搭建仿真的实验室，包括配置好输入输出、环境、策略、运行方式以及如何进行结果分析。
- 场景层是最上层，是为了某一个具体的业务场景所搭建的仿真实验室，也是仿真用户可以看到并操作的解决方案端面，它可以帮助用户快速地对业务场景进行仿真。

和 AI 算法平台类似，仿真平台通常面向的是开发人员或者具备相关知识的高级用户，它通常也不是面向普通业务运营人员的即开即用的产品。

虽然对于今天大部分的供应链管理者来说，算法和仿真更多的是一个个熟悉又陌生的概念，但随着供应链的发展，越来越多的企业将充分挖掘数字化时代的数据优势，通过算法和仿真构建起智慧决策的供应链体系。

本章小结

本章我们详细阐述了供应链的三个驱动平台，即供应链数据平台、供应链 AIoT 平台、供应链算法和仿真平台。供应链的运营平台解决了供应链业务流程线上化的问题，而供应链的驱动平台则是智慧供应链系统与传统供应链系统的核心差异。本章的核心要点归纳如下。

（1）数据中台体系改变了以往各个业务独立"建烟囱"，数据资源浪费，数据管理无序甚至失控的局面。通过统一建设的数据公共层，实现了数据统一（One Data）、身份统一（One ID）以及数据的服务统一（One Service），从而使各个业务在应用层上百花齐放。

（2）供应链数据中台通常由大数据计算与存储平台、元数据集层（ODS）、明细数据表层（DWD）、数据服务层（DWS）组成。

（3）数据中台好比一个具有大规模处理能力的炼油厂，它对公司内部的数据以及外部的数据进行汇总、加工、分类、提炼处理，以标准化的方式统一开放，供业务应用使用。而从业务应用中产生的新数据也会被源源不断地注入这个炼油厂，如此往复循环，从而使数据的价值得以充分挖掘和利用。

（4）AIoT（人工智能物联网）=AI（人工智能）+ IoT（物联网）。AIoT 融合 AI 技术和 IoT 技术，通过物联网产生、收集来自不同维度的、海量的数据存储于云端、边缘端，再通过大数据分析以及更高形式的人工智能，实现万物数据化、万物智联化。物联网技术与人工智能相融合，最终追求的是形成一个智能化生态体系，在该体系内，实现不同智能终端设备之间、不同系统平台之间、不同应用场景之间互融互通、万物互融。

（5）从 AIoT 的发展路径来看，可以分为三个阶段：单机智能、互联智能、主动智能。

（6）一个开放化的 AIoT 平台通常有四层，分别是：感知层（提供硬件终端及相关的软件）、传输层（提供通信模组及相关的通信服务）、平台层（提供平台服务和系统集成）、解决方案层（提供面向客户使用场景的解决方案）。

（7）AIoT系统需要具备一定的边缘计算能力，能够在靠近物或数据源头的一侧，采用集网络、计算、存储、应用核心能力为一体的开放平台，就近提供最近端服务。其应用程序在边缘侧发起，能够产生更快的网络服务响应，满足行业在实时业务、应用智能、安全与隐私保护等方面的基本需求。边缘计算处于物理实体和工业连接之间，或处于物理实体的顶端。而云端计算仍然可以访问边缘计算的历史数据。

（8）ABMS（代理人基模型）是一种用来模拟具有自主意识的智能体（独立个体或共同群体，例如组织、团队）的行动和相互作用的计算仿真模式。

（9）"数字孪生"即仿真的一种形式。为了减少每次仿真的工作量，可以根据企业的供应链场景提前搭建好仿真平台，并在平台内预设一些模型或者建立模型的快速配置能力。

（10）从最初的供应链完全由人工进行决策（第一阶段），到通过数理统计的方法进行简单的分析判断（第二阶段），再到可以依据数据进行局部的算法优化（第三阶段），然后到可以通过多方协同，依据全局数据进行端到端的优化仿真（第四阶段），最后实现从战略层到执行层，能够随需应变，通过"离线规划＋实时动态优化"的方法，实现最终的智慧供应链（第五阶段），我们需要逐步地对企业需要运用的算法模型进行打磨、沉淀，甚至引入一些成熟的第三方算法。

（11）算法，尤其是如今大量运用机器学习的算法，需要结合大量企业自身的数据进行训练打磨才能真正发挥出效力。那些售卖的脱离了企业实际应用场景的通用化的算法模型只能解决一些基本的问题，很难适应企业的需要。因此，企业在数字供应链建设早期，可以通过预置的或者第三方的算法模型解决一些单线的或局部的优化问题，但是当企业进入全面智慧供应链建设阶段，就可以考虑逐步搭建起或者引入第三方的 AI 算法平台，以平台化的方式来满足企业未来对大量算法开发、训练的需要。

（12）除了 AI 算法平台，需要多次应用供应链仿真（数字孪生）的企业或企业集团，也可以搭建仿真平台，以配置化的方式来定义仿真的输入输出数据、仿真的业务场景和业务策略、仿真运行的时间、仿真的结果指标评价标准等，从而提高多次仿真的效率。仿真平台分为数据层、模型层、流程配置层和场景层。

第六章

如何搭建智慧供应链控制塔

全局视野　精准控制

　　本章我们来谈谈智慧供应链控制塔。之所以将供应链控制塔放在本章来讲，是因为它是智慧供应链的上层建筑，通过它来俯瞰供应链，不仅具备了全局视野，还能够精准、精确地定位和解决问题。

　　供应链控制塔在智慧供应链架构金字塔中的位置，如图 6-1 所示。

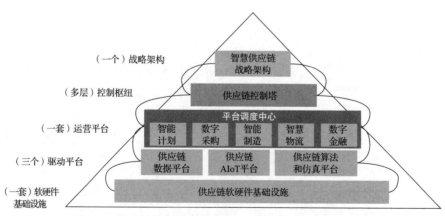

图 6-1　供应链控制塔在智慧供应链架构金字塔中的位置

第一节　什么是供应链控制塔：站得高，看得远

数据大屏有什么用

"所以，贵公司真正需要的是一个全局可视的供应链控制塔。而我们公司所搭建的供应链数据大屏就是这样一个产品，您可以通过它看到公司供应链上的各种实时数据，包括全国和各大区的销量、订单和缺货情况，工厂的生产和库存情况，仓配履约的及时性等关键数据。并且……"庄穆停顿了一下，运用自己从事 B 端销售多年所训练出来的坚定且极具亲和力的目光与在场的客户逐一且迅速地"交流碰撞"之后，缓缓地说道，"并且，这样一个大屏，挂在您的办公室里，供应链就在您的一手掌控之中了呀！"

这是庄穆本周拜访的第四家客户。作为一名专业的售前顾问，客户 Call-High（高层销售）对于庄穆来说就是家常便饭，一套套制作精美的 PPT，一个个引人入胜的商业故事，以及演练多遍的话术和专业严谨的肢体语言，加上极具亲和力的目光，庄穆的签单率极高，在售前顾问中业绩一直名列前茅。然而，自信满满的庄穆今天却遇到了一些麻烦。

"庄老师，冒昧请教您几个问题。首先，您说的数据大屏我感觉就是一个挂在墙上的 BI 报表嘛，它和供应链控制塔有什么关系，控制了什么？其次，供应链管理不是我一个人的事情，给我的办公室搞这么一个大屏，我哪有时间天天盯着看，这不是要累死我吗？我希望我的团队，采购总监、物流总监、制造总监……还有他们几位的团队能够学会看数据，用数据，只有他们都花时间了，我才能少花点时间在这些事情上面。公司里有更多战略性的工作需要我思考，这个花架子对我来说价值不大。最后，你们软件公司的顾问我见过很多，整天就只想着怎么卖产品，而不是站在我们的角度看问题。我们内部现在很多运作层面的工作都还是手工处理，这个数据大屏

的数据从哪里来，准不准？别到时候不看还好，一看还误导了我的判断！"

提问的是这家国内知名企业集团的供应链总经理俞颂，他负责这家年销售额近千亿元的企业集团的多个业务板块的供应链管理工作。"做事雷厉风行，说话直击要害"是俞颂一贯的风格。今天也不例外，他并没有给庄穆留任何面子，说是请教，实际上这番掷地有声的质问，让庄穆瞬间感到后背发凉。

庄穆毕竟在商场混迹了多年，也不是第一次面对这样的场景。虽然心里咚咚直打鼓，但他依然保持着专业严谨且富有亲和力的神态："俞总，您真是内行大家，几个问题下来针针见血呀。我呢，也不在这里一一回答您的问题，这次来是第一次见您，准备不够充分，也没能完全展示出我们的能力。您看这样好不好，我带着团队来做一次完整的调研，从咱们集团的实际情况出发给出一个让您满意的方案，您看如何？"

俞颂和他的团队快速讨论了几句，转过头对着庄穆笑道："就给你们一次机会吧，但机会有且只有一次。希望你们把工作做扎实，下次过来，好好跟我讲讲什么才是真正的供应链控制塔！"

"一定，一定！"庄穆感到庆幸的是，虽然俞总的问题他没能很好地回答上来，但通过自己的努力和技巧，项目总算往前推进了一步。他决定尽快回到公司，与产品人员讨论一下供应链控制塔的真正定义！

对于"供应链控制塔"这个名词，想必我们不会陌生，但正如案例中所描述的那样，对于供应链控制塔究竟是什么，它能够解决什么问题，它的产品形态和边界在哪里……诸如此类的问题，我们或多或少都会犯嘀咕。有趣的是，业界至今对供应链控制塔的定义也是众说纷纭。

例如，埃森哲给出的定义是：供应链控制是一个共享服务中心，负责监控和指导整个端到端供应链的活动，使之成为协同的、一致的、敏捷的和需求驱动的供应链。

Gartner 给出的是物流控制塔的概念：物流控制塔是一个物理或虚拟仪表板，提供准确的、及时的、完整的物流事件和数据，从组织和服务的内部及跨组织运作供应链，以协调所有相关活动。

凯捷咨询给出的定义是：供应链控制塔是一个中心枢纽，具有所需的技术、组织和流程，以捕捉和使用供应链数据，提供与战略目标相一致的短期和长期决策的可见性。

以上这些概念都比较抽象，有的说供应链控制塔是数据仪表盘，有的认为它是一个中心枢纽，有的将它定义为共享服务中心。那么，供应链控制塔究竟有何作用呢？

不妨先来看一看我们熟悉的机场控制塔（见图 6-2），看看它具备什么特点，有什么作用。百度百科给出的定义是：控制塔或称塔台，是一种设置于机场中的航空运输管制设施，用来管理飞机起降的地方。它通常具备如下特点。

图 6-2　机场控制塔

（1）全局视野：高度必须超越机场内其他建筑，以便航空管制人员（简称航管人员）能看清楚机场四周的动态。顶楼通常四面皆为透明的窗户，能保持360度的视野。

（2）实时在线：通常会有能容纳许多航管人员和其他工作人员的空间，塔台也会保持一年365天、每天24小时开放。

（3）互联互通：能与飞机内部通信的无线电设备，连接到航管人员的麦克风、扬声器或收话器；可用快速拨号联络的内线及外线电话系统，以便航管人员能彼此以及和外面的人员通话。

（4）控制中枢：监视器和仪表。通常包括：机场交通监视器，它是一种小型的雷达显示器，能显示机场附近的飞机位置；地面活动雷达，能显示机场内飞机和车辆的位置，在夜晚或视线不佳时能帮助航管人员辨认；电脑化的气象、航班资讯以及简报系统。

（5）风控预警：能张贴飞航管制记录条的公告板（大部分机场已经使用电脑化的系统取代）；能发出强光的"光枪"，当无线电损坏或失效时，即可用飞航管制灯光信号与飞机驾驶员沟通。

以首都机场为例，其承载了上百家航空公司的商业航班运营，年旅客吞吐量超过1亿人次，每日进出港航班数量近千架次，日旅客流量数十万。除此以外，它还连接了65个国家及地区的294个航点。如果没有控制塔，首都机场是无法正常运作起来的。

当然，无论是首都机场这样的超大规模的机场，还是如武夷山这种年旅客吞吐量不到100万人次的小机场，控制塔都不可或缺，区别只是塔台的数量多少的问题。

机场的运作和供应链类似：机场里有不同的职能部门，有客户也有合作商，有进港的航班也有出港的航班。机场作为一个节点，还需要和全球其他节点相互连接，形成一张庞大的交通网络。

因此，一个典型的供应链控制塔也同样需要具备和机场塔台类似的作用：全局视野、实时在线、互联互通、控制中枢以及风控预警。本书将其串联起来，给出如下定义：供应链控制塔是一个具备供应链全局视野，并且能够与供应链各个模块实现互联互通，对供应链运营进行实时在线控制和风险预警监控的控制中枢。

由此可见，供应链控制塔显然不是如案例中庄穆所指的一个可以挂在总经理办公室墙上的数据大屏。那么，供应链控制塔应当包含哪些模块，它和智慧供应链的其他部分有什么关系？我们将在第二节展开。

第二节　供应链控制塔架构：不要做成"空中楼阁"

供应链控制塔无法独立存在，它是智慧供应链的上层建筑（见图 6-3）。

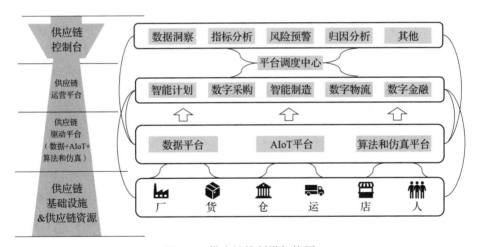

图 6-3　供应链控制塔架构图

向上，供应链控制塔首先承接了智慧供应链的战略架构。根据供应链战略，在供应链控制塔上设置相关的多层级的供应链指标体系，能够对指标进行跟踪、分析、预警和归因。这是供应链控制塔的顶层，也是供应链控制塔作为一个产品平台形态的表现形式。但它不应当是供应链控制塔的全部。顶层的好坏取决于供应链控制塔塔身是否足够坚固牢靠。这个塔身就由前述章节中所讲到的"供应链运营平台"和"供应链驱动平台"以及它们所连接的"供应链基础设施 & 供应链资源"组成。

当在顶层发现并精准定义出问题之后，可以向下通过供应链的运营调度中心（例如订单中心 OMS、计划中心 SCP）或者直接下发指令给供应链运营平台的各个模块，从而驱动这些模块做出动作，如计划系统、采购系统、制造系统、物流系统等，驱动它们解决问题。这是控制塔的第三层。

作为一个由数据和算法驱动的平台，供应链控制塔需要由供应链的数据平台、AIoT 平台以及算法和仿真平台支撑。由数据出发，结合算法做出分析归因和决策，下发到运营平台执行，执行之后形成新的数据并返回到供应链控制台进行比对。如此循环往复，推进供应链指标的改善和提升（见图 6-4）。这是供应链控制塔的第二层。

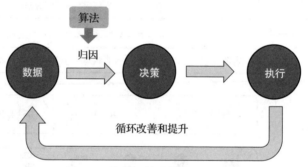

图 6-4　数据、算法辅助问题归因

供应链控制塔的底层，是供应链上的各种基础设施和供应链资源。供应链控制塔不直接与这一层进行连接，而是通过运营平台和驱动平台与基础设施和资源进行关联。事实上，智慧供应链的最终目的就是通过卓越的供应链运营来调度各种供应链资源，以达到资源的最优化配置和最大化效用，而供应链控制塔就是帮助我们对全局运营进行监督控制的平台。

如果孤零零地只谈供应链控制塔的顶层，而没有将其与智慧供应链的上下各层关联起来，以一个整体的方式进行架构，那么这个供应链控制塔就真的成了所谓的"空中花园"或"空中楼阁"，看上去很美，但实际作用很有限。

讲到这里，对于在供应链控制塔的定义中所提出的"控制中枢"概念，读者可能还有疑惑："企业应该只有一个供应链控制塔，还是应当建设多个供应链控制塔？如果是多个，它们之间又是什么关系？"正如北京机场建设有多个塔台，每个塔台有供不同职责的工作人员使用的数字控制系统。供应链控制塔也应当是由多个控制塔组成的塔群，它们之间相互关联，并且分层管理。

如图 6-5 所示，可以从多个维度来构建主塔台（中央控制塔台）和子塔台（局部控制塔台）。例如可以根据总部／区域的维度，根据全局／模块（采购、制造、计划等）的维度，根据一级指标／二级指标／多级指标分层的维度……无论采用什么维度，最终都会形成总分式控制塔架构（见图 6-5）。

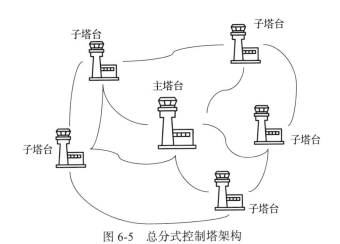

图 6-5　总分式控制塔架构

举一个典型的例子。作为一家品牌企业，某公司的供应链控制中枢（主塔台）包括供应链的一级指标的可视化展示，主要为公司的供应链高层提供全局视野，并对主要问题进行预警或定位。当高层希望对某个问题更进一步了解时，可以下钻到局部控制塔台（子塔台），如物流控制塔、库存控制塔、计划控制塔等。这些子塔台的主要用户是负责对应模块的部门，它们可以在对应的控制塔里发现问题，并通过控制塔页面直接跳转到运营系统里进行操作以解决问题，并回到控制塔对解决进度进行跟踪复盘。当然，这仅仅只是控制塔的一种表现形式，结合企业的实际情况可以有多种形态的转变。

本章小结

本章重点讨论了供应链控制塔的定义和架构。业界对供应链控制塔有许多不同的定义，本书尝试从实践的角度提出供应链控制塔的定义，并从架构角度厘清了控制塔在整个智慧供应链产品架构中的位置，阐述了供应链控制塔和其他产品之间的关系。本章要点提炼如下。

（1）供应链控制塔是一个具备供应链全局视野，并且能够与供应链各个模块实现互联互通，对供应链运营进行实时在线控制和风险预警监控的控制中枢。

（2）供应链控制塔无法独立存在，它是智慧供应链的上层建筑。向上，供应链控制塔首先承接了智慧供应链的战略架构。向下，通过供应链的运营调度中心或者直接下发指令给供应链运营平台的各个模块，从而驱动这些模块做出动作。作为一个由数据和算法驱动的平台，供应链控制塔需要供应链的数据平台、AIoT 平台以及算法和仿真平台的支撑。

（3）智慧供应链的最终目的就是通过卓越的供应链运营来调度各种供应链资源，以达到资源的最优化配置和最大化效用，而供应链控制塔就是帮助我们对全局运营进行监督控制的平台。

（4）如果孤零零地只谈供应链控制塔的第一层，而没有将其与智慧供应链的上下各层关联起来，以一个整体的方式进行架构，那么这个供应链控制塔就真的成了所谓的"空中花园"或"空中楼阁"，看上去很美，但实际作用很有限。

（5）可以从多个维度来构建主塔台（中央控制塔台）和子塔台（局部控制塔台）。例如可以根据总部/区域的维度，根据全局/模块（采购、制造、计划等）的维度，根据一级指标/二级指标/多级指标分层的维度……无论采用什么维度，最终都会形成总分式控制塔架构。

架构篇总结

————

在架构篇，我们花了较大的篇幅来逐层介绍智慧供应链的整体架构。以一家典型的包含从采购到生产再到销售端的完整供应链的品牌企业集团为例，来看一看它的智慧供应链整体架构大图（见图 P2-2）。

第一层（最上层）无疑是供应链控制塔，它是供应链的控制枢纽，可以分解为多层结构，主要包含数据大屏、指标分析、问题预警、归因分析和执行监控等模块。

第二层是供应链运营平台，它以智能计划作为决策调度中心，驱动订单管理系统（OMS）、运输管理系统（TMS）、仓储管理系统（WMS）、结算管理系统（BMS）、供应商关系管理系统（SRM）、制造执行系统（MES）等系统相互协调，实现运营的总体目标。运营平台还架构了供应链金融系统，它主要为供应链上下游提供供应链融资。

供应链运营平台选择使用统一底层架构，因此共享统一的基础要素层，具有统一的基础模型，如货品、网络、库存、仓配等。（当然，也可以选择多系统架构的方式，具体参考第四章第一节。）

第三层是供应链数据平台，它对供应链的数据进行标准化、规范化，并以数据主题的方式向上提供数据服务。它同时与最右边的线上线下各类系统平台进行链接，通过数据集成的方式与外部打通，实现数据的无缝对接。

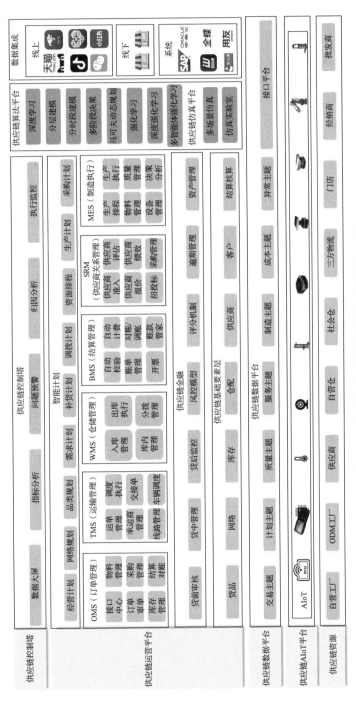

图 P2-2　某品牌企业智慧供应链整体架构大图

供应链的算法和仿真平台为整个供应链的智慧化决策提供算法和仿真支持，它通过云端算力的加持，为企业提供多场景的算法模型，并且为算法开发和沉淀提供统一的平台工具。

第四层是供应链的 AIoT 平台，它把虚拟网络和实体设施连接起来，形成数据，实现了物物相连、物物智联。

第五层（底层）是供应链的各种资源，智慧供应链的最终目标是通过卓越的供应链运营以最优化的方式进行资源的调度和配置，实现资源的最大化效用。

建设一个如此完整的智慧供应链体系，绝非一人之力、一个团队之力所能完成，也绝非一日或一年之功可以实现。站在全局谋思路，立足局部定举措。企业不仅需要有全局视野，有全局架构的思维，还要结合企业的实际情况，通过日复一日的打磨，日臻完善。但是，智慧供应链永远不会达到完美的状态，日益精进才是我们追求的方向！

实践与思考篇

———

博学之，审问之，慎思之，明辨之，笃行之。有弗学，学之弗能，弗措也；有弗问，问之弗知，弗措也；有弗思，思之弗得，弗措也；有弗辨，辨之弗明，弗措也；有弗行，行之弗笃，弗措也。人一能之，己百之，人十能之，己千之。果能此道矣，虽愚必明，虽柔必强。

——子思《礼记·中庸》

　　我们在战略篇阐述了智慧供应链的发展路径，以及如何从商业到流程再到技术的演进过程。在架构篇绘制出一张完整的智慧供应链蓝图，它包含了具备全局视野的多层供应链控制塔，统一架构的供应链运营平台，以及以数据、AIoT、算法和仿真为核心的供应链驱动平台。

　　这一种架构思路是否放之四海而皆准？这一套方法体系能否经得起时间的考验而历久弥新？作为一个供应链架构的实践者，笔者诚惶诚恐。

　　《礼记·中庸》所言："博学之，审问之，慎思之，明辨之，笃行之。"这些年来，笔者边工作，边思考，边总结，也时刻审问和反思，故此零零碎碎写下了不少文字，然后将其拾掇整理，形成了这一篇。它涵盖"如何架构新零售智慧供应链平台""如何架构产业智慧供应链"以及"智慧供应链的组织变革与个人成长"三章。

　　朝花夕拾杯中酒，相对前两篇而言，本篇会稍显凌乱一些，但醉人的往往是思考背后的共鸣和感悟，希望与读者共享。

第七章

如何架构新零售智慧供应链平台

线上线下　货通天下

第一节　新零售供应链平台的迭代演进之路

电商供应链的发展有三个阶段。

第一个阶段是 B2C 阶段，线上运营，流量为王。各大平台跑马圈地，目的只有一个：获取最多的流量。商品交易总额 = 流量 × 转化率 × 客单价。流量是所有运营的前提。而供应链则被放到了相对次要的位置。

在这一阶段，供应链的重心仅在于物流。B2C 时代，物流网络并没有那么复杂，它主要解决的是从 B 端到 C 端的触达问题。因此，有的平台采取了自建，有的采取了外包，但都能满足 C 端客户的基本需求。围绕电商成长起来的物流企业成了这个时代最大的受益者之一。但这也让许多人产生了误解，那就是电商供应链＝物流。

第二个阶段是 B2B2C（简称 BBC）阶段。在这一阶段，线上 B2C 流量见顶，电商平台积极拓展线下渠道，采用新零售、无界零售、智慧零售等方式打通线上和线下，大举进入 2B 市场。虽然终极目标依旧是 2C，但上游 2B 市场却是一片尚未开发的处女地。当然，这片土地上依旧住着许多强悍的原住民：传统零售！

此时此刻，供应链的全面竞争才刚刚开始！这不是单纯的企业和企业之间的供应链竞争，而是新零售供应链和传统零售供应链的效率之争。

线上线下两种供应链运作思想发生剧烈的碰撞。一种是线上互联网企业与生俱来的数字化运营思想，另一种是线下传统企业数十年磨炼出来的精益运营思想。这两种思想一经碰撞，便发生了化学反应，由此产生了新零售供应链的运营模式。它有以下几个典型的特征。

一、从各端分散到多端融合

B2C 时代的供应链被误解成了物流，但是在 BBC 阶段，供应链终于得以正名，回归其本质。供应链不仅包含物流端（仓端、配端），还包含商家端、商品端、门店端、平台端、消费者端等，这些以往分散在各个公司、各个部门的供应链节点，逐渐被收拢并齐，按照统一的战略和策略，端到端地进行管理和管控。

端到端自然也包含供应链的三个最核心的要素：实物流、信息流和资金流。实物流在物流网络层面，信息流则在系统产品层面，资金流在交易支付以及财务金融层面。由业务顶层战略驱动的三流合一的供应链架构思想也逐渐得到认同。

多端融合并不仅仅是意识形态的趋同融合，而是生产关系的打通理顺。它最典型的表现形式就是从"各自为政"变成"政出一体"，由此，供应链管理的效率和能力大幅提升。

二、"平台链主"和"商业链主"开始分工协作

供应链上有一个链主的概念。传统的链主是指在一个封闭式供应链体系里，某一家企业在这个供应链上拥有最大的话语权，因此可以指挥协同上下游共同创造供应链的价值，本书将其称为"商业链主"。

在 BBC 时代，"平台链主"应运而生。如果说"商业链主"做的是垂直一体化供应链的建设，"平台链主"则负责横向一体化的整合。

过去，"平台"的核心是运营流量。而如今，"平台链主"的核心则是运营供应链。从流量运营到供应链运营，平台的能力急需提升。

新零售供应链的运营包含商家运营、商品运营、货品运营、网络运营以及门店运营等。对于平台上的海量商家、商品、货品，以及线下的网络及门店，"平台链主"以横向一体化的方式进行集约化和规模化运营，从而降低了单一"商业链主"的运营成本，提高了其运营效率，能够让其更高效地管理自身独特的商业供应链。

这种能力的建设，表面上看是对物流管理提出了要求，实际上是对商家管理、商品管理、需求管理、物流管理的高度集成一体化管理能力提出了要求，而其中有两个关键能力是必须具备的，即全链路的仿真决策能力和全链路的计划统筹能力！但是这一点常常被管理者忽视！

当 BBC 阶段的建设完成后，电商供应链就进入了第三个阶段，即 S2B2C（简称 SBC，这里的 S 指的是供应链平台化服务）阶段。

BBC 和 SBC 的区别在于：在 BBC 阶段，"平台链主"和"商业链主"之间仍然是博弈的关系，彼此信任关系尚未建立，"平台链主"的供应链能力也比较薄弱；而到了 SBC 阶段，"平台链主"和"商业链主"彼此成就，"平台链主"为"商业链主"提供供应链服务，"商业链主"为"平台链主"提供基础流量。

事实上，"平台链主"和"商业链主"的利益并没有本质冲突，在未来很长一段时间里，它们之间的互信和合作会越来越深！在 SBC 阶段，这种

关系会让彼此之间形成高度的默契，并创造出新的价值。

三、"数字化精益运营思想"的产生

数字化是互联网企业的基因，精益运营是线下传统零售的基因，两者融合产生了"基于数字化的精益运营"思想。

线下零售经过数十年的发展，已经在成本和效率上达到了极高的水平，其精益流程往往是靠一分一厘地在细节中逐步抠出来的。以塑料周转箱为例，用多大的周转箱，什么颜色的周转箱装什么货品，箱子立起来可以承受多大压力，展开叠放的时候可以节省多少空间，如何防盗……这些都是传统零售人在日复一日的工作中，经历了无数的失败总结经验得出来的。

线上互联网企业在过去十几年的发展中，也形成了一套数字化的运营思想。一切事物数字化，然后通过算法进行数字化和智能化运营。仍以前述周转箱的例子来说，用多大的箱子，传统零售业者更多的是依靠标准化流程或者以激励员工的方式来让一线员工挑选最合适的箱型。但互联网人则会思考通过算法来自动匹配箱型，从而减少人为差错导致的浪费。

这是两种思想的完美结合，也必然会驱动生产力朝着更高的方向发展。

总结：从 B2C 到 B2B2C，再到 S2B2C，这是一个兼容并蓄、逐步开放的过程，也是从消费互联网向产业互联网的升级再造的过程，它必然会推动中国电商供应链最终成为世界上最成熟的供应链体系！

第二节　新零售供应链的三大价值闭环

新零售并不是简简单单的"一只手买进，一只手卖出"或者"我搭个平台，你们（商家）来唱戏"。作为新零售时代的塑造者抑或参与者，无论是 B2B2C，还是 B2C，平台都不应只是在中间作为价值的传递者，而应当成为整个链条上的价值创造者之一。

　　举个简单的例子，平台对消费者需求数据进行清洗整理，形成预测，并把它提供给上游的供应商（商家）。表面上看，平台在中间做了一些事情：抽取数据形成预测，让上游供应商更好地备货。但实际上，它依然是价值的传递者而不是创造者，或者更直接点说，它只是数据的搬运工。因为从数据的抽取、加工到形成预测，并不只有平台能做，只要拥有数据，谁都能做成这件事情。平台并没有为客户、为上下游创造真正的价值。

　　还有一种说法是，因为只有"我"拥有这些数据，所以使用这些数据必须经过"我"，这就是"我的价值"。遗憾的是，这不是价值，这是典型的数据垄断和数据壁垒！从长远来看，但凡通过所谓的垄断或者壁垒所创造的价值都不是真正的价值，而是"负价值"，完全不具备可持续性，也不能形成商业模式。

　　数据重不重要？当然重要！但是单纯依靠数据，却没有通过数据来驱动价值的形成方式发生改变，从而通过平台创造出效率更高、成本更低的新商业模式，就没有形成真正的价值闭环。那么，新零售平台如何塑造价值呢？它需要围绕商品力、供给力和盈利能力形成整个价值闭环（见图 7-1）。而这个价值闭环的创造，是由供应链来承载的。

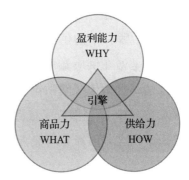

图 7-1　新零售供应链的三大价值闭环

　　先拿商品力来说，它指的不仅仅是为客户供应他们所需要的商品，还应当包括为客户创造他们所需要的商品。例如客户需要一支软毛牙刷，我们通过客户画像和数据分析，为客户找到了他所需要的商品。但是，假如我们再进一步了解到客户需要软毛牙刷是因为牙龈肿痛，那我们就能进一步为客户推荐一款消炎止痛的中药牙膏，甚至创造一个新的商品组合装：一支软毛牙刷＋一款与之匹配的消炎止痛的牙膏。

　　在这个例子中，前者是满足客户的需求，后者是创造新的需求。显然，后者的商品力会大大强于前者。商品力并不局限于此，它还包含商品设计、商品选择、商品定价、类目策略、商品生命周期管理、畅平滞管理、商品渠道管理……它的核心指向了一项关键能力，即品类规划能力。

但凡涉及规划能力，本质上可以解释为一道数学题，即基于多个约束因子的、以目标为导向的求解能力。品类规划能力即以价格、成本、需求、供应等为约束，以损益或 GMV 为目标的规划求解能力。当然，它表面上是数学题，背后是运营经验的沉淀、管理策略的定义以及相关数据的运营。

谈完了商品力，我们再来讲讲供给力。供给力不仅仅是我们常说的 5R，即在正确的时间，将正确的商品以正确的成本和正确的品质送到正确的地点。如果仅仅从这个层面来理解供给力，虽然没有什么不对之处，但实在过于单薄！举个简单的例子，客户需要一瓶桶装水，我们以 5R 的标准将这瓶水送到了客户的家里，可能是通过最近的水站送上门的，也可能是通过最近的便利店送上门的，还有可能是通过最近的仓库送上门的。

那么，哪一个的供给力最强？如果价格一致，对于客户来说这并没有区别。但是站在供应端的角度，却需要考虑更多的因素。最传统的方式是通过水站，这是传统线下渠道的履行方式，打磨了数十年，单纯从卖水的角度来看，5R 已经做到了极致。但是，新零售如果要创造价值，就需要另辟蹊径。在这方面新零售企业已经做了诸多尝试，有兴趣的读者可以进一步了解。

供给力包含很多内容，例如计划管理、库存管理、货品管理、网络规划、履约管理……事实上，商品力和供给力彼此紧密关联，商品力需要供给力来保障，供给力需要商品力来支撑。二者缺一不可，唇亡齿寒！

盈利能力是除了商品力和供给力之外的又一个核心能力，很多人说它是一个自然的结果：商品力强、供给力强，那么盈利能力自然就强，但事实并非如此！在平台的运作中，如果以流量或者 GMV 为目标，会导出完全不一样的商品力和供给力。因此，盈利能力更像是与商品力和供给力在同一层次的过程能力。例如，我们在做品类规划（商品力）和网络规划（供给力）的时候都需要考虑盈利能力，而盈利能力又反过来推动品类规划和网络规划发生改变。

最后我们再回过头来谈谈数据。如前所述，平台不能做数据的搬运工，因为单纯的数据传递并不能产生真正的价值。那么如何通过数据来创造价值呢？关键就在于：将数据注入商品力、供给力和盈利能力的三大价值闭环中，通过数据来驱动三大价值闭环的运转。如此一来，数据将发挥出惊人的作用！此时的数据已经不能被理解为单纯意义上的数据了，而是驱动价值闭环运转提升的核心引擎！

第三节　构建平台"链接价值"的能力

供应链管理最忌讳的恐怕就是"站在自己的角度看问题"了！

我们在前文中谈到了新零售供应链的三大价值闭环：商品力、供给力和盈利能力！这三大价值闭环绝不可能是单一企业所能打造的。原因很简单，供应链之所以被称为链，正是因为它"链接"起了众多的企业，是所有企业共同努力创造的价值闭环。

然而，一花一世界，一叶一乾坤！每家企业都有自己独特的愿景、使命和价值观，都有自己的远期和近期目标，甚至每家企业的每一个部门、每个部门的每一个员工也都有自己的价值诉求、理想、梦想、目标和眼前需要完成的 KPI。

如何能将这些企业、这些人"链"在一起，是供应链管理需要解决的最核心问题之一。企业经营是理性的，企业管理者也是理性的，如果期盼供应链上的所有企业、所有人都能自主地、自发地为其他企业、其他人考虑，这只能说是天方夜谭！

一方面，企业是逐利的。大部分企业都在为了能够活下来、活得好一点而努力，并没有太多的时间和精力去关心其他企业的生死。另一方面，企业能力有限。大部分企业受限于自身的视野或者能力瓶颈，并不能看到整条供应链上发生的事情，更不用说站在整条供应链的角度来谈价值闭环了。

然而，作为"链主"，无论是"商业链主"还是"平台链主"，都不得不思考这个问题，因为它们承担着"链接价值"的职责。

"商业链主"，尤其是成熟的"商业链主"，通常都是在独特链条上深耕多年的品牌商。它们经营和维护着自己的供应链。对它们来说，"链接价值"并不是问题，问题在于如何不断调整"链接"的姿势，来快速适应市场的变化，不断强化和提升"价值"。但是，对于"平台链主"来说，这却是一个全新的课题，是从 0 到 1 的思考和布局。其需要从商业模式的顶层设计到供应链的架构以及策略分解都进行通盘的考虑。而这一切的开始，是需要从"换个角度看价值"做起的。"平台链主"完成这一课题的突破口正是前面提到的单一企业所面对的两大问题：① 利益诉求；② 能力瓶颈。

如何通过顶层设计、洞察企业的"利益诉求"将众多企业的需求"链接"起来，然后通过规模化的服务突破单一企业或者少数企业所面临的"能力瓶颈"，最终形成完整的价值闭环，实现盈利，这是"平台链主"在架构商业模式和供应链时需要考虑的核心逻辑！因此，洞察企业的"利益诉求"及其所面临的"能力瓶颈"就成了架构这个价值链条的关键能力！

举个简单的例子，中小企业做生意都需要资金，但是融资渠道却少得可怜（"能力瓶颈"），借款利息往往又高不可攀（"利益诉求"）。平台设计了一款供应链金融产品，将中小企业的融资需求"链接"起来，通过规模化的融资获得较低的融资成本，再将资金转借给中小企业。最终平台获得了相应的"利差"，也解决了中小企业的"利益诉求"和"能力瓶颈"，形成了价值闭环！

当然，这只是一个简单的例子，用来说明和解释问题可以，但假如用来指导实战就过于单薄了！抛开细节不说，在今天这个弱肉强食的商业世界，试图通过单一模式来形成价值闭环的方式几乎是不可能实现的。天下没有这么好做的生意！如果真有，为什么单单我们会做呢？很多逻辑上看起来无懈可击的模式，在现实世界却往往不堪一击！那么，供应链管理者应该怎么做？很遗憾，这里没有任何捷径可走！我们需要回归现实，脚踏实地，全面、细致地审视和洞察平台供应链上所有相关方的"利益诉求"和"能力瓶颈"，尽最大努力将这些"利益诉求"都"链接"起来，一个个突破哪怕看起来微不足道、细如尘埃的"能力瓶颈"，从而一点一滴地构建起让对手望而却步的竞争壁垒。

这个"链接"的过程通常是极其痛苦的、难度极高的，它涉及组织、系统和文化，涉及资金、计划、交付和物流……涉及供应链上所有的要素和相关方。举个例子，对于供应链平台上的商家，我们往往无区别地对待，很少关注它们是如何运营生意的。事实上，商家各不相同，有的是品牌商，有的是代理商，有的是经销商，它们的能力天差地别，它们之间的组合更是复杂多样。

然而，平台在向商家提要求时，往往采取的是"一刀切"的方式。就拿准交率不高来说，是因为品牌商的"市场分割策略"所致？还是因为代理商周转资金不足所致？或者是经销商拿货能力不足所致？甚至是因为我们无法及时提供促销信息所致？如果没有站在品牌商、代理商或者经销商的角度来洞察这些问题背后的深层次原因，是无法承担"链接价值"的职责的，就更谈不上做"平台链主"了！

因此，供应链管理者需要培养洞察力，即"换个角度看问题"的能力。当然，仅仅洞察是不够的，还需要其跳出这些具体的问题，拔高一个层次来抽象问题，并提出相应的解决方案。

这就需要我们对专业和行业有足够的敬畏之心，具备缜密的思维和架构能力，保持对细节的关注和好奇心，对其他企业、其他部门、其他人给予足够的尊重和理解，始终保持开放的心态！而这一切的一切，还需要强有力的组织文化的保障，确保你中有我、我中有你！由此，我们搭建的供应链才能成为一个拥有洞察能力，具备感知、调节能力的强大生命体！

第四节　打造供应链确定性的五力模型

不确定性是新零售供应链当下面临的最大挑战，它主要体现在需求和供应两端。

需求端的不确定性主要来自客户。一方面，市场上的商品极其丰富，客户的可选择性广泛，客户选择 A 还是 B，极难预测；另一方面，客户的个性化需求暴增，仅仅依靠爆款或者基本款赢得了一时却无法长久。

供应端的不确定性主要来源于上游的供应商。供应短缺、价格波动、品质差异、送货延迟……各种问题层出不穷，彼此交织在一起，形成了错综复杂的局面，也造成了新零售供应链管理者经常提到的"不确定性"问题！

表面上看，似乎只要一边做好消费者洞察，把预测做准，另一边管好供应商，把交付做好，需求端和供应端的问题就能迎刃而解，不确定性就能得到控制。但实际上问题并没有那么简单，因为我们往往忽略了链主自身所带来的不确定性。无论是"商业链主"，还是"平台链主"，链主自身所带来的不确定性危害往往大过上下游所带来的。古语所说的"攘外必先安内"就是这个道理！

众所周知，在供应链上存在所谓的"牛鞭效应"：需求的不确定性在向上游传递的过程中被不断地放大，最终造成了严重的失真。而链主主要的职责之一就是确保自己成为这个链条上的"定海神针"，通过供应链的运营来削减"牛鞭效应"所带来的危害，这需要链主为此付出巨大的努力，需要有相应的战略、策略以及精益求精的落地执行。因此，担当链主需要拥有超强的能力！

链主是供应链上的"一家之主"。试想，如果一家之主没有威信、没有能力，说话都没有人听，这个家也就缺少了足够的凝聚力！小家尚且如此，供应链也不例外。那么，链主所应具备的能力有哪些？

为了打造新零售供应链的确定性，我们需要构建五大能力："控商能力""控品能力""控货能力""控网能力"以及"控场能力"，这里的"控"
指的是掌控。它们是打造新零售供应链确定性的核心能力，本书将其命名
为新零售供应链的五力模型（见图 7-2），我们逐一展开来谈。

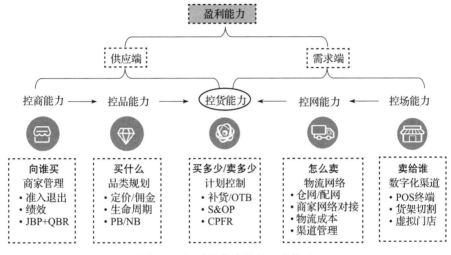

图 7-2　新零售供应链的五力模型

先拿"控商能力"来说。 如果向供应商下达订单或者补货需求，供应商
无法满足或者根本不响应，这背后体现的就是极弱的控商能力。有的人会
说，既然供应商不听话，我们可以通过重罚来惩治。听起来似乎有些道理，
但实际执行的时候往往是"强势供应商不敢罚，弱势供应商不经罚"，最后
还是落不了地！

不好管干脆就不管了呗！因此有的平台选择了弱管控模式，让商家在
平台上"自运营"。这种所谓的"纯生态模式"最大的后果就是缺乏计划
性，整个供应链乱哄哄一团糟，只有"供应链"却缺乏"供应链管理"。

那么，控商能力如何构建呢？需要建立供应商的管理体系，包含供应
商的分层分级管理、供应商的绩效管理、供应商的协同机制、供应商的准
入退出等。其中，供应商的定位需要做好，不同的定位决定了不同的策略
和管理协同模式，不能一概而论。

我们再来谈谈**"控品能力"**。选择什么样的商品，SKU需要多大的宽度，该定什么价格，或者该收取多少佣金？什么是流量品，什么是高毛利品？这些都涉及控品能力。控品能力不强的平台，往往是SKU泛滥的同时商品效能极低。为了提升商品效能，许多平台采用促销方式进行拉动，最后进入了"不促不销、一促才销"的恶性循环。

控品能力的提升需要在以下几个方面下功夫，包含商品企划、品类规划、商品生命周期管理、定价策略、品效管理等。它的核心同样是定位，即平台应该卖什么，不该卖什么，以什么策略来卖。

这里常常有个误区，就是效仿Costco的"窄SKU模式"，采用"少即是多"的原则，严格控制SKU的宽度。商业模式不能以偏概全，"窄SKU模式"能带来管理上的优势，并能精准服务特定客群，但它毕竟只是商业模式的一种，无法放之四海而皆准。并且，Costco商业模式是一套组合拳，是由"窄SKU""低定价""深库存""会员费"等一系列策略组合而成的闭环，缺少了这个闭环中的任何一个环节，Costco的模式就无法成功。

因此，优秀的"控品能力"应该体现在：通过商品的分层策略，确定该类商品的宽度以及相应的不同生命周期的效能目标，并围绕不同层次的商品构建生意闭环，最后形成完整的生意模式。

"控货能力"主要体现在计划管理上。计划是供应链协同调度的总指挥，它负责在生产、采购、运配和销售之间做协调匹配，确保以最经济高效的方式来完成供应链的履约交付。计划能力不强的平台，往往库存高企或者缺货严重，就拿快消品来说，动辄三四十天的库存，10%以上甚至20%的缺货率，造成了大量的浪费或者缺货损失。

一个好的计划体系，是建立在稳固的供应链基础之上的。它是五个能力中处于顶层的能力。在其他四个能力不具备的情况下，要想做好计划管理，就如同水中捞月、雾里看花一样不切实际。但假如等到其他四个能力建立起来后再开始做计划管理就又太迟了。计划管理作为总指挥，能够自上而下地发现问题，并推动基础能力不断完善。它的建立宜早不宜迟！

"控网能力" 指的是对物流网络的控制。物流网络是供应链的基础设施，是新零售供应链的基座。为了使货物在网络中快速地流转、高效地流转，需要对物流网络有足够的控制力。但遗憾的是，今天新零售所面对的物流网络是由割裂的片段拼凑而成的。这里面有上游品牌商的网络、中间经销商的网络、下游末端的网络；有集货仓、区域仓、城市仓、前置仓的仓网络；有干线、落地配、城市配、末端配的配网络。这还只是国内的网络，如果放眼全球网络，则会更加复杂。

在这个庞大复杂的网络下运营，如果没有足够的控制力，就如同走迷宫一样，货物运转到哪里我们不知道，货物什么时候能送达我们不知道，甚至货物发生了破损和丢失我们也不知道。当然，通过数字化、在线化的方式可以提升网络的可视化程度，但仅有可视化是远远不够的，我们还要能够在可视化的基础上构建可运营、可管控的能力。

举个极端的例子，联邦快递擅自将华为的包裹转运到了美国。这个事件告诫我们"物流网络是供应链的命脉，永远不要将命脉的控制权轻易地交给竞争对手"！

"控场能力" 是新零售在 2B 模式下的延展。新零售强调的是"线上线下一体化运作"。门店是传统零售线下运营的最核心的"场"，是零售商接触消费者的前沿阵地。除了线下的门店，线上也同样有"门店"。天猫旗舰店、抖音店、品牌私域店等组成了虚拟化的线上门店。今天，如果要通过线下线上的门店，为客户提供多元化、立体化的服务，同时能够洞察消费者的消费行为，我们需要对各种"场"进行数字化运营，将它们融入端到端的供应链体系中，构造起完整的商业闭环链路。为此，强大的控场能力是不可或缺的一环！

这里需要澄清的是，控场能力不是说要自己开店，而是通过线上线下结合的运营方式，将一个个独立的门店串联起来，以一体化的方式进行供应链运营，其核心是数字化的运营能力。门店是新零售供应链的"触角"，在这个体系中，单个门店的视角永远是有所偏颇的，无论是直营、加盟还是联营，单点的运营效率永远赶不上全局，只有将多个"触角"的信息汇总到"大脑"（供应链控制塔），由"大脑"来解决复杂的网络协同问题，由门店来解决快速响应的问题，最终得到的才是全局性的最优解。

由此可见，新零售供应链的五个能力，"控商能力""控品能力""控货能力""控网能力""控场能力"，每一个能力都不能单独存在，这是一个完整的端到端能力的闭环，各个能力彼此关联、相互依托。任何一个能力的缺失，都会造成系统链路的不闭环、系统能力的不完整。因此，打造新零售供应链的确定性，不仅需要打穿各个能力，还需要特别关注能力之间的串联响应，在全局视野下构建起完整的供应链竞争优势！

第五节　供应链确定性的分层治理

上一节讲述了在新零售场景下打造供应链确定性的五个着力点，分别是"控商能力""控品能力""控货能力""控网能力"以及"控场能力"。这是站在横向端到端的视角，以及业务 CEO 的视角，对打造供应链确定性所需要具备的能力进行了分解阐述。

但是，对于供应链管理者而言，还需要从另一个视角，即纵向视角对供应链的确定性进行分解分层，从而更好地进行供应链的管理和治理。

所谓纵向视角，即将供应链的确定性分解为"架构的确定性""计划的确定性""执行的确定性"以及"数据的确定性"这四个层次。

任何一个完美订单的产生，必然是这四个层次通力配合及共同努力的结果；任何一个不完美订单的产生，也必然是某个或某几个层次出了问题。

当然，完美订单只是供应链确定性的一个体现，供应链的确定性还需要为企业的成本、收益、市场、创新、社会责任等多方面提供必要的支撑。

但现实的情况是，一旦供应链出了问题，由于没有明确的分层治理，我们往往厘不清头绪，也搞不清楚究竟是哪里出了问题。

就拿缺货来说，有可能是预测不准导致的，也有可能是供应商执行不到位导致的，还有可能是库存数据不准导致的，甚至有可能是工厂或仓网布局不合理导致的。这么多的可能性，如果没有明确的分层治理，最后只能是眉毛胡子一把抓，分不清重点！

因此，要管理好供应链，需要清楚地定义和管理好这四个层次，并理解其含义、价值及职责。

（1）**架构的确定性**：供应链的顶层架构需要明确，它包含供应链的战略模式、网络布局、履行方式、推拉结构、库存分布、协同方式、逆向链路、组织架构等。需要从三流集成架构的角度对它们做出明确的定义。

架构的确定性是供应链确定性的前提，它位于供应链确定性的顶层。架构不明确，供应链无论如何都做不好。因为一出发，方向就走错了。CEO及供应链部门的负责人是"架构的确定性"的责任人。

（2）**计划的确定性**：指的是供应链运营的计划性，主要针对的是长、中、短期计划的运营确定性。

其中，中期计划以季度或月为单位，主要以平衡产销、协同供需为目的；短期计划以周或日为单位，通常覆盖未来数周（取决于产品需求的特点，某些产品甚至会采用小时、分钟等更为细小的时间管理单位），主要以满足客户实际订单需求，并对运行过程进行控制为目标。计划的确定性由供应链部门来承担主要责任，并推动相关部门进行协同与协作。

（3）**执行的确定性**：再完美的架构、再周密的计划，如果没有强有力的执行，结果依旧无法保障。

执行的确定性主要依靠人（people）、流程（process）和系统工具（tool）三者的紧密配合，我们通常称之为PPT原则。在执行的确定性这个层面，最难管理的是例外情况。为了追求灵活度，往往给人、给流程开个口子，绕过系统进行操作。因此，从执行层面来看，PPT三者中最核心的是系统工具。

好的执行需要尽可能地通过系统化、工具化来保证，尽可能减少"法外流程"，提高流程的运作效率，提高执行的确定性。当然，一套好的执行系统往往是人、流程和系统工具三者通过不断地打磨而得来的，没有任何捷径可以走。任何向例外情况低头，向所谓的"灵活性"低头的结果就是执行的不确定性，是对结果好坏的放任自流。

（4）**数据的确定性**：这是供应链管理中最容易被忽视的部分。数据是供应链确定性的底层，是整个确定性的基础保障。无论是架构、计划还是执行，都有赖于数据的确定性。

库存数据、物料数据、供应商数据、商品数据、仓配网络数据……供应链上所有的一切都是建立在数据基础之上的，这个基础不牢靠，供应链的整个大厦必然不坚固。

数据的确定性有三个层次，它包含数据的可视化、数据的准确性、数据的可追溯，三者缺一不可。为了达成供应链数据的确定性，需要在构建供应链体系时对数据进行结构化、模型化处理。这是供应链产品架构师的职责。举个简单的例子，物料主数据应当由哪些要素组成？它与物料编码之间的关系是什么？它是如何被供应链上各个模块所"消费"的？集团公司与分公司在物料主数据上如何实现共享？和供应商之间如何实现互通？这些都是想要达成数据的确定性所需要回答的问题。

供应链之所以复杂，是因为其纵横交错、盘根错节，各种因素交织在一起，我们很难看到问题所在。因此，管理好供应链就好比庖丁解牛，需要剥皮去骨，逐层解析，方能游刃有余。打造供应链的确定性同样如此，有架构的确定性作为顶层，有数据的确定性作为基础，中间有清晰的计划和强有力的执行作为保障，才能给客户和企业打造一个具有高度确定性的供应链！

第六节　品牌商全渠道变革面对的三座大山

全渠道，即将线上和线下打通，多层次、多维度、多角度地接触客户，为其提供一体化的产品和服务，使其获得良好的客户体验。

　　"全渠道"这个词从提出来至今已经有些年头了，但依然没有哪个知名品牌商敢拍着胸脯宣称自己已经全面实现了全渠道战略。

　　在渠道变革的战场上，有死在沙滩上的"前浪"，也有不知深浅被水淹死的"勇士"；更多的还在茫茫的大海上潜行，寻找合适的风向；稍微好些的是已经登陆了几个小岛，但大陆还依然不知在何方。

　　全渠道变革难，难就难在面前有三座大山：商业利益分配机制、供应链协同、信息系统建设。

　　摆在全渠道变革面前的第一座大山是商业利益分配机制。

　　拿传统渠道来说，往往是多层分销、层层代理，渠道商为品牌商的成功立下了汗马功劳，有的成了一方诸侯，可以轻轻松松坐享其成；有的还嗷嗷待哺，面对外部市场的变化，不知所措但又不忍退出，食之无味弃之可惜。

　　传统渠道如此，新零售渠道也类似。线上下单，线下卖场发货，看起来很美好！但是遇到爆款，线下卖场自己都惜售，怎肯为线上导流？遇到退货，线上店铺也不愿承担损失，彼此之间扯皮，利益分配是关键。

　　再拿导购员来说，如果没有激励，哪怕店面缺货，他也不愿意将顾客引导到别的渠道达成交易，多一事不如少一事嘛。

　　利益分配的背后，不仅仅是激励的分配，还有货品份额的分配、价格调节权利的分配、销售范围的分配、营销资源的分配、流量的分配……众多的利益纠缠在一起，难解难分，成了渠道变革面前最大的一道关卡。

　　第二座大山是供应链协同。

　　站在品牌商的角度，如何能够统筹全局，以最优的成本、最好的履约时效、最佳的客户体验，将商品送到最终客户的手中？这中间离不开供应链上下游的高度协同。

　　但现实情况是，由于渠道内、渠道之间多个角色的存在，线上线下履约方式的差异，物流基础设施的不完善，物流资源控制在不同的企业和人手中，整个供应链的协同变得异常困难。不要说端到端的供应链一体化运作，就连最基本的实现渠道库存的可视化都异常艰难。

供应链协同取决于整条供应链上的一体化架构和设计，是一个由链主主导的、链条上企业配合支持而形成的端到端的完整架构。过去，强势品牌可以通过其推动力，使渠道内的合作伙伴朝着共同的目标而努力，在供应链上形成一定的协同。当然，那个时代的供应链，由于物流基础设施不完善，供应链数字化能力不足，供应链协同水平的突破有比较大的局限性。

今天，虽然物流基础设施已经比较完善，数字科技也日新月异，但新的挑战也出现了。在全渠道供应链上，出现了"商业链主"（知名品牌商）和"平台链主"（大型零售商）的新型博弈。博弈的最好结果是"平台链主"逐步从强势一方转变为以 S2B 为核心的供应链服务商，以自身积累的供应链能力为"商业链主"提供多重便利服务。

第三座大山是信息系统建设。

毫不夸张地说，传统的信息系统无论从功能还是架构角度，已经完全无法适应今天的全渠道形态。今天的全渠道系统需要支持线上线下的一体化运营，需要对资源要素进行标准化定义，从而站在品牌商视角对资源进行合理调度。例如会员身份、店铺 ID、商品编码、库存分配、仓配线路……这些要素在传统的信息系统里是无法实现的。

全渠道变革过程中，是对原有系统进行改造升级，还是索性搭建新系统，成了品牌商需要面对的问题。全渠道变革由于具有高度的复杂度和不确定性，IT 部门和业务部门都很难量化其系统投资的回报率。因此，修修补补的渐进式变革成了常态，谁也不敢担太大的风险，谁也不敢做冒进的选择。这就好比一辆老爷车，内饰外饰都十分靓丽显眼，但发动机和底盘依旧是 20 世纪的产物。好看是好看，但速度还不及如今一辆普通轿车。

因此，全渠道变革是妥妥的"一把手"工程！除了"一把手"，根本没有谁有能力推倒这三座大山。如果仅仅因为企业遇到了痛点，碰到了难处就想着变革，这种力量对于推倒这三座大山是远远不够的。它的成功需要企业"一把手"的梦想和创业精神驱动。

第七节　新零售计划体系搭建：线上线下全渠道一盘货统筹

虽然标题中说的是"新零售"，但计划体系搭建的方法却是广泛适用的。总结起来就三句话，用最通俗易懂的方式来阐述，即一手抓需求，一手抓供应，两手一起抓！

这是大原则，大原则对了，努力的方向就不会错。但遗憾的是，我们很多时候在大原则上就犯了迷糊，最显而易见的错误就是"两手一起抓"。有多少企业真的能做到"一起抓"呢？往往是需求端做需求端的，供应端做供应端的，两者貌合神离，老死不相往来！

回到新零售的场景下，计划需要解决的是线上线下、全渠道一盘货的统筹管理问题。但实际情况是，很多企业在抓需求的时候，要么忽略了线上，要么忽略了线下，更谈不上在一盘货视角下的计划管理了。如果我们的手都像漏斗一样，对于供应和需求，抓不全、握不牢，这样的计划管理就只能自玩自嗨，计划所能发挥的作用也将大打折扣。

当然，计划体系的搭建，仅靠大原则是不够的，就好比搭建房屋，不能只搭了一个框架就完事，还需要砌墙、安装水电、装修等一系列后续工作，最后才能交付使用。接下来，我们就展开来谈一谈。

首先是需求计划，也就是我们常说的 demand planning。

需求计划分为两个层次，分别是需求感知和需求塑造。需求感知（demand sensing）即通过捕捉需求相关因子的变化来预判需求的变化，例如天气、促销、经济环境、政策、人口、特殊事件等，其中某个或某几个因子发生了变化，则需求将发生变化。为了感知需求，需要为此建立相关因果模型，通过数据分析来进行预判。

需求塑造（demand shaping），即根据需求感知模型，反向调整需求相关因子来塑造未来需求，促销就是最典型的需求塑造方式。除此以外，还有调整售卖方式、调整售卖地点、转移替换同类 SKU 等需求塑造模式。需求塑造不仅提前预判了你的动作，甚至能够反过来影响和改变需求。

其次是供应计划，即supply planning。

供应计划在不同的行业会有不同的组合和表现形式，通常包括生产计划、物流计划、采购计划，它的核心是对资源的调配和控制。因此，从管理资源的角度来看，也可以将其分为三个层次：资源可视、资源可联、资源可控。

资源可视，是对各种资源进行要素化、结构化和在线化。要素化和结构化要求将资源尽可能拆解到最小颗粒度。例如一家企业在全国有30个仓，这些无疑都是资源，但倘若没有进一步对仓资源进行要素化和结构化，企业是无法精确地使用这些资源的。例如除了仓的面积、高度、内部结构、功能区隔、地理位置、消防等级这些基本信息外，还能对货架空间、储位数量、分拣效率等细颗粒的数据进行要素化处理。这样一来，这个仓库的信息就变得立体了。而在线化的目的就是将这些要素数字化处理并上线，让管理者和使用者可视。

资源可联，是将各种结构化、要素化的资源进行串联，串联的目的是输出价值。还是拿仓来说，可以将上门揽收和仓资源进行串联，形成一套价值输出方案。也可以将越库调拨和仓资源进行串联，形成另一套价值输出方案。这些不同的串联方式，将供应链上的资源通过各种形式进行组合，输出了不同的价值，形成了不同的供应模式。

资源可控，是对这些串联起来的资源组合或供应模式进行有效的控制和管理。在关键的资源节点上设置控制点，例如设置数据埋点，随时掌控资源的使用和消耗情况，从而及时进行资源的调度和分配。

最后是供需协同，也就是通常所说的S&OP，或者IBP。

有人说计划管理是需求驱动的，有人说是资源驱动的。其实都是，也都不是。需求计划和供应计划就好比哪吒的两个风火轮，哪个是驱动轮取决于使用场景。当市场供大于求的时候，需求驱动为主；当市场供不应求的时候，资源驱动为主。供应链管理的魅力就在于，不论什么时候，都需要尽可能地确保这二者能够相互匹配，相互协同。

供应链上的计划管理就好比三军统帅，运筹帷幄，令出唯行。因此，做好计划管理，需要具备全局的视角，抓好供需，促进协同，真正做到：一手抓需求，一手抓供应，两手一起抓！

第八节　新零售C2M：如何变得更快

以消费者为市场主导的时代已经来临，从新零售到新制造，市场的驱动力和驱动方向已经开始逆转，供应链的变革随之而来。过去大批量采购、大批量制造、大批量运输的推式供应链已经无法适应市场的需求，C2M供应链模式呼之欲出。

C2M（customer to manufactory，顾客对工厂）是互联网时代的词汇，它的本质是需求驱动的制造模式。通过电子商务平台反向订购，用户订多少，工厂就生产多少，彻底消灭工厂的无效库存。

说起来容易，做起来难。想要实现C2M，核心就在于"快"。天下武功，唯快不破！但是，单就这个"快"字，在供应链架构上却有着不同的含义和不同的实现方式：一种是强调"快速反应"，另一种则强调"提前预判"。

我们先来谈谈"快速反应"，这是一种以供应链物理结构优化为主要方向的供应链架构方式。所谓"静若处子，动若脱兔"！当客户需求不明确的时候，供应链基本不做任何实质性的动作；当客户需求明确后，快马加鞭，组织小批量多品种采购、单元式生产、多频次多模式运输……为了快，有时候甚至不计成本！

其目的只有一个，缩短供应链链路，压缩从客户下达订单到产品交付到客户手中的整个供应链履行周期，使之短于客户期望的交付周期，从而以最少的库存和最短的时间来实现定制化产品的交付。

然而，这种模式的形成往往需要满足几个前提：首先，产品利润足以覆盖为了"快速反应"所付出的额外成本；其次，链主的控制力强，能够驱动上下游实现"快速反应"；最后，供应链现有技术具备驱动"更快"的条件。例如马车时代需要数周的运输时间，到了航空时代则只需要一天，技术的变革让供应链有了"快"的可能。

如果具备了以上几个条件，能够支撑起"快速反应"下的 C2M 模式，那么恭喜，天时、地利、人和，你找到了一种独特的可以超越竞争对手的"快速反应"供应链模式。这就好比两个人比武，你的供应链结构让你具备了"猎豹"的速度。资质更好，胜算自然就大！

快速反应供应链强调的是"动作快"，注重的是供应链的物理结构优化，通过物理结构优化来缩减链路、减少提前期，它比拼的更像供应链的"硬功夫"！

相较而言，另一种方式则更加注重"内功"的修炼，它就是"提前预判"，即"想得快"！

同样是比武，我的动作可能没有你快，但是我想在了你的前面，你要做什么动作我都提前预判到了，那么我还是有可能击败你。这种强调"提前预判"的供应链模式，其核心是"需求管理"。

可能很多人会认为"需求管理"就是做预测，但事实并没有那么简单。过去做预测比较传统的方法是抓取历史进货、销售、库存等数据，根据这些数据建立基于时间序列的函数模型，并假设未来是对过去的某种程度的重复，最终做出面向未来需求的预测。

在供应链复杂性较低，以推为主的供应链环境下，这种预测方式被证明是简单有效的。但是在消费者主导的时代，市场变得复杂多变，供应链需要随需而动，基于时间序列的预测方式越来越无法适应市场的需要。因此，"需求管理"能力变得更加重要。

需求塑造不仅提前预判了你的动作，甚至能够反过来影响和改变需求。

事实上，"快速反应"和"提前预判"两者并不矛盾。就好比许多伟大的运动员，他们不仅动作迅速，思维也很敏捷。两者结合，威力无穷！

新零售下的 C2M，需要的恰恰就是这两种能力的结合。一方面，通过供应链的结构优化来提升"快速反应"能力，强健机体；另一方面，通过供应链的数字化来提升"需求管理"能力，增强脑力。一推一拉，一体一脑，以最低的成本来快速满足客户需求，方显供应链架构之魅力！

第九节　"降维"和"升维"：打造柔性供应链的"云架构"

大数据时代来临，传统的信息系统架构已无法满足数据的指数级增长。今天，仅阿里巴巴或谷歌一天的数据量就有可能超过人类文明数千年所创造的全部文字作品的数据量。从 GB（千兆）、TB（太字节），到 PB（拍字节）、EB（艾字节），甚至是 ZB（泽字节），过去集中式的数据计算和存储模式早已过时，取而代之的是大数据时代的"云平台架构"。

与之相似的是，定制化时代来临，传统的供应链架构也远远无法满足个性化需求的爆炸式增长。今天，多样化的产品和服务使顾客眼花缭乱的同时，也使供应链上的企业不知所措，迷失了方向。过去仅仅依靠单一品种、单一策略的运营方式越来越缺乏竞争力，取而代之的将是属于这个时代的"柔性供应链架构"。

作为同一个时代的产物，"IT 云平台架构"和"柔性供应链架构"有着惊人的相似性。例如，一个优良的"IT 云平台架构"应达到以下几个要求：运算速度快、能处理巨幅波动的数据量、容错与恢复能力强、成本与效率兼顾。这与"柔性供应链架构"的目标基本一致：反应速度快、能处理巨幅波动的需求、风险与控制能力强、成本与效率兼顾。

系统架构作为一门有趣的学科，无论是 IT 架构，还是供应链架构，甚至建筑的架构，从原理上看，可谓异曲同工。例如，都强调布局合理、基础牢靠、人性化等。因此，从事各种门类的架构师，都可以通过其他领域的成熟架构理论来丰富和完善自己所在行业的架构方法。而供应链架构师不妨暂且跳出自己行业固有的传统思维，参考一下 IT 系统的云架构模式，从而进一步探讨和研究柔性供应链的"云架构"模式。

优良的"IT云平台架构"是如何实现的？总体来说，它遵循以下规律：分布与集中、兼容与扩展、并行和一致、反馈与容错。我们先来探讨"云平台"的分布式架构对柔性供应链的启示。

为了尽可能又快又多地处理数据，云平台采用了所谓的分布式系统架构，即将过去集中存储和处理的数据打散后在多台设备组成的多个机群上进行并行存储和处理。这个打散和归并的过程采用的是MapReduce的逻辑框架，即将数据进行"分解映射"（map）后再进行"归约合并"（reduce）。

举个简单的例子，假如我们销售的是各种不同口味的水果沙拉。第一步我们会将苹果、梨、香蕉、菠萝等各种水果切成片，这个过程就是所谓的"分解映射"；第二步是根据不同客人的需要，将前述切片组合成种类繁多、口味丰富的水果拼盘，这个过程就是所谓的"归约合并"。分布式系统架构将两者分开由云端不同的节点来完成，极大地降低了任务的复杂程度，同时大幅提高了任务处理的效率。

那么，这对搭建柔性供应链有什么启示呢？柔性供应链为了兼顾"定制"和"效率"，往往需要实现所谓的"大规模定制"，既能够处理海量订单，也能够对每一笔订单实现定制化。这给传统供应链模式带来了巨大的挑战。传统供应链采用的大批量采购、大批量生产、大批量流转的模式显然无法满足定制化的要求。为了实现定制化，又不丢失效率，我们模仿MapReduce框架对供应链进行如下改造。

首先是"分解降维"，将复杂的需求逐层进行分解，直到分解成一个个可以标准化的零部件或者标准化的工作流程；然后是"合并升维"，根据用户的需求选择不同的标准化零部件或者标准化的工作流程进行合并，以满足多样化的定制需求。

许多实现了大规模定制的企业都有意无意地采用了这一思考方式。以红领西服（以下简称"红领"）为例，红领是一家擅长大规模西服定制的企业，随着"互联网+"的兴起，其独特的产品和经营方式在业界掀起了一场"定制化风暴"。

过去，顾客要定制一套西服可能需要找到一位心仪的裁缝师傅为自己量身定做，手工量体，手工打版，用廉价衣料手工制作毛坯，顾客试穿后反复修改……这种定制流程的周期相当长，一般需要 3 ～ 6 个月才能收到成衣，而且价格高昂。

红领的颠覆性在于其不仅能够在一分钟内实现"一人一版，一衣一款"，同时在流水线上也实现大规模的工业化生产。无论来自哪个国家的订单，从量体、排程、定制、生产到出厂，全过程交付时间只需要 7 个工作日，产量则提升至每天 1500 套，成本仅为非定制西装的 1.1 倍。

那么，红领是如何实现这一定制化过程的工业化再造的？我们知道，优秀的裁缝师傅都有一套多年累积下来的量体裁衣的方法。这套方法全凭经验，很难复制，更无法实现工业化。红领曾经聘请过一位有 40 多年量体经验的老师傅，但三个月集训所带出的学生依旧不会量体。这让红领集团的董事长张代理大伤脑筋。经过长时间的摸索和思考，他认为必须开发一套可以产业化的量体方法。这套方法必须足够简单，并且能够标准化，即使"小白"也能快速学会。

这就是红领具有自主知识产权的"三点一线量体法"，又叫"量不错的方法"。它将复杂的人体身材数据分解为 18 个部位的 22 个数据，然后通过一把尺子和一个专用的肩斜测量仪来进行测量。这个过程即通过"分解降维"来实现简单化和标准化的过程。但是，仅仅分解是不够的，还需要能够通过"合并升维"来实现定制化的过程。我们再来看看张代理是如何实现这一步的。

红领基于其过去十多年来所积累的超过 200 万名顾客的定制化的版型数据，开发出了个性化定制平台——RCMTM（RedCollar made to measure），并通过数据建模，建立起了人体尺寸与西服版式形状之间的关联数据库。设计师只需要将第一步"三点一线量体法"所测量出来的 22 个数据输入RCMTM 系统，就可以快速组合并检索到相匹配的西服版式。

不仅如此，这种类似于 MapReduce "降维"与"升维"的逻辑框架也被运用到了红领的生产制造过程中。它首先将西服的工艺流程拆解为生产线工人能够看懂并执行的一个个细小的简单的标准化流程，然后再通过流水组合作业进行复杂度升维，实现了大规模的定制化生产。

总结：事实上，MapReduce 只是"IT 云平台架构"中的一个极小的概念点，当我们稍微转换思路，将这个概念点运用到"柔性供应链架构"中时，却在这个完全不同的领域中延伸出了新的应用价值。限于篇幅，我们仅就这个点抛砖引玉。古人云："他山之石，可以攻玉。"希望未来的时间里，我们能够以跨界思维开拓和发掘各个领域的精粹，并将其运用到供应链管理中来，发挥更大的价值。

📖 本章小结

本章主要围绕新零售的智慧供应链搭建，介绍了电商供应链的发展历程，新零售平台建设的发力点，以及一些创新思维。本章要点提炼如下。

（1）电商供应链的发展有三个阶段。第一个阶段是 B2C 阶段，线上运营，流量为王。在这一阶段，供应链的重心仅在于物流。第二个阶段是 B2B2C（简称 BBC）阶段。在这一阶段，线上 B2C 流量见顶，电商平台积极拓展线下渠道，采用新零售、无界零售、智慧零售等方式打通线上和线下，大举进入 2B 市场。这时供应链的全面竞争才刚刚开始。第三个阶段，即 S2B2C（简称 SBC，这里的 S 指的是供应链平台化服务）阶段。"平台链主"和"商业链主"彼此成就，"平台链主"为"商业链主"提供供应链服务，"商业链主"为"平台链主"提供基础流量。

（2）从 B2C 到 B2B2C，再到 S2B2C，这是一个兼容并蓄、逐步开放的过程，也是从消费互联网向产业互联网的升级再造的过程，它必然会推动中国电商供应链最终成为世界上最成熟的供应链体系。

（3）作为新零售时代的塑造者抑或参与者，无论是B2B2C，还是B2C，平台都不应只是在中间作为价值的传递者，而应当成为整个链条上的价值创造者之一。

（4）新零售平台需要围绕商品力、供给力和盈利能力形成整个价值闭环。

（5）三大价值闭环可以进一步拆解为五个能力："控商能力""控品能力""控货能力""控网能力"以及"控场能力"，这里的"控"指的是掌控。它们是打造新零售供应链确定性的核心能力，即新零售供应链的五力模型。

（6）如何通过顶层设计、洞察企业的"利益诉求"将众多企业的需求"链接"起来，然后通过规模化的服务突破单一企业或者少数企业所面临的"能力瓶颈"，最终形成完整的价值闭环，实现盈利，这是"平台链主"在架构商业模式和供应链时需要考虑的核心逻辑！因此，洞察企业的"利益诉求"及其所面临的"能力瓶颈"就成了架构这个价值链条的关键能力！

（7）从纵向视角来看，供应链的确定性可以分解为"架构的确定性""计划的确定性""执行的确定性"以及"数据的确定性"这四个层次。其中，"数据的确定性"包含数据的可视化、数据的准确性、数据的可追溯，三者缺一不可。

（8）全渠道变革难，难就难在面前有三座大山：商业利益分配机制、供应链协同、信息系统建设。因此，全渠道变革是妥妥的"一把手"工程！除了"一把手"，没有谁有能力推倒这三座大山。

（9）计划体系搭建总结起来就三句话，即一手抓需求，一手抓供应，两手一起抓！具体到新零售的场景下，计划需要解决的是线上线下、全渠道一盘货的统筹管理问题。

（10）新零售下的C2M，需要的恰恰就是"快速反应"和"提前预判"这两种能力的结合。一方面，通过供应链的结构优化来提升"快速反应"能力，强健机体；另一方面，通过供应链的数字化来提升"需求管理"能力，增强脑力。一推一拉，一体一脑，以最低的成本来快速满足客户需求，方显供应链架构之魅力！

（11）柔性供应链为了兼顾"定制"和"效率"，往往需要实现所谓的"大规模定制"，既能够处理海量订单，也能够对每一笔订单实现定制化。此时，供应链需要进行如下改造：首先是"分解降维"，将复杂的需求逐层进行分解，直到分解成一个个可以标准化的零部件或者标准化的工作流程；然后是"合并升维"，根据用户的需求选择不同的标准化零部件或者标准化的工作流程进行合并，以满足多样化的定制需求。

第八章

如何架构产业智慧供应链平台

开放平台　服务至上

　　互联网的鼎盛时代，有一句话被奉为圭臬：流量为王！

　　它成就了谷歌、百度，成就了淘宝、天猫，成就了QQ、微信。毫不夸张地说，它影响了整整一代互联网人。直到今天，我们还时常将其挂在嘴边。

　　流量之所以为王，是因为在我们脑海里都有一个固定的公式：

$$商品交易总额 = 流量 \times 转化率 \times 客单价$$

　　过去十几年，互联网所创造的奇迹，是一个从0到1的过程。在这个过程中，我们从不上网，到通过PC接入互联网，再到如今的移动互联网，互联网流量急剧膨胀，今天中国的网民已经达到了10.32亿人。

　　但是，如今我们不得不面对的现实是，经历了20年的高速发展，互联网红利开始消退。中国互联网络信息中心（CNNIC）发布的第49次《中国互联网络发展状况统计报告》显示，截至 2021 年 12 月，中国网民规模达 10.32 亿，互联网普及率达 73%，而网民使用手机上网的比例为 99.7%。流量天花板已然显现。

与此同时，互联网的流量成本在逐步攀升，即使是谷歌，其流量成本也占到了在线广告收入的 25% 左右。

我们必须正视这个现实，伴随着互联网红利的消退，流量为王的时代已经一去不复返！

在流量为王的时代，有一个我们曾经引以为傲的互联网商业逻辑：赢家通吃！为了拿到流量，商家会不惜成本，通过烧钱、做促销、打广告等一切手段来换取流量。因为只要把流量做上去，一切都不是问题，最后一定是赢家通吃！但是今天，这种商业逻辑面临了两个最大的挑战：第一，流量已经见顶，意味着过去的蓝海已经变成了红海。过去到处是流量，谁最先抢到就是谁的。但是今天要从别人现有的饭碗里去抢，谈何容易？第二，流量成本越来越高，可能模式还没有做出来，钱就已经烧光了！

既然流量已经不再为王，那么今天互联网的商业逻辑是什么？按照前述的公式，是转化率为王吗，还是客单价为王？其实都不是！后互联网时代，真正的王者是供应链！

首先，供应链决定了客户的体验。

供应链最重要的目标是：在客户的要求下，在合适的时间（right time），以合适的成本（right cost）把合适的产品（right product）以合适的品质（right quality）送到合适的地点（right place）。客户的体验，大部分包含在这五个"R"之中。

仅仅拥有流量，甚至有足够的转化率和客单价，却没有供应链去实现这五个"R"，企业做的就只能是一锤子买卖。做不好供应链，客户的体验不佳，流量越多，不仅赚不到钱，还有可能适得其反，加速公司的灭亡！

其次，供应链成了盈亏的关键因素。

如前所述，后互联网时代，当竞争的焦点从如何获取线上流量转变为如何提供更好的客户体验，从而留住并吸引更多的客户时，企业就不得不深入介入供应链的实际运营管理中。但遗憾的是，供应链恰恰是大多数互联网企业的弱项。

库存、滞销、缺货高企，物流网络不成熟，供应链成本居高不下，这是当下互联网企业从线上走到线下所面临的最大的挑战。谁能够在这个时候找到突破口，谁就有可能领先一步，并形成坚不可破的竞争壁垒！

最后，供应链打破了互联网的边界。

如果说互联网的鼎盛时代是属于 2C 的时代，催生出了淘宝、天猫、京东、亚马逊这些互联网巨头，那么后互联网时代则是 2B 的时代，是属于产业互联网的时代。

产业互联网的核心即供应链！因为产业互联网的三大盈利模式，即物流服务、供应链金融和产业 SaaS，分别对应了供应链的三大要素，即实物流、资金流和信息流。搞不定供应链，就根本不要去做产业互联网！

在后互联网时代，还有一个关键的变化需要引起我们足够的重视，即从线上走到线下，组织模式也在发生着巨大的变化。

互联网时代是军团作战，即总部作战模式：通过总部下达指令，以压倒一切的方式快速歼灭敌人。"双 11"是最典型的例子！那种势如破竹、横扫一切的力量，足以让对手望风而逃，一战定乾坤！

但是，后互联网时代，由于战场的格局变得错综复杂，战斗的形态已经发生了本质的改变。从过去的军团作战，变成了以区域为单位的歼灭战和阵地战。在这个过程中，总部的职能从决策转变成了赋能。这是一场持久战，需要供应链端持续地优化。

赢家通吃的时代已经成了过去，供应链为王的时代已经来临！后互联网时代，你做好准备了吗？

第一节　不同类型企业如何切入产业 B2B 平台

老江湖栽跟头

案
例
①

　　吴老板是石油界的老江湖，这些年生意做得顺风顺水。公司虽然人手不多，但是做石油批发，一年也有几亿元的流水。往往是买入卖出转个手，每吨就有四五百元的利润。多年下来老吴也积累了一笔不小的财富，住在小洋楼里，每天喝茶交友，日子过得别提多滋润了。

　　老吴的石油批发生意靠的不仅是行业经验和对市场的洞察，还有他那一颗"勇敢的心"——敢投钱、敢冒险！只要大势判断正确，上千万元投下去，钱来得特别快。

　　然而俗话说：泼天富贵，转眼成尘。这两年，随着国际经济的疲软衰退，石油市场急转直下，吴老板的大半身家都赔了进去。亏了上千万元的老吴夜不能寐，辗转反侧，苦苦思索着自己的未来。

　　经过这一次，老吴也想明白了：经济总会有起起伏伏，碰上好光景就赚钱，碰上经济萧条就亏死，这跟靠天吃饭的农民差别并不大。表面上光鲜无比，实际上没有太多"技术含量"。而且像他这样的贸易商，全国至少有成千上万个。是继续坚守传统模式，还是做一些突破？未来的路在哪里？老吴很是矛盾！

　　老吴的焦虑并不是个案，他的公司是中国千万家传统企业的典型代表。这类企业深耕行业多年，有着深厚的行业积累和资源。但是在经济增速持续放缓、产能严重过剩的大背景下，企业的生存面临巨大考验。若坚守传统，只能维持微利；转型 B2B 呢，企业却不知道如何入手。

彭翔的烦恼

　　前几年互联网金融兴起，在金融行业摸爬滚打多年的彭翔趁势把自己在圈内的资源做了整合，成立了一家 P2P 公司。没想到，由于国家宏观政策的要求，这几年众多 P2P 平台由于风控不佳而掀起了倒闭潮，彭翔的公司也不例外。

　　初次创业失败的彭翔不想认输。之前在做 P2P 的时候，彭翔一直认为，P2P 的商业模式其实十分简单，门槛不高，竞争激烈，好的项目大家都抢，高风险的项目谁也看不上。并且，对于金融行业最重要的风险控制问题，P2P 平台并没有很好的解决方案。这几年，国家出手对 P2P 平台的整治也证明了这一点。再次创业，彭翔想到了供应链金融。

　　供应链金融是围绕供应链上的真实交易所产生的新型融资方式。国内中小企业普遍面临融资难题，加之市场的低迷、产能的过剩，产生了大量的供应链融资需求，其中不乏优质项目。然而，彭翔的优势是金融，从未接触过供应链的他即便想做这块业务，也担心自己不知深浅，贸然行事。如何着手搭建供应链金融平台？彭翔希望有高人能够指点一二。

　　一方面市场上中小实体企业的供应链上普遍缺钱少粮，另一方面金融机构手握重金却无法找到合适的标的物。各类基金、信托，甚至保险、银行等机构都面临同样的问题：小企业不敢投，大企业抢不到。在这样的背景下，供应链金融无疑提供了一个很好的选项。但是供应链金融怎么做，传统金融机构纷纷寻找突围方案。

技术高手的创业苦

　　江超是典型的 IT 男，思维缜密、性格内敛，虽然不擅长与人打交道，但对数字和编程有着常人难以比拟的天赋。大学没毕业，他就找了几个小伙伴一起开发一款车货匹配的 App，类似货车界的

"滴滴打车"。为了获取用户，暑假大热天，他和小伙伴在货物集散地做地推，一个个司机、一条条街扫过去，积累了近千个用户。

凭着自己的执着，江超拿到了 50 万元的天使融资，半工半读地当起了互联网公司的小老板。创业之路无比辛苦，江超和小伙伴却一直咬牙坚持。然而，市场冷酷无情。一夜之间全国蹦出了几十个类似的公司，其中不乏财大气粗，背后有强大财团支持的创业公司。在激烈的竞争下，江超逐渐意识到自己离梦想渐行渐远。

然而，固执的江超始终坚信，凭着一流的技术、过硬的团队，还有年轻的资本，自己一定能闯出一片天地。但是，如今摆在他面前的问题不是技术，也不是团队，而是能否找到一个可以施展才华的产业。他明白，产品技术再强，没有找到合适的产业就无法落地，就没有着力点。然而，选择什么产业切入呢？这是他亟待解决的问题。

江超是 90 后的典型代表，有技术、有闯劲，关键还年轻，输得起。但毕竟还没进入社会，一没背景，二没资源，好比压在五行山下的孙悟空，纵有浑身解数也使不出来。创业路上困难重重，江超希望找到合适的产业扎根下去，用自己不懈的努力来换取一分收获！

这三个案例并非完全虚构的，而是笔者根据身边的真实案例提炼出来的。

传统企业、资金平台、软件公司，纷纷遇到了发展瓶颈，都在寻找突围的方向。怎么办？许多人把目光聚焦在了产业 B2B 平台上。

前几年，找钢网、找塑料网、找煤网、美菜网……"各种网"纷纷崛起，在各自行业的市场里掀起了不小的波澜。它们凭借手中掌握的资源和对市场的理解，不断探索提升行业效率的新型商业模式。另外，许多链主企业也凭借着自身的优势，开始探索搭建产业互联网的平台模式。

它们虽然都和"网"有关，但支撑其商业模式的核心价值在于：优化行业供应链，为客户创造价值！而"互联网"作为一个重要的工具，能够将这种价值以最有效率的方式传导到行业内的每个角落。

在这样的大背景下，许多企业虽然手握某项资源，也想涉足产业B2B平台，但是往往不知其门，更不得而入。如何突破？

有首儿歌唱得好："找啊找啊找朋友，找到一个好朋友，敬个礼，握个手，你是我的好朋友。"笔者认为，切入产业B2B平台，第一步就是"找朋友"。

产业B2B平台的关键切入资源有三个，分别是产业资源、产品技术和资金资源。而这三种资源恰恰又与供应链的三个要素紧密关联，分别是实物流（产业资源）、信息流（产品技术）和资金流（资金资源），三者缺一不可。本章开篇的三个案例，讲述的便是分别拥有这三种资源的独立个体。

我们知道，产业B2B平台的本质还是产业供应链平台，只不过借助了互联网这一工具，在流动效率和速度上为产业创造了新的价值。所以，搭建一个成功的产业B2B平台，首先要把这三种资源找齐。

拥有产业资源的往往是在这个产业浸淫多年的传统企业、社团组织甚至个人，如制造商、贸易商、批发商，或者是从事这个行业多年的物流企业、信息平台等服务商，甚至是一些行业协会或者行业大咖。这些企业和个人深耕行业多年，具有深厚的产业背景，熟悉上下游交易的过程，深谙交易环节中的痛点。

拥有产品技术的往往是那些了解互联网，有互联网SaaS平台架构和开发经验的企业或个人。前几年，国内互联网B2C兴起，培养了许多互联网人才。然而，真正具有全平台搭建经验的精英人才毕竟凤毛麟角。当然，产品系统平台的搭建往往不是一人之力就可以完成的，既要寻找高屋建瓴的大咖，也要寻找能够干活的靠谱团队！

拥有资金资源的平台表面上看挺多，各类基金、私募满天飞，但是驱动供应链金融业务的关键问题不仅是有没有资金，还有资金的成本有无竞争力，风控体系是不是完善，各类牌照是不是健全。反过来也一样，资金的介入往往需要找到优异的资产。在架构上，需要在资金收付和增值循环中形成闭环，否则风险不可控。

抛开供应链金融服务不说，平台自身的建设也需要大量的资金投入，尤其是对于以撮合交易为主的平台。笔者曾经就 B2B 平台建设的资金投入与某找 X 网的创始人深谈过，测算结果很惊人，仅仅启动一个撮合类 B2B 平台，至少要上千万元资金作为储备，后续还需要 N 轮融资来补血。当然，假如做自营类的平台，启动资金相对少很多，但是靠自身运营来补血，步伐也会走得更慢些。

"找朋友"是切入产业 B2B 平台的第一步，这一步走好了，就为后面的平台搭建奠定了坚实的基础。但假如企业仅拥有三者中的一项或两项，平台的构建就缺一角，即便平台勉强上线，未来也迟早要补缺失的项。

说来也有趣，笔者的一些朋友，因为在供应链上遇到了问题，找笔者出谋划策。而他们中的大部分，面临的就是"三缺一"或"三缺二"的情况，然后往往只是把他们凑在一起，就有了一个非常不错的项目"基本面"。

当然，即便已经拥有了这三项资源，也不要高兴得太早，因为这只是开始，离 B2B 平台的成功搭建还差十万八千里呢！

那么，成功地搭建一个 B2B 平台，还需要具备哪些条件呢？

第二节　抓住供应链痛点：切入产业 B2B 平台

第一节讲过，切入产业 B2B 平台，需要拥有三个关键要素：产业资源、产品技术和资金资源。那么，是不是拥有了这三个要素，就万事俱备了？

现实并没有想象的那么简单。好比搭了一个舞台，灯光、舞美、乐队、演员、观众都有了，但是戏好不好看，关键还是要看剧情。

搭建 B2B 平台也一样，产业资源、产品技术、资金资源都具备了，但是客户是否买账，还是要看这个平台能给客户带来什么。这往往是最难的地方！我们把这个过程叫作**找痛点**。

如何找到痛点，成功切入产业 B2B 平台呢？推荐三个分析维度供大家参考（见图 8-1）。

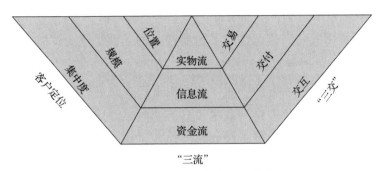

图 8-1　如何寻找供应链的痛点

一、平台的"三流"维度

产业 B2B 平台的本质是产业供应链平台，因此寻找痛点也应从供应链的角度入手，即实物流、信息流、资金流。

从实物流的角度可以思考的问题有：交易环节是否过多，物流的效率是否过低，物流的服务水平如何，货损货差是否普遍存在，物流费率是否过高……

从信息流的角度可以思考的问题有：信息透明度是否过低，依靠信息不对称博取差价是不是行业普遍现状，行业信息化水平是否过低，手工纸面单据是否过多，行业数据是否有效利用……

从资金流的角度可以思考的问题有：资金的收付环节是否存在较长账期，产品的可市场化（标准化）程度是否足够高，资金的使用成本是否过高，融资的时间是否过长……

从"三流"整体匹配的角度还需要思考：行业的供应链管理成熟度处在什么位置？供应链管理水平最高的行业往往是那些竞争十分激烈的行业，例如汽车行业、电子行业、快消品行业、服装行业等。而传统行业，如建筑、农产品、大宗商品等行业往往较为落后，存在大量的机会和痛点，尤其是那些国家重点扶持和大力补贴的传统行业。就拿白糖这个采购品类来说，国内供应链管理水平比较落后，政府不断补贴糖价，导致国内外白糖价格倒挂：进口糖价格低、质量好，但是没有配额进不来；国产糖价格高、质量差，但是不愁卖。这就造成了白糖产业的上游缺乏变革的动力，在大宗商品市场波动的时候显得特别脆弱。

可口可乐公司进入中国以后，就运用了许多先进的供应链管理知识来改造自己的白糖采购供应链，取得了显著的效果。这些改善方法是可口可乐针对自己的企业供应链做出的变革，那么再往前走一步，如果跳出企业看行业，有没有什么平台能够运用类似的方法来推动这个行业进行整体变革呢？这就是上糖网这个 B2B 平台正在尝试做的事情。关于上糖网的案例，可以查看《供应链架构师：从战略到运营》中的相关内容。[⊖]

还有一点需要指出，从逆向供应链角度思考，可以发现不少痛点。例如在行业里，退货、退款通常怎么处理，取消订单怎么处理，有没有行业内普遍存在的痛点。

二、平台的"三交"维度

与"三流"维度类似，还有所谓的"三交"维度，即交易、交付和交互。这三个维度是典型的互联网思维。交易更多的是关注线上，交付更多的是关注线下，交互更多的是关注协同，如何通过平台提高上下游的协同水平。

从交易的角度可以思考的问题有：交易流程是否太过复杂，交易的效率是否过于低下，线下的交易是否可以数据化，交易的数据是否可以产生附加价值，交易是否存在不对等性……

从交付的角度可以思考的问题有：交付标准是否存在，交付效率是否

　　⊖　上糖网案例位于该书 202 ～ 205 页。

低下，交付质量是否过低，交付费用是否过高，交付环节是否过多，交付纠纷怎么解决……

从交互的角度可以思考的问题有：交易双方的典型画像是什么，如何满足交易双方的多样化需求，如何站在人性的角度解决交互问题，如何提高上下游协同的水平，计划怎么做，库存怎么管，补货怎么弄……

三、平台的客户定位维度

除了从"三流"维度、"三交"维度分析，还可以从客户定位维度来分析。这里也可以一分为二，即客户的位置角度和规模角度。

从客户的位置角度思考，产业供应链的"三流"往往非常长，平台往往很难上下游、端到端通吃。因此，必须根据交易的环节对供应链进行切割，将供应链分成生产端、流通端和销售端，甚至还需要提高分析的颗粒度，进一步将其展开到某个具体的交易环节，例如，从厂商到一级经销商、从一级经销商到 B 端客户，或者从厂商到 B 端直销客户等。需要搞清楚平台具体为哪些环节的客户服务。

从客户的规模角度思考，客户的规模有大有小。找钢网的创始人王东提到，他所服务的客户主要是下游海量的中小客户。这是典型的互联网思维，即"长尾理论"所带来的聚沙成塔效应。但是，也有平台主要针对大中型客户，这类平台往往在某一方面具备足够的优势，例如物流优势，或者是分销渠道优势等，因此备受大型客户的青睐。

从客户所在市场的集中度角度思考，市场的集中度越高，客户端的话语权就越高，能力也越强，客户就越有实力越过平台直接进行交易，也有可能通过自建或投资平台的方式将自身业务边界向外拓展。

以上，我们从三个维度分析了如何寻找产业 B2B 平台切入的痛点。找到了痛点，才能进一步进行平台产品的设计。当然，并不是所有的痛点都是有效的。往往某个痛点可能对别的平台有用，对我们无效。关键是痛点的解决方案是否与我们所拥有的资源（产业资源、产品技术、资金资源）相互匹配。好比患者闹肚子，再高明的牙科医生也不知道怎么医治。

第三节   自营还是撮合：产业 B2B 平台从哪里起航

产业 B2B 平台的建设是一个复杂的决策过程。第一步，找到三个关键要素：产业资源、产品技术和资金资源，我们把这个步骤称作"找资源"。第二步，结合所拥有的资源，挖掘平台给客户带来的价值是什么，我们把这个步骤称作"找痛点"。接下来，我们要谈到的是另一个重要的决策点，即平台是以自营模式切入，还是以撮合模式切入。

这两种模式各有优缺点。总体来说，撮合模式主要是收取佣金（服务费方式），而自营模式主要是赚取差价（买入卖出方式）。撮合模式较轻，有利于快速导入贸易商资源，积累用户和交易量，但缺点是用户黏性不强，盈利能力较差。自营模式较重，往往需要自建物流仓储、ERP 系统等，可以很好地掌控供应链，提高客户体验，但缺点是投入周期长，扩张速度较慢。

无论是以撮合模式切入，还是自营模式切入，其实殊途同归，终极模式一样，都应该是"自营+撮合"的混合模式（见图 8-2）。两者的关键区别在于平台的发展路径不一样。

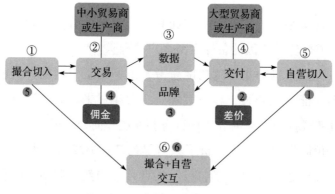

图 8-2   自营切入还是撮合切入

如图 8-2 所示，撮合平台首先需要吸引各级贸易商，尤其是中小贸易商或生产商的参与，将它们现有的线下交易搬到线上；在形成了海量的"交易规模"以及"数据资源"后，平台拥有了与上游大型贸易商或生产商博弈的筹码，类似于 B 端的"团购"平台；在取得了上游大型贸易商或生产商的代理资源后，进一步整合产业结构，导入自营模式；最后形成"撮合 + 自营"相结合的混合模式。

撮合平台能否成功的关键在于，其能否在前期撮合模式下解决用户的关键"痛点"，从而快速导入交易量，并形成可持续的交易规模，最后形成真实的海量交易数据。在这一点上，许多撮合平台走了弯路，没有深挖客户"痛点"，而是围绕价格进行补贴，导致交易量缺乏可持续性，陷入了一轮又一轮的烧钱游戏中。

自营平台则恰恰相反。它首先通过自建的资源，如物流、ERP 或资金池，直接与上游生产商或者大型贸易商达成合作协议，以买入卖出赚取差价的方式对接下游客户。这种模式往往会对传统的供应链体系造成一定的冲击，在业务上与部分下游区域经销商形成冲突。价格有优势的自营平台会针尖对麦芒地投入区域战斗中，而服务有优势的自营平台会有选择性地与区域经销商合作，进行优势互补。

自营平台的资源优势往往不是一蹴而就的，需要资金的投入、长时间的试错和磨合，加上与区域经销商之间存在一定的竞合关系，因此发展速度较慢。但是当自营平台的盈利能力逐步提升，前期的积累达到质变的突破点后，其服务水平和盈利能力会在行业内形成口碑和品牌聚集效应。这种聚集效应能够不断吸引各级贸易商加盟，从而打开撮合交易的大门。类似地，在 B2C 领域，京东就是一个从自营走向"自营 + 撮合"混合模式的很好的例子。

很多人误以为产业 B2B 的终极模式是直营，没有中间商，因为所有的中间环节都是多余的，去除中间环节是最有效率的方式。但笔者对此有不同的看法。产业 B2B 的终极模式应该是"自营 + 撮合"，产业供应链上的各级参与者都有其存在的价值。

中间商的存在与否取决于其是否对供应链有价值，而不因其为中间商就不必要存在。大多数情况下，中间商的价值在于其服务于某类特定的客户，可以满足这类客户的独特需求，例如承担库存、承担价格波动风险、提供部分增值服务等。

这里面最有趣的是，选择不同的切入方式，会与中小经销商形成截然不同的关系。以撮合模式切入将形成合竞关系（合作在前，竞争在后），以自营模式切入将形成竞合关系（竞争在前，合作在后）。无论以什么方式切入，最终都是合作与竞争。那些在供应链上不产生价值的经销商都将不复存在，而那些在供应链上依靠自身能力提供价值的经销商更是谁也替代不了的。

除了自营和撮合模式，还有一种联营模式，即与上游或下游的某个具有强大资源的企业联合经营，共同开发 B2B 市场。例如，与上游生产商或大型经销商联营，获取产品成本优势；再如，与下游渠道商联营，获取贸易流通资源；还可以与第三方，如物流企业、信息化平台等联营。这种模式并没有太多新意，B2B 平台的建设需要先"找到资源"。找到资源以后，可以成立新的公司，可以联合经营，可以选择不同的合作模式，关键是看资源能否互补。

"自营＋撮合"的混合模式结合了两者的优点，尤其在盈利手段方面，既可以赚取服务费，如提供物流服务、供应链金融产品、信息服务、交易服务等，也可以赚取中间贸易差价，甚至还有类似找钢网那样利用自身资源参与其他 B2B 平台的股权投资。

但是，混合并不等于不做任何区分。例如，假如销售渠道没有区分，就会出现终端销售体系混乱的局面。销售人员不知道该卖自营的产品，还是做撮合。因此，需要针对不同的渠道特点、不同的客户特点，结合经销商和自身的优势弱势，做市场的细分管理。在供应链端，也需要做一定的区隔，即"复合供应链模式"。

当一个 B2B 平台实现了"自营＋撮合"的混合模式后，无论从规模角度还是盈利角度来说，都在行业内形成了较高的竞争门槛，新进入者往往需要付出数倍的努力才有可能与之竞争。直到这个时候，我们才能说平台的架构工作已经完成，平台的生态已经初步建成。

第四节　从企业供应链到产业 B2B 供应链架构：从封闭到开放

过去研究供应链架构，往往以企业为对象，从单一链条展开，关注供应链上的核心企业（"商业链主"）与非核心企业（链属）之间如何进行有效协同，从而提升单一供应链的效率和价值，并与其他供应链展开竞争。

为了确保竞争优势，单一供应链往往自成体系、内生循环，称其为"封闭式企业供应链体系"。

近几年，随着供应链上第三方（如物流、金融、信息服务方等）的服务水平和整合能力的大幅提升，供应链架构的内涵和外延正在不断拓展，出现了产业 / 平台供应链的概念。

在供应链网络中，产业 B2B 平台方同时为多条供应链服务，其通过提供丰富多样的增值服务，吸引了大量的上下游企业入驻平台，形成了"企业（N）+ 产业平台（1）+ 企业（M）"的模式。

为了提高服务效率，平台往往服务多条供应链，通过共享服务带来规模化优势。因其体系开放，外生循环，将其称为"开放式产业平台供应链体系"。（为什么需要在平台前加上"产业"这个限定词，原因很简单：产业之间的差异巨大，只有当平台将其关注点下沉到某个具体产业时，它才能做到足够专注，才能发现产业上的痛点和效率改善点。）

如果往前追溯十年，我们会发现，这些供应链上的第三方服务商大多较为弱小，且十分分散，服务内容也较为单一。它们或者依附于某（几）个大企业集团（链主），依靠链主给予的业务维持生存和发展，典型的代表如合同物流；或者仅从事某单一业务，是该业务领域的专家，但是无法形成综合解决方案，客户数量多，但是利润微薄，且可替代性高，典型代表如货运代理公司。

弱小受欺，被动挨打。以物流企业为例，前些年我们参加物流行业的峰会，听到最多的就是"钱难赚""客户少""压力大"。然而这几年情况大为改观，许多率先转型的物流企业如今做得风生水起，从"小草根"一下子变成了人人羡慕的"高富帅"。其业务线也从过去单一的物流服务，拓展到了信息化，甚至是投融资等过去只有金融机构才能玩的"高大上"项目。

其实这背后的逻辑并不复杂。过去第三方服务企业重点关注的是"三流"中的某个流，如物流企业关注的是"实物流"，IT企业关注的是"信息流"，金融机构关注的是"资金流"，还不能称之为真正意义上的供应链管理。在以品牌企业为核心的"封闭式企业供应链体系"中，控盘的是核心企业，即"商业链主"。"商业链主"是"三流"的整合者，它可以选择不同的物流企业、金融机构、信息系统来为其服务，作为乙方的服务方只能唯命是从、俯首帖耳。

然而，当第三方服务企业对"三流"进行有效整合之后，它就能够脱离原有的"封闭式供应链"，转而成为"开放式供应链平台"的主导者。在某种意义上，这些产业平台方因为整合了"信息流、实物流、资金流"，转而成了服务多条供应链的"平台链主"。"商业链主"和"平台链主"之间能力互补、利益互补、纵横交错、相互支撑。

在供应链体系从"封闭式"向"开放式"转变，从"企业"向"产业平台"转变的过程中，供应链的管理、供应链的架构方式也在悄然发生变化。不妨来做个对比。

一、"封闭式企业供应链体系"的架构重点

1. 供应链结构：推拉结合，核心企业控制"三流"

通过"两向一点、推拉结合"，降低牛鞭效应对供应链造成的影响，具

体见《供应链架构师：从战略到运营》第三章。核心企业地位的高低体现在其对该封闭链条"三流"的掌控力上。

2. 资金流：关注企业现金周期、供应链"1 + N"模式

这里包括两部分，第一部分是现金周转，我们希望做成负数（天），这样企业可以做到资金不断流，大大提升企业的生存和竞争能力。如果无法做成负数（天），则需要考虑供应链资金来源的可靠性设计，否则资金流断裂，供应链将不复存在！

第二部分是尝试使用供应链金融工具。链主可以利用自身资源推行"1 + N"模式，提高上下游资金的使用效率和控制力。具体见《供应链架构师：从战略到运营》第九章。

3. 实物流：关注外包与自建的合理规划、轻资产和重资产的合理搭配

核心竞争力部分要坚持自建，而且要敢于投资、敢于重资产。这方面，亚马逊是个好例子，这么多年的重度投入，换来了今天的成就，而且为竞争者筑起了高高的门槛。而非核心竞争力部分可以选择外包，3PL（第三方物流）、VMI 模式、物流中心的外包都有相当成熟的案例。当然，外包的前提是市场资源高度专业化，能够满足企业的需求，否则外包的成本同样很高，磨合周期也很长。

当然，还有一种思路：如果企业负担不起重资产自建的成本和风险，而市场上的外包资源运营总体水平又十分低下，那么可以考虑重资产自建标杆，打造模式以及流程标准，然后大规模复制。标杆模式可以不断升级以保持技术和流程的领先优势，从而构建竞争门槛！

4. 信息流：关注信息协同的等级

上下游协同，主要是打通信息的共享机制，可以使用 S&OP、CPFR、CRM、SRM、EDI 等方法、工具、系统来解决上下游信息共享的问题。然而，封闭式供应链共享的难点在于信任和竞争的博弈。一方面要相信自己

的合作伙伴，另一方面又要防着合作伙伴把信息分享给竞争对手。因此，封闭式供应链体系在协同上强调"战略合作 + 信用背书"：不同的信用、不同的关系、不同的信息共享等级。在某种程度上，这也阻碍了产业的发展。

5. 典型案例

"封闭式企业供应链体系"的典型案例有可口可乐、宝洁、华为、海尔等。

二、"开放式产业平台供应链体系"的架构重点

1. 供应链结构：关注路径和效率的优化，平台企业整合"三流"

所谓路径和效率优化，即通过产业平台减少供应链上的非增值路径，但前提是平台要有足够的能力来整合"三流"，形成规模优势。注意，这里使用的是"整合三流"而不是"控制三流"，因为产业平台是一个开放式平台，应该通过有效"整合三流"来提供服务和价值，且避免与上下游发生过多的竞争；而封闭式企业供应链则以"控制三流"作为其保持竞争力的重点。这个定位确保了两者的利益，十分重要！

整合意味着要尽可能聚合各方的力量和优势，有侧重点地进行"三流"的强控和弱控架构，从而推动行业供应链水平的整体提升而非个别企业的供应链运作水平提升。

2. 资金流：提供供应链"$N + 1 + M$"服务，提供信用，风控是关键

在资金流上，产业平台作为第三方，可以依托上下游交易提供丰富的供应链金融产品，并通过掌握物权、数据、交易等来提供信用。由此，风控体系就自然而然地成了平台资金流架构的关键点。

3. 实物流：自建或协同第三方提供物流增值服务，尽可能控制货物的流转权

由于为海量的上下游提供服务，因此物流的规模效率大大提升，第三方物流企业重资产投入所产生的竞争优势以及成本优势得以体现。加上物

流服务可以控制货物的流转权，为供应链金融服务提供了良好的信用支撑。所以物流企业天然具备做供应链金融的优势。

4.信息流：扩大信息共享，使用大数据和反向定制

信息流是平台的关键抓手，实物流可以不走、资金流可能不过，但是如果没有了信息流动，平台就完全失去了价值。因此，无论自营还是撮合，无论初级模式还是终极模式，信息系统的投入是所有产业平台都绕不过去的课题。只有掌握信息流，才会有大数据的基础，未来才有可能走向 C2M/C2B 反向定制。

5.典型案例

"开放式产业平台供应链体系"的典型案例有找钢网、找煤网、科通芯城等。值得注意的是，无论是企业还是平台，都需要思考以上策略的集成架构，而不是围绕单一流进行规划或优化，否则顾此失彼，最终仍将面临失败。

供应链从企业到产业 B2B，从封闭到开放，是大势所趋。当价值链发生调整的时候，企业的核心价值是否会发生变化，企业的供应链架构是否会受到冲击，是坚守还是变革，每一家企业都应当思考。

诚然，未来的供应链一定是"封闭式"和"开放式"皆有。强势企业可以继续深耕经营其封闭式供应链，保持其竞争优势。而弱势企业则需要抱团取暖，依托平台提供的供应链服务来与大企业集团展开竞争。

这是一个有趣的时代，微笑曲线已经渐行渐远，强权不再独揽，"草根"可以逆袭，平台可以爆发。我们要做的，就是找寻自身存在的价值！

第五节　链主企业做平台：思维模式必须改变

在企业的供应链变革中，推动变革的往往是链主。它们立足于自身，通过运用供应链的先进技术、理念和模式，提高企业供应链上下游合作伙伴的协同效率，从而获得竞争优势。

在产业 B2B 的供应链变革中，推动变革的往往是平台。它们立足于产业，找到产业链上下游的痛点，通过匹配相应的供应链服务，推动产业协同效率的提升，从而促进产业的升级。前者是链式思维，后者是网状思维。

链式思维，针对的是单个企业的供应链，是供应链的流程再造；网状思维，面向的是平台上不同企业的供应链，是供应链服务产品的创造。链式思维强调的是"我"，网状思维强调的是"你"！这里的"我"指的是"我所掌控的这条供应链"；"你"指的是"平台上的企业（你）的供应链"。

由链式思维衍生出来的是"供应链管理思想"，其核心在于"管理"，是链主对于自身所处供应链的主动管理和协调；由网状思维衍生出来的是"供应链服务思想"，其核心在于"服务"，是平台站在中小企业的角度为它们设计并提供供应链服务。主体不一样，思考方式自然不同，表现形式也有所差异。当习惯于供应链管理的链主企业涉足产业平台创建时，由于思维方式没有从"管理"转向"服务"，往往容易步入三大误区。

误区一：平台即渠道链主。企业创建 B2B 平台，仅仅将其作为企业的互联网销售渠道。最为典型的表现形式是创建一个电商网站，将企业原本在线下销售的产品搬到线上销售。这就是典型的链主思维，是站在"我"的角度来布局 B2B 平台，以 B2C 的方式来打造 B2B 平台。B2B 往往是低频、熟客交易，其背后是复杂规范的商业流程，无法像 B2C 平台那样通过产品的展示和简易的交易获得巨大的流量。因此，采用这种方式创建的 B2B 平台，更多的是成了链主企业产品的展示平台。

误区二：平台即产品。B2B 平台作为企业信息化的主导者，被授权构建供应链管理相关的信息系统，如客户关系管理、供应商关系管理、仓储管理、运输管理等系统，将企业传统的手工交易系统转变为电子交易系统。

企业信息化、数字化建设属于供应链管理的范畴，是打通信息流的关键步骤。但是，链主企业自身的信息系统架构与产业平台的信息系统架构有着天壤之别。前者封闭，而后者开放；前者定制化程度高，而后者通用化程度高；前者既可以搭建在企业自有的服务器上，也可以放在云端，而后者必须是建立在云端的 SaaS 系统。

误区三：平台即工具。这里所说的工具，指的是链主"压榨"链属的工具。链主企业借助 B2B 的概念和平台，可以更加方便地从合作伙伴身上"榨取"更多的利润。

例如，一方面强行延长供应商的付款周期，另一方面给供应商提供所谓的"供应链金融方案"来赚取利息。供应链金融专家、中国人民大学商学院宋华教授将其称为"流氓式"的供应链金融。除此以外，还有通过强行指定物流服务商、强行要求安装 IT 系统等各种"流氓方式"来压榨合作伙伴，这些都是典型的链主思维。

我们发现，链主企业在建立 B2B 平台时往往十分纠结。这种纠结表现在，一方面担心自建 B2B 平台的开放性体系会对传统的市场格局造成破坏，另一方面担心因为没有紧跟趋势而被新出现的 B2B 平台所颠覆。

因此，链主企业构建 B2B 平台更多的是在互联网时代下的一种防守策略。这种防守心态，使得链主企业对于平台的定位往往模糊不清，没有划分清楚"管理"和"服务"的边界，容易步入以上三个误区。

不过，步入这三个误区，并不会给链主企业本身带来多大的坏处，因为无论如何，站在供应链的角度，它依旧能够帮助链主企业提升效率。但是，它的范围也仅仅限于单个企业的供应链效率提升，而不能带来行业的价值提升！

产业 B2B 平台的终极目标是形成产业生态链，在生态链内有大大小小不同规模的企业，它们的诉求各不相同。从企业供应链向产业供应链变革，阿里巴巴的"总参谋长"曾鸣教授提出了 S2B 的概念，强调平台赋能众多的 B 端，而不是管理 B 端，通过服务供应链上拥有不同诉求的企业来创造更大的价值。

供应链的服务有着丰富的内涵和外延，可以是信息服务、物流服务、金融服务、系统开发，甚至是供应链的咨询辅导等。站在"供应链服务"

的角度，必须跳出链主思维。平台应站在供应链上下游 B 端企业的角度，判断它们需要什么，它们的痛点是什么，这些需求和痛点是否具有普遍性，是否能够通过创新的、相对标准化的服务产品来满足它们的需求，解决它们的痛点。

这是价值的创造，而非单纯的效率提升。效率提升往往指的是对原有流程进行优化；而价值创造是新流程、新模式的构建。前者是切蛋糕，后者是做蛋糕，两者有本质的区别！

本章小结

产业互联网平台和消费互联网有本质的区别。前者以线上运营为主，流量为王；后者线上线下协同运作，供应链为王。本章重点阐述了如何切入产业互联网赛道，如何设计商业模式，如何做好供应链架构。本章要点提炼如下。

（1）产业 B2B 平台的关键切入资源有三个，分别是产业资源、产品技术和资金资源。而这三种资源恰恰又与供应链的三个要素紧密关联，分别是实物流（产业资源）、信息流（产品技术）和资金流（资金资源），三者缺一不可。

（2）切入产业互联网，需要找准痛点。可以从三个维度进行分析，即供应链的"三流"维度，平台的"三交"维度，平台的"客户定位"维度。

（3）无论以撮合模式切入，还是自营模式切入，其实殊途同归，终极模式一样，都应该是"自营＋撮合"的混合模式。

（4）在供应链体系从"封闭式"向"开放式"转变，从"企业"向"产业平台"转变的过程中，供应链的管理、供应链的架构方式也在发生变化。

（5）"封闭式企业供应链体系"的架构重点：供应链结构上推拉结

合，核心企业控制"三流"；资金流方面，关注企业现金周期、供应链"1＋N"模式；实物流方面，关注外包与自建的合理规划、轻资产和重资产的合理搭配；信息流角度，关注信息协同的等级。

（6）"开放式产业平台供应链体系"的架构重点：供应链结构上，关注路径和效率的优化，平台企业整合"三流"；资金流方面，提供供应链"$N＋1＋M$"服务，提供信用，风控是关键；实物流方面，自建或协同第三方提供物流增值服务，尽可能控制货物的流转权；信息流角度，扩大信息共享，使用大数据和反向定制。

（7）企业变革供应链，推动变革的往往是链主。它们立足于自身，通过运用供应链的先进技术、理念和模式，提高企业供应链上下游合作伙伴的协同效率，从而获得竞争优势。产业 B2B 变革供应链，推动变革的往往是平台。它们立足于产业，找到产业链上下游的痛点，通过匹配相应的供应链服务，推动产业协同效率的提升，从而促进产业的升级。前者是链式思维，后者是网状思维。

（8）由链式思维衍生出来的是"供应链管理思想"，其核心在于"管理"，是链主对于自身所处供应链的主动管理和协调；由网状思维衍生出来的是"供应链服务思想"，其核心在于"服务"，是平台站在中小企业的角度为它们设计并提供供应链服务。

第九章

智慧供应链的组织变革与个人成长

突破认知　变革未来

第一节　供应链变革的三种场景

供应链变革，尚方宝剑在手又如何

　　"这是我们工厂的事，不需要你来指手画脚！"赵强狠狠地丢下这句话，摔门而出，留下华滨和一屋子来自各部门的同事，大家面面相觑，不知所措，气氛无比尴尬！

　　华滨是康迪公司新上任的供应链项目总监，负责主导公司供应链变革的重大试点项目。华滨有着多年的供应链从业经验，熟悉工厂的现场运作，精通精益六西格玛，也带过采购、计划和物流团队，具有端到端的行业供应链视野，是这个领域不可多得的行家里手！为此，康迪公司总经理亲自出马，不惜重金把华滨挖来，希望借助华滨的力量，对公司的供应链模式进行一次彻底的变革。

入职两个月以来，华滨对康迪公司的供应链进行了一次深度调研。他走访了每个部门，从计划、采购，到生产、物流，整个一圈跑下来，他发现公司供应链上存在着大量的问题，例如研发与供应链脱节、计划管理粗放、采购缺乏策略、生产效率低下、物流外包管理不善……这里面每个环节都存在着改善机会。但是，由于每个环节都相互关联，牵一发而动全身，假如仅对某一个环节进行改善，不仅收效缓慢，还会按下葫芦起了瓢，对其他相关流程造成不良影响。因此，需要跳出来站在全局角度对供应链进行思考和重新架构！

为此，华滨熬了几个通宵，对公司的供应链进行了重新设计。新的方案从供应链的战略、流程、信息化、内外协同等方方面面做了详细的规划，涉及研发、采购、计划、制造、物流等多个部门。华滨还对新旧方案进行了细致的比对，提供了可行性分析数据。

功夫不负有心人，在项目方案汇报会上，他的方案得到了总经理和高层的高度认可，总经理任命他作为整个项目的负责人，全力推动公司供应链的变革和升级！这让华滨信心满满，他计划在项目启动前组织一次沟通会，邀请各部门推荐的核心项目成员参加。

华滨万万没想到的是，虽然有了总经理的直接委派，手握尚方宝剑，但在第一次跨部门项目沟通会上，华滨的方案就遭到了来自各部门项目代表的质疑！

面对质疑，华滨并没有退缩，他以一对十，舌战群儒，针对每个问题都进行了专业的分析和解答。但遗憾的是，方案毕竟是方案，在方案还没有落地前，华滨的所有设想都还只是停留在书面。尽管华滨可以以他过往的成功经历来例证，但似乎所有人此时都站在了他的对立面，根本没人听得进他的意见！

赵强是这些人中意见最大的一位，他是一厂的副厂长，从业几十年，论经验和能力他自认为并不比华滨差。华滨提出的方案是对他现有运作方式的颠覆，以他的经验判断，这个方案成功的可能性有，但项目牵扯面大，假设前提又太多，复杂性太高，失败的可能性极大。

倘若为了验证方案的有效性，就对方案进行测试，这样一来，一厂需要投入大量的人力物力，并对试点产线的布局进行调整，这会对现有的生产进度和产能造成重大影响，生产任务如果完不成，最后承担责任的并不是华滨，而是自己！想到这些，赵强心烦意乱！

从另一个角度来说，赵强其实挺不喜欢华滨的，他才刚来两个月，很多具体情况还没了解清楚，就贸然搞这么大动静。总经理并不熟悉具体细节，宁愿相信一个"外来的和尚"，也不信任这些老臣，实在是让人不服！

而赵强的上司，一厂厂长胡跃飞则是个老江湖，他心里虽然不服，但碍于总经理的面子，更忌讳成为"改革的阻力"，因此阳奉阴违。当着总经理的面，他拍着胸脯说全力支持项目，私下却让赵强自己看着办！赵强认为此时此刻，于公于私，自己都是有责任站出来的。于是，他凭着自己多年的经验，以专业的角度对华滨的方案提出了质疑。

双方就这么你一言、我一语，从刚开始的辩论逐渐演变成了激烈的争吵，加之旁边众人的帮腔，现场闹哄哄乱成了一团，最后出现了开头那一个尴尬的场面！

赵强摔门离场后，华滨草草地说了几句客套话就匆忙地结束了会议！他一个人在会议室里待了很久，心情无比的沮丧。作为一名空降兵，虽然头顶光环，但是来到康迪公司，他并没有想表现自己，他只是希望通过自己的努力回报总经理的知遇之恩，尽快帮助康迪公司提升供应链管理水平。但是，他才刚刚迈出第一步，就遭到了项目团队如此强烈的反对。他不明白问题到底出在了哪里，论经验和专业水平，行业内几乎没有人能够与他匹敌；面对所有质疑，他都能够应对自如；论气魄和胆识，他也毫不逊色，可以以一当十，舌战群儒！但是，毕竟他只是个项目负责人，没有众人的支持，这个项目是无论如何也无法获得成功的！

出师不利，华滨很想给总经理打个电话诉诉苦，但是几次拿起电话又放下了。他记得总经理在任命他为项目负责人时，曾经允诺他，如果有任何反对的声音，他都可以直接通过人力资源部对当事人进行约谈甚至处罚，以确保他在项目执行过程中具有充分的权力。但是真的到了要用这柄尚方宝剑的时候吗？华滨很是犹豫……

遇到这样的问题，你认为华滨该怎么办？

供应链架构有三个最重要的应用场景。第一个场景是"初始架构"，即从零开始架构。

在业务还没有正式运作前，在创业还处于创意阶段时，就把供应链思想带入业务规划中，对供应链进行系统性架构。"初始架构"的关键原则是"以终为始"。在这个场景中，因为没有任何历史负担，供应链架构师可以大胆假设、小心论证，以终为始，建立起产品、营销、供应链三者相互支撑的牢固三角形。

一出发就走对了方向，可以使企业在发展初期少走很多弯路！例如，小米在创业初期，雷军就对供应链给予了相当高的关注度，每周亲自主导产销协同会议（类似于 S&OP 流程），督促销售、市场、采购、研发等团队相互密切配合，形成合力，最终在群雄并立的手机市场中杀出了一条血路；相比之下，罗永浩在创立锤子手机时，对供应链缺乏足够的重视度，直到锤子手机深陷供应链困扰，他才坦言自己过去以为做好产品就够了，没想到供应链那里还有个巨大的坑！

事实上，发展的初期大多数业务，创业者错失了"初始架构"的最佳机会。当然，这里面有的是因为缺少时间——市场机会稍纵即逝，竞争对手如狼似虎，创业者最重要的是思考如何活下来，无暇进行全局性规划；有的是因为缺少人才——没有遇到对的人，再加上业务快速发展，创业者只能硬着头皮上，先把能做的事情做起来，供应链的问题只有等到业务跑起来、人员齐备后再来逐步解决！

无论是有意识，还是毫无概念，在业务发展初期，对供应链的忽视，都会让创业者在后期为此付出成倍的努力作为代价！当然，相比活下来而言，一缺时间、二缺人才，让业务先行，有时候也是不得已而为之。只是在有条件的情况下，"初始架构"是绝对不能跳过的关键步骤！

第二个场景是"迭代架构"，即小步快跑、及时复盘，让供应链架构始终处于领先业务至少半步的状态。

市场环境会发生变化，竞争对手会调整策略，企业自身能力也在不断演进，"初始架构"不可能一劳永逸，企业应当及时对供应链进行调整，以保持供应链发展的前瞻性。

"领先半步"是供应链"迭代架构"的关键原则。供应链的建设和调整往往耗时耗力，甚至需要投入巨大的资金，有时还需要对软件硬件进行调整，因此需要时刻保持领先业务至少半步，才不至于拖累业务的发展。

其实，"初始架构"和"迭代架构"应该成为"最佳拍档"！"初始架构"没有包袱，可以以终为始，目光长远，把供应链的长远目标和路径定义出来。在此基础上，设置"迭代架构"的复盘机制，每隔半年或者一年对"初始架构"所设定的路径目标进行检视，确认目标达成情况，并及时进行调整，以确保大方向的正确性，也可以保证供应链架构的适度灵活性。

第三个场景是"变革架构"，即对供应链进行颠覆式变革，重塑供应链的 DNA。

"变革架构"是最难、最复杂的架构场景。因为供应链的变革架构，往往意味着到了积重难返、不得不变的状态。企业不变则死，变则还有一线生机，并且供应链的变革往往不是局部变革，而是端到端的系统变革，不仅涉及内部的相关部门，还涉及上下游的联动关系，其复杂度可想而知。

因此，企业进行供应链"变革架构"时，需要拥有"三心二意"。当然，此"三心二意"非彼"三心二意"，这里的"三心"指的是"决心""同心"和"狠心"，"二意"指的是"意识"和"意图"。

在进行"变革架构"前，首先要有足够的决心！这个决心，特指高层的决心，是指公司的创始人或者高层具备"黄沙百战穿金甲，不破楼兰终不还"的决心。供应链变革过程中，来自方方面面的阻力会时不时跳出来干扰高层的心智。如果没有决心，意志不够坚定，很容易被各种各样的声音迷惑。一旦高层内心动摇了，变革离"功亏一篑"就不远了！

其次要做到上下同心！仅有高层的决心是不够的，如果上下不能同心，高层再坚决，中层不给力，基层的动作也会变形。案例中的主人公华滨遇到的就是典型的上下不同心的情况。

如何做到上下同心呢？需要企业搭建"供应链的意识和共识"并定义"明确的意图和步骤"，即所谓的"二意"。

供应链的意识和共识，不是说有就有的，它的建立往往需要一个过程，需要供应链架构师坚持不懈地进行宣传引导和培训。在欧美企业，由于供应链管理的基础培训比较完善，企业的供应链相对成熟，供应链的意识是融入每个管理者的血液中的，是通过日复一日的宣传引导和培训建立起来的，并不需要额外为了变革项目而花费太多的时间进行突击式的、临时抱佛脚式的宣传引导。

但是在中国，变革项目推进前，企业必须进行全员的宣传引导和培训，甚至需要使其贯穿整个项目的各个阶段，确保全员思想意识的统一。对于其中部分重要的宣传引导和培训，还需要企业的高管亲自参与，无论是表决心也好，表态度也好，都能够激励中层及基层以积极的心态来参与和学习。

明确的意图和步骤，需要通过中层的共创建立起来。高层负责定战略，中层负责定具体的策略和实施步骤，各有侧重点。为什么需要共创？因为如果不是共创出来的方案，执行过程就无法得到各部门的支持。

建立"供应链的意识和共识"是务虚，定义出"明确的意图和步骤"是务实。一虚一实，才能够做到上下同心。

案例中，华滨忽略了"二意"的重要性：没有进行足够的宣传引导和培训；在中层的宣导会上，没有邀请高层来站台；也缺少共创的过程。这些问题导致上下不同心，项目无法推进落地。

当然，也不能全怪华滨，因为在很多情况下，即便拥有了决心和同心，依然会遇到"持不同意见者"，他们往往是变革的最大阻力。

当然，这并不是说"持不同意见者"的话就毫无意义，在共创阶段，"持不同意见者"的声音需要被很好地倾听和回应，这会给项目的策略规划带来积极正面的促进作用。

但是，一旦共创完成，明确了实施的步骤，那么，"持不同意见者"就应当保留自己的意见，全力支持项目的推进。如果依然横加阻挠，那么变革项目的负责人此时就应当拿出第三个心，即"狠心"出来：亮出尚方宝剑，迅速处理"持不同意见者"，以稳定军心，确保项目方向不受影响。

供应链架构的三种典型应用场景，即初始架构、迭代架构和变革架构，如何应用和落地，需要不同的策略和方法。读者不妨思考一下，自己所在的企业目前正处于哪个阶段，需要匹配哪种架构场景。

第二节　供应链管理者要有"产品思维"

传统行业的供应链人才推动智慧供应链变革，最容易被挑战的就是"缺乏产品思维"。需要澄清的是，这里所谓的"产品"指的是"信息系统"或"数字化产品"，而不是我们传统意义上理解的"实物产品"。

什么是产品思维？说起来很抽象，我们不妨以供应商管理流程的搭建为例来展开。

企业的供应商管理流程，通常包括供应商的选择与评估、供应商的分层分级管理、供应商的绩效考核、供应商的汰换与退出等。每家企业都会根据自己的业务需要来建立本企业的供应商管理流程体系。这套流程通常是跨部门的，需要兼顾各方的利益和诉求，因此会形成多个决策点以及相应的决策链路。

如果你是企业的供应商管理流程负责人，你费了九牛二虎之力，使出了浑身解数，终于与各个相关部门，如采销、品控、法务、财务等在流程上达成了一致。接下来，为了确保日后流程的顺利实施，你通常会有以下几个选项。

A选项：这是最土的办法，即设计一套工作报表或标准文档，通过邮件或线下文档进行传递、逐个审批，最后将审批过的文档（纸质的或电子版的）归总到文档库里，以便后续进行查看或者分析。

B选项：这个方法稍微高级一些，请公司内部的IT工程师把这套流程在公司的工作流系统里搭建出来，从而避免通过邮件或者纸质文档进行传递造成低效率或文档丢失等问题。但是，企业的工作流系统通常不是为供应商管理定制的，只能实现审批、归档、查看等一些较为简单的、所谓的"无纸化"功能。而对于供应市场的分析比对、供应商的绩效评估、供应方式的仿真模拟等，还需通过线下人工的方式进行提取和处理，效率依然很低，效果也不见得好！

C选项：如果有足够的预算，购买外部商用软件解决方案。作为流程负责人，你需要根据业务需求寻找一些合适的外部商用软件企业进行洽谈。当然，对于你提出的需求，商用软件企业通常不会照单全收、从头到脚为你量身定制一套供应商管理系统。它们通常会先向你兜售所谓的软件套装，尽可能说服你采用它们的标准解决方案。当然，如果你足够强硬，它们通常也会同意做一些定制化的开发，但是价格自然也水涨船高。

接下来，商用软件企业会派出几个咨询工程师进驻企业，做供应商管理流程的全面梳理，与业务方达成一致后进入开发阶段。开发完成后再经过软件的上线调试等工作，最后交付需求方使用。一旦交付完成，商用软件企业的工作就基本完成了。后续如果还有其他升级或额外需求，则需要按照这个流程再来一遍，耗时且耗力。

以上三个选项，是传统企业从事供应链管理工作时会遇到的三种典型场景。其中，C选项与"产品化"最为近似，但仍然存在本质的差异。

那么，什么是"产品化"工作，什么又是"产品化思维"呢？我们不妨借鉴互联网企业的经验，来看看"产品化"的典型特点与需要具备的典型能力。

第一，产品为业务提供抓手，业务为产品沉淀能力。

大型互联网企业由于业务板块众多，每个业务板块又对接海量的上下游生态企业（B端）或个人（C端），如果仅仅依靠人工（前述A选项）或者依靠简单的工作流（B选项），甚至通过软件外包（C选项），无法应对海量的信息处理和复杂的业务场景。因此，互联网企业通常会选择自建"产品"，也就有了所谓的"产品化"工作。原因很简单，如果我们在设计流程时，没有"产品化思维"，没有进行"产品化"工作，在面对海量的信息及复杂的场景时，设计出来的流程是根本无法落地实施的。

互联网企业通常没有传统企业所要求的ISO流程体系，所有的流程都直接反映在产品中。如果我们试图通过一纸批文或者一个流程图来抓管理抓落实，那永远只能是纸上谈兵。而有"产品化思维"能力的人，则会迅速地通过产品来落实已经达成一致意见的流程。因此，我们常说：产品为业务提供了抓手。

反过来，业务又为产品沉淀了能力。如前所述，虽然互联网企业业务板块众多，对接的上下游企业众多，但是这些业务板块或企业的产品需求仍然具备一定的相似性，如果A业务板块开发了一套供应商管理产品，未来能被B业务板块或者上下游企业使用，那么这种能力就通过产品沉淀了下来。

第二，业务与产品并行，业务试错调整，产品快速迭代。

所谓天下武功，唯快不破。互联网企业里，业务变化的速度之快，是传统企业所无法企及的。因此，每个进入互联网企业工作的人，都要学会

"拥抱变化"。一个业务流程，从提出创意到产品落地实施，短的一两周时间，长的也不过个把月。在这个过程中，还会涉及产品的多次敏捷迭代，最快的可以做到一周几次迭代。因此，业务与产品技术人员往往需要组成一个工作小组，并行工作，密切配合、相互支持。

在互联网企业里，一个会写商业需求文档（business requirement document，BRD）/市场需求文档（market requirement document，MRD）的供应链管理人员是十分受重视的，有些能力强的还可以写出技术人员看得懂的产品需求文档（product requirement document，PRD），甚至能够使用一些开发工具独立完成相对简单的数据产品的开发。

在这样的工作小组中，因为大家都具备"产品化思维"，都使用相同的"语言"，所以工作的效率和产出十分惊人！有人曾说，在互联网企业里，人人都应当是产品经理，一点都不夸张！

第三，懂业务，看大盘，供应链产品经理需要具备全局观。

作为供应链管理者，不仅要有能力通过"产品化"将流程落地实施，还要清楚地知道搭建出来的产品在整个生意、整盘业务上的位置，并通过一张产品大图来说清楚。

以供应商管理产品为例，在整个业务版图中，它与商品开发、计划库存、商品质量、商品效能、营销活动、仓储物流、账务核算等都有很强的关联。因此，在规划供应商管理的流程和产品时，需要把这套流程放在整个业务版图、整个产品大图里进行审视，构建其与其他板块的关联，而不应当将其视为一个独立的模块进行设计。这就好比我们在玩拼图游戏时，首先会看我们想要拼出的那张完整的大图是什么样子，然后再把一大堆拼图碎片逐一拼起来。

"产品化思维"不是碎片化思维，而是全局观下的模块化思维。这对供应链管理者提出了很高的要求！

第四，层次清晰、耦合明确，供应链产品经理需要具备清晰的产品架构能力。

　　一个好的产品，一定具备"层次清晰，耦合明确"的特点。哪些放在数据层，哪些放在基础层，哪些放在应用层，产品经理需要在头脑中清晰地将其界定出来。不仅如此，各层次之间，各功能模块之间，跨领域的模型之间，甚至是跨产品之间的耦合关系也需要有明确的界定。

　　这就好比庖丁解牛。普通人看牛，看到的是牛的外观。而庖丁看见的牛，是从皮到肉、到骨架，甚至到关节、筋膜的完整结构。

　　具备了"层次清晰，耦合明确"特点的产品，是一个在某种意义上被"模块化"或"标准化"了的产品。这样的产品才能够在快速多变的外部环境下更好地进行快速迭代、快速拓展。

　　第五，持续学习、保持远见，供应链产品经理需要具备前瞻性思维。

　　这个时代，知识更新的速度很快。新概念、新算法、新工具、新模式层出不穷。如果没有持续学习、持续创新、持续突破的精神，仅仅依靠经验，靠吃老本，是无法在互联网企业里生存下去的。

　　互联网企业往往遵从"丛林法则"：假如你有一个很好的创意或模式，但不能通过流程化、产品化快速落地，实现规模化的产出，并得到结果，则很有可能被内部或外部的竞争对手干掉。

　　即便如此，今天的结果，到了明天依然有可能被其他团队所超越。因此，"产品化思维"必须要有一定的前瞻性，需要对未来半年、一年甚至更长一段时间里的业务有清晰的规划，并能够使用更新的技术、更好的方法、更智能的手段来实现流程的"产品化"。

　　以前述供应商管理产品来说，假如今天 A 业务板块开发出来的产品是市场上最优的，可以直接应用到 B 业务板块上，那么 B 业务板块就面临着被"丛林法则"淘汰的可能性。这种生存危机让每个人都面临着巨大的压力，只有通过不断的学习和创新才能让自己保持领先优势而不至于被淘汰。

　　当然，常胜将军是不存在的。在互联网企业里，失败的产品比比皆是，大家也学会了彼此调侃，"没有经历过失败的人生是不完整的"。失败带来了反思，带来了更多的创新，一次次的失败最终成就了业界顶尖的产品，这就是互联网企业保持倍速增长的奥秘之一。

当"互联网＋"被提出来后，"互联网＋供应链"也成了热词。在这个热词的背后，是互联网企业对于传统供应链的变革，是互联网精神对传统供应链思维的冲击和改变。拥有"产品化思维"，才能更好地拥抱变化，拥抱挑战，所谓的"互联网＋供应链"才有了落地生根、破土而出的希望！

第三节　产品经理要有"供应链思维"

我们在第二节中谈了供应链的"产品化思维"，也提出了一个观点：在数字化时代，供应链管理者都应当具备"产品化思维"！

的确，"人人都是产品经理"是这个数字化时代对于供应链管理者的期待，甚至可以说是要求！但是，反观当下，实际情况是，大多数的供应链管理者并不具备"产品化思维"；不仅如此，许多从事供应链产品开发工作的专业人士也可能不具备"供应链思维"！也就是说，"产品化思维"和"供应链思维"这两种思维就好比两条平行的河流，各自流淌，却还没有汇聚入江海。

因此，我们除了要谈"产品化思维"，还有必要来谈谈"供应链思维"！那么，什么是"供应链思维"，什么是互联网和数字化时代的产品经理所需要具备的"供应链思维"？

关于什么是"供应链思维"，我在《供应链架构师：从战略到运营》一书中谈了很多，例如，供应链包含三个流，即实物流、信息流和资金流，"三流"需要集成设计；供应链不仅需要考虑正向供应链，还需要考虑逆向供应链；供应链的 VSA 原则，即可视化、可感知、可调节；供应链有不同的发展成熟度，需要一步一个台阶地走；供应链要实现内外协同，需要架构几个关键流程等。

这里，我们重点来谈谈产品经理需要具备什么样的"供应链思维"？我认为有三个方面。

第一是要有战略高度。不仅要站在需求方的角度，还需要跳出需求方，把自己放在更高的位置上，例如公司的供应链总监、总经理，甚至是供应链上其他相关企业的总监、总经理的位置上。

为什么需要把自己的思维拔得如此之高？原因很简单，产品经理的惯性思维通常是站在"用户视角"，因为用户的需求是产品存在的唯一价值。但是很遗憾，对于供应链产品经理来说，用户不一定总是对的，甚至经常发生错误！

这是因为供应链太过复杂，供应链的产品需求通常只是一棵大树上的一根枝丫甚至只是一片树叶。如果没有搞清楚这棵大树长什么样子，而贸然地陪着用户去画这根枝丫或者这片树叶，最后的结果必然是徒劳无功。

因此，作为供应链的产品经理，需要培养自己的商业和供应链敏感度。需要实时了解行业的供应链发展状况，企业的商业战略是什么，支撑商业战略的供应链战略是什么，供应链上的主要问题和突出矛盾是什么，公司正在采取什么方式来解决这些问题，它对合作伙伴的影响是什么。需要学会多向需求方提问，了解清楚商业逻辑背后供应链产品需求的真实原因，才能有的放矢，避免落入管中窥豹、盲人摸象的尴尬境地！

根据笔者的粗略统计，在互联网企业里，供应链产品的失败概率在30%以上。当然，失败并不可怕，很多产品经过数次迭代，起死回生的也不在少数。但是，有一类产品的失败是从一开始就注定的：这类产品的需求方从一开始就没有想得特别清楚，产品经理也糊里糊涂地上了船。最后花了成百上千人天，产品上线的同时也是它的"死期"，因为业务的方向和策略已经和当初大相径庭了。这种失败，没有任何沉淀，有的只是满腔的"血和泪"！

第二是懂运营。产品经理不仅需要有高度，还需要有深度，能够放下姿态，花足够的时间去一线了解实际运营。

这一点非常重要！做供应链产品，最大的忌讳就是"闭门造车"。所有课堂上教的供应链知识，所有办公室里画的流程图，如果脱离了业务实践，必然是毫无价值的。

这一点正好击中了当下大多数供应链产品经理的短板。因为大部分的供应链产品经理都不是供应链运营出身，没有在运营一线工作过。即便是那些当初做过运营的，由于供应链的子模块太多，行业差异太大，供应链的发展又太快，也很少有人能够对一线运营的工作了然于胸。

有人可能会说："产品经理没有必要看得那么细吧，关键是需求方要把细节都搞清楚，把需求提明确，而不是把所有压力都放在产品经理身上！"的确，作为产品经理，如果碰到了经验丰富、头脑清晰的业务需求方，是会省很多事，也能够规避很多的风险。但是，在很多情况下，写 BRD 的人未必是一线运营人员，未必是未来要运用这些产品的人。这种经过层层翻译、解读的二手信息，或者是那些在办公室里针对未来场景的纸上谈兵，与实际场景的偏差往往是巨大的。这就需要产品经理保持清醒的头脑，有敢于下到一线、拿一手反馈的勇气。因此，"懂运营"就成了供应链产品经理的必修课！

笔者特别喜欢国有企业里的一个惯例，即对所有刚入职的新员工有一个要求，就是无论是本科生、研究生，甚至是博士生，入职后先下到车间里或下到基层工作半年，和一线工人同吃同劳动，深入了解工厂的运作，后面做设计师、做干部的时候才能感同身受。

类似地，对于缺乏供应链一线工作经验的产品经理而言，如果能建立这样的培养体系，显然会大有裨益！

当然，互联网时代，节奏飞快，很多企业舍不得安排员工到一线实习，以为这样会浪费他们太多的时间而没有产出。要知道，没有投入，哪里会有产出。那些没有在一线工作过或者不了解一线工作的产品经理，很难规避和拒绝因"闭门造车"而弄出来的一堆毫无价值、脱离实践的产品需求。

供应链的理论和实践是存在巨大鸿沟的，理解了这一点，就一定会舍得花时间深入一线。

第三是理解"人性"。产品经理大多数是理工科出身，具有很强的逻辑思考能力。优秀的产品经理通常都有一项基本功，能够把无比复杂的事情通过一张张钩稽清晰的流程图或结构图来表达清楚。这种思考方式的好处在于逻辑性强，但坏处在于过于细致，过于追求逻辑性和完美性，而少了人性和艺术性！

一个好的供应链产品是"磨"出来的。这包含两个理念，一个是要接受供应链世界的不完美，另一个是要接受供应链世界的艺术性和人性！

供应链世界的不完美，体现在供应链的易变性、不确定性、复杂性和模糊性，即 VUCA。正因为 VUCA，供应链管理才具备如此大的魅力。我们永远无法将供应链全面"产品化"，实现所谓的"去供应链管理"和"供应链管理的无人化"，因为伴随客户需求和供应特性的动态变化，供应链自身也一直在变化和调整。因此，我们只能基于当下的场景，基于对可见未来的预期，规划和设计产品，通过一次次迭代来打磨产品，使其保持生命力！

供应链世界的人性和艺术性是指供应链既是一门科学，也是一门艺术。例如，就其科学性来说，我们可以用无比复杂的算法来计算需要设置多少安全库存；然而，就其艺术性来说，算出来的安全库存永远都不能百分之百地解决缺货的风险，这里面的影响因素太多，既有天气因素、市场因素、政策因素，也有人的因素，甚至是人性的因素。

人性的因素是产品经理需要面对的问题，一个好的产品，一定是给了用户主动使用的理由。这种理由，最好不要来自行政命令，而是自驱的、良性的运用。从人性的角度来说，"视人为人"是最重要的原则。

例如，我们过去在设计预测产品时，采用的是"黑盒化"，即用户根本不知道预测数字是怎么来的，只能看见一个预测结果，那么对于用户而言，到底是采纳这个数据还是弃之不用？大多数负责任的供应链管理者都会选择后者。

回归人性，我们对预测产品进行了"白盒化"处理，不仅把预测产生的机理通过最简单清晰的方式展示了出来，还预留了几个用户可以调节的参数，让用户参与到预测的过程中。这种"视人为人"的方式，使产品的可用性大大提升。

当然，从冷冰冰的、缺乏人性的产品到视人为人、具有艺术性和生命力的产品，不是一蹴而就的，它需要用户和产品经理不断"磨合"，从而日臻完善！

"产品化思维"和"供应链思维"并不是两条永远不会汇聚的河流。在互联网时代，越来越多的人勇于挑战未知的领域，勇于跨界学习更多的知识。尤其在新零售的推动下，线上线下打通，面对线下传统供应链海量的知识，以往深谙"互联网思想"的产品经理忽然感到一头雾水、不知所措。

因此我们需要建立自己的战略高度，拓宽视野，避免踩坑；多下一线跑运营，了解真实需求，而不是理论需求；不追求完美，精打细磨，兼顾艺术性和人性。如此，一定能成为兼具"产品化思维"和"供应链思维"的优秀产品经理！

第四节 供应链转型：技术不难，难在人心

关于供应链的转型，本书介绍了很多工具和方法。但事实上，阻碍供应链转型的最大困难往往并不是方法和工具的缺失，而是人心！

今天中国企业的供应链转型很少是主动为之，更多的是被逼无奈。这种无奈来自销售利润的逐年下滑、人工成本的逐年上升，来自竞争对手的步步紧逼、市场需求的升级变化……传统经营模式下尚能苟延残喘的企业供应链，在新经济的挑战下，显得老态龙钟，成了企业发展的一块巨大的绊脚石。

虽然今天大部分的企业已经开始关注并逐渐认识到供应链的重要性，但是这并不表示它们真的愿意进行投入，痛下决心地进行供应链升级改造。而像任正非、张瑞敏、方洪波这些高瞻远瞩，20 年前就开始对供应链进行变革的企业家，在今天的中国依然屈指可数。

对比 20 年前，在今天的中国，供应链变革的技术和方法、专业的人才早已不是瓶颈，真正的瓶颈其实是人的思想，更准确地来说，是企业家的思想。

过去 20 年，外资企业、一线的本土企业在供应链变革方面已经总结出了许多成功的经验和方法，也为国内培养了大量的人才，但是为什么还有许多企业家仍然高呼工具匮乏、人才稀缺呢？

原因很简单！

首先，大部分本土企业内部，供应链管理人员与研发、市场部门人员的薪资相比，依然处于明显的劣势。没有对等的待遇，企业如何能够吸引并留住有能力的供应链管理人才？放眼国内外供应链管理做得好的企业，这些企业的供应链相关岗位的平均薪资与其他部门至少是持平的，不少高端职位甚至可以拿到高于市场平均水平的薪水。而从事供应链管理的人员，也越来越多地成了企业的 CEO，苹果公司的蒂姆·库克（Tim Cook）、通用汽车的玛丽·博拉（Mary Barra）就是最好的例子。

其次，对于市场营销、新品研发，企业动辄砸下百万元资金，毫不手软！但是对于供应链变革的项目，花几十万元都会皱起眉头，嫌贵！一位供应链管理咨询公司的负责人曾经无奈地说："洽谈的企业无数，但是真正舍得投入的企业却寥寥无几。即便是那些愿意花钱的企业，也将关注的重点放在了成本上，而不是能够为企业带来多大的发展机会，甚至还有的企业以降本提成的方式来支付咨询费用，片面追求短期效应。"

究其原因，直到今天，大部分企业依然将"成本"作为供应链部门最重要的考核指标，而忽视了"能力"这个在企业转型过程中更为重要的标准，这里考验的往往是领导者的眼光和战略性思维。提升效率需要转型，转型需要投入，投入就存在着风险。但从长期来看，供应链升级的投入产出比是非常高的，它的风险并不在于该不该投，而是如何投。

如何投入，就涉及企业的供应链战略了。供应链战略是企业的二级战略，是服务于公司战略的。但是这并不等于，企业的最高层可以忽视供应链战略，而将制定供应链战略的工作全权交给供应链部门的人员来完成。供应链战略虽然是二级战略，但是与财务战略、人才战略、市场战略、技术战略等二级战略一样，都是公司的核心战略，它们彼此相关，构成了企业的总体战略系统，并支撑公司的顶层战略。因此，供应链战略同样也是"一把手"工程。

在今天的市场竞争格局下，要想企业基业长青，供应链管理已然是企业家的一门必修课，一项必要技能！可以看到，供应链上的卓越企业，其背后往往都有一位甚至数位领袖级的企业家：亨利·福特（福特汽车）、大野耐一和丰田章男（丰田汽车）、麦克·戴尔（戴尔）、杰夫·贝索斯（亚马逊）、任正非（华为）等。

企业经营讲究的是"道"和"术"，供应链管理也有它的"道"和"术"。

笔者曾经做过不少企业的培训和分享，有高层参与的，我们通常会多聊聊"道"，因为笔者清楚地知道，假如高层没有参透供应链的"道"，中层会过得很痛苦。假如只有中层参加，笔者就只能将重点放在"术"上了。"术"对中层来说，能够帮助他们解决当下的具体问题，但无法从根本上对供应链进行整体的变革。对于中层来说，讲太多的"道"，也会让他们产生更多的无力感，这对企业不一定是好事。

遗憾的是，大部分的培训课中，决策层是缺席的。当然，笔者也曾遇到过一些企业家，他们意识到了供应链的重要性，并积极地推动企业的供应链变革，企业的综合实力也因此得到了极大的提升！

企业家的眼光和决心决定了企业的未来，这两者缺一不可！企业家仅有眼光，看见了问题，却没有决心和魄力去解决问题，就好比温水煮青蛙，是在等待死亡；仅有决心，却没有犀利的眼光，不知道如何入手去解决问题，就好比鲁莽的巨人，最后撞死在南墙。而今天的本土企业家，前者占大多数！

因此，供应链变革的成功，领导者心智模式的转变是关键！

第五节　供应链职业发展：做专才，还是做通才

转岗还是跳槽

年前许婷就动了跳槽的念头，但她一直没有行动，一方面是因为年底事情太多，另一方面是因为内心还十分纠结。许婷在采购岗位上已经工作了六年，从采购员到采购主管、采购经理，再到今天的采购部门总监，每一步都付出了巨大的努力，也获得了大家的认可。然而，随着企业的成长，许婷也逐渐进入了工作的舒适区。只要是和采购相关的事情，没有人比她更熟悉。出了什么问题，需要怎么解决，她驾轻就熟。

但是，对许婷来说，职业经历过于单一是她心中一直挥之不去的阴影。她担心就这样下去，未来一旦离开了采购岗位，她就好比折了翅膀的鸟，瞬间跌落地面。眼见着年龄越来越大，如果不及时调整方向，许婷的职业生涯一眼就能看到头。

为此，年前许婷找到公司总经理，申请转岗到计划或物流部门，没想到却被总经理婉言拒绝，理由是许婷是公司元老，采购岗位暂时还离不开她。而恰恰在这个时候，许婷接到了猎头的电话，走还是不走，许婷很难抉择……

晋升面试

陈晨是软件工程专业毕业的高才生，毕业后进入一家知名软件企业，负责供应链相关的软件产品开发工作。他所负责的模块主要在物流端，诸如 TMS、WMS 等。这类软件近几年的需求十分旺盛，陈晨一头扎进去，兢兢业业，不知不觉就工作了六年，逐渐成了这个领域小有名气的行家。

然而，最近的一次内部晋升答辩让陈晨有了不小的挫败感。本来信心满满的他，在晋升答辩中被兄弟部门的领导问到有关供应链

整体架构的设想时，他的回答完全乱了方寸、含混不清。这也难怪，TMS 和 WMS 都是仓储物流运作层面的工具类产品，对于整体供应链的产品架构，陈晨并没有相关的经验，更谈不上思路了。

晋升答辩结束，陈晨深刻感受到了自己知识的局限性。对于下一步如何发展，陈晨打算尽快和领导谈一谈……

总监做了不到一年

案例③

李斌可谓职场赢家！六年前知名大学毕业，以优异的成绩进入了世界 500 强。作为供应链管培生，李斌在供应链上的五个部门（采购、计划、生产、物流、IT）里转了一圈。凭着他的高智商和高情商，几乎是每年换一个部门、每年升一级，最后一年调回总部担任总经理助理之后，他被破格任命为某事业部的供应链总监，成了集团里最年轻的总监。

然而，快速升迁的背后是李斌近乎"虚胖"的供应链经验。虽然李斌在每个部门都工作过，但是由于时间太短，还没有来得及参透某个领域，就被调往了下一个部门。事实证明，这种短期速成的经验给李斌的总监工作带来了巨大的挑战。

上任之后，李斌策划的第一个供应链变革项目就惨遭失败。失败的原因并不是战略方向的问题，而是在实际执行的时候走了样。由于李斌的实战经验较浅，在运营层面上出了问题后并没有及时发现和纠正，而他带的团队主管竟然也得过且过、敷衍了事，最终导致结果失控。幸好公司的管理层并没有把所有责任都归到李斌身上，给了他一年的整改时间。对于李斌来说，虽然失了街亭，却没有如马谡那般不幸。

痛定思痛！李斌决定在各个部门里启用一批有经验、有冲劲的专业人才，同时把自己的工作重心从总部管理下沉到各个区域甚至是现场，他希望用最快的速度把问题重重的供应链从泥潭里拯救出来！

　　许婷、陈晨、李斌都在各自的领域里小有成就，但从职场角度来看，有的是专才，有的是通才。这就好比两个水池，前者宽一米深十米，而后者宽十米却只有一米深，挖出来的土方量虽然一致，但是结果有所不同。哪一个更好呢？没有标准答案，但是有一点是肯定的，两者各有优缺点。

　　专才虽然精深于某个领域，却缺乏供应链的全局观；反之，通才拥有全局视野，却对具体运营细节不甚了解。因此，最理想的情况是二者皆有。对企业来说，可以在组织层面上将通才和专才进行搭配，各取所长。但是，对于个人发展而言，则需要两者兼顾。

　　那么，是先成为专才再向横向发展，还是先成为通才再向纵深发展？这里面有机遇的因素，也有个人主观能动性的因素。

　　机遇的因素有很多，人海茫茫，职业路径千差万别，能够主动进行选择的毕竟是少数，大多数人选择的余地并不多。尤其在职业初期（三五年左右），资历、经验都很欠缺，多数情况下是职业选择了我们，而不是我们主动选择职业。

　　有的人在一家企业的某个岗位一干就是三五年，从初出茅庐的小屁孩，做到了主管或部门经理，成了某个领域的专才；有的呢，像李斌这样的天之骄子，毕业后成了知名企业的管培生，一年挪一个坑，三五年做到了某个级别，成了视野较为开阔的通才。

　　过了职业初期，就进入了职业发展期（5～15年），随着经验和资历的增加，各种机会随之而来，有的人选择在某个领域深挖，有的人则择机拓宽视野。这个时候，主观能动性就变得十分重要了。

　　笔者的建议是，职业成长期十分关键！一定要避免待在自己的舒适区里，要尽可能地折腾自己，不怕失败，大胆尝试。前几年只做一个岗位的，一定要选择换个岗位，公司内部的也好，外部的也好，要逼着自己朝横向发展；而对于通才而言，则需要静下心来，针对自己的薄弱点，逐个吃透。

　　供应链上的每个领域（计划、采购、物流、生产、数字化等），哪怕是全心投入，都需要至少三五年的沉淀，才能对这个领域有所领悟。所谓全心投入，是要在这三五年的时间里，边学习、边实践、边总结。

因此，资质好又努力的，以三年为一个周期吃透某个方向，则需要至少 15 年的时间才能成为供应链领域的专家，既有宽度也有深度。但是也仅限于某个行业，假如换一个行业，有些经验就用不上了，还得花时间去学习和积累。但是，这个时候，因为具备了供应链的全局观和思考深度，熟悉一个行业所需要的时间将大大缩短。这个时期，我们称为职业成熟期（15 年以上）。

王国维先生曾将读书分为三重境界，在这里，我们不妨也做个类比。

第一种境界（职业初期）：昨夜西风凋碧树，独上高楼，望尽天涯路。

第二种境界（职业发展期）：衣带渐宽终不悔，为伊消得人憔悴。

第三种境界（职业成熟期）：众里寻他千百度，蓦然回首，那人却在灯火阑珊处。

对比一下，我们今天处于哪个阶段呢？

本章小结

本章我们从智慧供应链的组织变革谈起，最后落脚到个人的成长。无论科技多么高大上，一切供应链的问题最终都还是"人"的问题，智慧供应链也不例外。这就是管理类学科的难点，也是它的魅力所在。本章要点提炼如下。

（1）供应链架构有三个最重要的应用场景。第一个场景是"初始架构"，即从零开始架构。第二个场景是"迭代架构"，即小步快跑、及时复盘，让供应链架构始终处于领先业务至少半步的状态。第三个场景是"变革架构"，即对供应链进行颠覆式变革，重塑供应链的DNA。

（2）进行智慧供应链"变革架构"，不仅要有足够的决心，还要做到上下同心。

（3）"产品化"的典型特点与需要具备的典型能力：第一，产品为业务提供抓手，业务为产品沉淀能力；第二，业务与产品并行，业务试错调整，产品快速迭代；第三，懂业务，看大盘，供应链产品经理需要具备全局观；第四，层次清晰、耦合明确，供应链产品经理需要具备清晰的产品架构能力；第五，持续学习、保持远见，供应链产品经理需要具备前瞻性思维。

（4）一个产品经理需要具备什么样的"供应链思维"？有三个方面：第一是要有战略高度；第二是懂运营；第三是理解"人性"。

（5）一个好的供应链产品是"磨"出来的。

（6）"产品化思维"和"供应链思维"并不是两条永远不会汇聚的河流。在互联网时代，越来越多的人勇于挑战未知的领域，勇于跨界学习更多的知识。

（7）关于供应链的转型，本书介绍了很多工具和方法。但事实上，阻碍供应链转型的最大困难往往并不是方法和工具的缺失，而是人心！供应链变革的成功，领导者心智模式的转变是关键！

（8）专才虽然精深于某个领域，却缺乏供应链的全局观；反之，通才拥有全局视野，却对具体运营细节不甚了解。因此，最理想的情况是二者皆有。

写在最后

六年前，我的第一本书《供应链架构师：从战略到运营》出版发行，算是完成了自己的一个阶段性的小心愿：借由这本书对我过去15年的工作和学习做一个小结。

承蒙读者厚爱，图书出版后取得了不错的反响，也获得了一些业内的奖项。最为欣喜的是，我因此结交了许许多多业内的专家和朋友。

说是厚爱，其实并不为过。因为对于大多数作者而言，对自己的作品是永远都不会特别满意的。尤其是面对庞大而复杂的供应链体系，面对动态的变化，以及随时间、环境而改变的系统，没有人能够通过简简单单一本书或是几本书就能讲清楚、解释清楚。我所能做的只是怀敬畏之心，不断探究其奥妙，不断挖掘其内涵，并用自己的语言将所见所想讲述出来，供大家参考。

过去的六年里，中国的供应链发生了巨大的变化。我们不仅延续了全球制造中心的地位，更在高端制造、采购技术、物流服务、信息化等方面取得了举世瞩目的成就，不愧为全球供应链的供给中心。与此同时，在消费端，中国与美国的差距也越来越小，很快将会取代美国成为全球最大的消费市场。

很难有一个国家能够像中国一样同时具备供给和消费这个供应链两端的巨大市场。这是我们的幸运，也是中国供应链人的幸运。身处其中，相信如我一样的中国供应链人都感受到了它带来的一波又一波的变革和创新的浪潮。其中，数字化的力量汹涌澎湃！

　　跟随浪潮，五年前我加入了国内头部互联网企业，开始了我的数字化供应链探索之路，也由此揭开了供应链商业运营和流程之下的那层神秘的面纱，展现在我面前的是一个蕴藏着巨大能量的数字化蓝色海洋。

　　加入互联网企业之前，我曾撰文写道：中国供应链变革的"黄金时代"已经到来！

　　第一个阶段是围绕消费品的供应链变革。互联网企业掀起的"新零售战役"将打响这场变革的"第一枪"，随之而来的将是整个消费品供应链的行业变革。无论是线上消费还是线下消费，通过供应链端到端的数字化变革，通过智能计划、数字采购、智能制造、智慧物流和数字供应链金融，将全面提升消费者的购物体验。

　　第二个阶段将会是围绕除消费品以外的传统行业（如工业品、大宗商品等）的供应链变革。它的变革是消费品供应链升级倒逼所致的。在国内，这些行业的供应链成熟度不高，并且由于它们远离消费者端，远离上一个十年的电商数字化浪潮，加上企业之间长期以来所形成的传统商业习惯根深蒂固，因此变革的速度十分缓慢。但是，随着供应链人才的发展、数字供应链技术的进步、金融体系的完善、物流系统的升级，许多行业领先企业或人才将对这些传统行业领域的供应链发起挑战和变革之战。

　　数字化成为开启中国供应链变革"黄金时代"的最关键的一把钥匙！

　　这是我过去未曾深入涉足的领域，很幸运我又一次站在了变革的时代浪潮中央，亲身实践。

　　如果说我的第一本书重点阐述的是如何将供应链战略拆解到业务流程架构，那么这本书更多的是进一步探索如何深入产品技术的架构层面。抽丝剥茧、逐层深入，两本书彼此关联，却又各自独立成书，并没有依存关系。

　　为此，我仍旧还在企业的一线，年复一年、日复一日地从事供应链的实践工作。面对这样一门实践性的学科，我深感惶恐、不敢懈怠，战战兢兢地把它提炼成书，呈现在诸位面前。

但我深知一个人的局限，越是深挖，越是明白这个道理。所以本书依旧是对过往所知的小结，而分享更多是为了抛砖引玉，共同为中国智慧供应链的建设添砖加瓦。

写到最后，要感谢很多人。

最需要感谢的是我的太太梁琪雅，这几年她辛苦照顾家庭，照顾孩子们，让我能够全身心投入工作学习。事实上，我所取得的每一点进步和成绩都离不开她的付出。

还要感谢这一路上给过我帮助的领导、老师和同人，包括戴尔全球高级副总裁李元钧、高鑫零售 CEO 林小海、阿里巴巴副总裁王曦若、菜鸟物流科技总经理丁宏伟、麦当劳首席财务官黄鸿飞、厦门大学许志端教授等，在此不一一列举。

同时，也感谢机械工业出版社的编辑，他们认真细致地工作，这本书才得以问世。

最后，感谢一直以来给予我肯定和支持的读者，你们是我笔耕不辍、学而不止的动力。让我们一起架构未来，架构属于中国的智慧供应链实践！